国家社科基金资助项目（13CJY075）

滇桂黔
石漠化集中连片特困区
旅游扶贫模式研究

罗盛锋　黄燕玲　章昌平 ◎ 著

企业管理出版社

内 容 简 介

本书通过大量实例和数据对滇桂黔石漠化片区旅游扶贫的现状、模式、绩效与发展趋势进行了全面、详细的阐述，帮助读者了解旅游扶贫的必要性与可行性，了解集中连片特困区旅游产业扶贫的适宜性、主要模式和实现途径。

全书分为 8 章，第 1—2 章为基本理论研究，使读者对贫困与反贫困、旅游扶贫相关理论和实践中的突出问题等有一个基本的了解。第 3—5 章为滇桂黔石漠化片区扶贫攻坚现状，旅游扶贫适宜性、发展现状和绩效研究。第 6 章通过前几章的理论分析与现状调查、案例研究，总结了滇桂黔石漠化片区旅游扶贫的 5 大模式。第 7—8 章为旅游扶贫模式推广应用的支撑保障体系与实施建议、实现路径等。

本书内容丰富、结构严谨、资料翔实，是产业扶贫、旅游扶贫、扶贫研究者与实践者的基础用书，也可以用作高等院校、高职高专旅游管理、经济学等专业的教学参考书。

图书在版编目（CIP）数据

滇桂黔石漠化集中连片特困区旅游扶贫模式研究 / 罗盛锋，黄燕玲，章昌平著. —北京：企业管理出版社，2020.9
ISBN 978-7-5164-2226-7

Ⅰ.①滇… Ⅱ.①罗… ②黄… ③章… Ⅲ.①沙漠化－贫困区－旅游业发展－作用－扶贫模式－研究－云南②沙漠化－贫困区－旅游业发展－作用－扶贫模式－研究－广西③沙漠化－贫困区－旅游业发展－作用－扶贫模式－研究－贵州 Ⅳ.①F592.77 ②F592.767 ③F323.8

中国版本图书馆 CIP 数据核字（2020）第 182913 号

书　　名：	滇桂黔石漠化集中连片特困区旅游扶贫模式研究
作　　者：	罗盛锋　黄燕玲　章昌平
责任编辑：	杨慧芳　侯春霞　赵喜勤
书　　号：	ISBN 978-7-5164-2226-7
出版发行：	企业管理出版社
地　　址：	北京市海淀区紫竹院南路 17 号　邮编：100048
网　　址：	http://www.emph.cn
电　　话：	发行部（010）68701816　编辑部（010）68420309
电子信箱：	314819720@qq.com
印　　刷：	北京虎彩文化传播有限公司
经　　销：	新华书店
规　　格：	710 毫米 ×1000 毫米　开本 16　印张 17.25　千字 303
版　　次：	2020 年 10 月第 1 版　2020 年 10 月第 1 次印刷
定　　价：	88.00 元

版权所有　翻印必究　印装有误　负责调换

前　　言

贫困问题是困扰人类社会经济发展的三大难题之一。近年来，贫困和反贫困问题研究成为政治、经济、社会、教育等诸多学科的热点问题。我国作为世界上最大的发展中国家，开展了艰苦卓绝的反贫困斗争，取得了重大成就。当前，我国扶贫开发工作进入"啃硬骨头、攻坚拔寨"的关键决胜阶段，精准扶贫、产业扶贫和连片特困区整体脱贫成为这一阶段的重要任务。20世纪80年代以来，旅游作为扶贫的一种有效手段开始受到国内外高度关注，PPT(Pro-Poor Tourism)、ST-EP(Sustainable Tourism-Eliminating Poverty)、TAP(Tourism-Assisting the Poor)模式在国外的经验及我国旅游扶贫实践证明，旅游扶贫是解决贫困问题的一种良好方式。滇桂黔石漠化集中连片特困区位于我国西南地区，是我国新一轮扶贫开发攻坚主战场中少数民族人口最多的地区，集老、少、边、穷、山、高原和石漠化为一体。区域内一方面存在自然环境恶劣、人地矛盾突出、社会经济发展滞后、基础设施落后、资源开发利用水平较低、贫困面积广、贫困程度深、自我发展能力不足等不利因素；另一方面又拥有丰富的生物资源、独特的自然景观、底蕴深厚的民族文化、浓郁的民俗风情和灿烂多彩的民间工艺，旅游资源丰富，开发潜力巨大。由于该区域石漠化面积大，人地矛盾突出，同时又是珠江和长江流域重要的生态功能区，因此，该地区不适宜采取高强度的开发模式，旅游扶贫成为该片区脱贫的最有利方式之一。

本书以滇桂黔石漠化集中连片特困区为研究对象，通过贫困与反贫困理论和旅游扶贫实践案例梳理、旅游扶贫适宜性评价、旅游扶贫绩效评价和旅游扶贫模式选择等，旨在构建旅游扶贫的理论基础、分析其历史演变和实施过程的一般规律，建立基于"适宜性评价—绩效评估—模式构建—应用推广"的旅游扶贫技术路径，拓展扶贫理论和促进旅游扶贫理论的系统性研究。同时，从实践上分析滇桂黔石漠化片区开展旅游扶贫的适宜条件、制约因素、扶贫绩效，并在建立评价指标体系和大量数据采集、访谈的基础上，总结适宜该片区且绩效较好的旅游扶贫模式。研究成果可以为该区域落实《中国农村扶贫开发纲要（2011—2020年）》和《滇桂黔石漠化片区区域发展与扶贫攻坚规划（2011—2020年）》提供智力支持，对当地开展旅游扶贫、避免旅游发展与扶贫开发"脱嵌"，以及提高旅游扶贫精准度、促进社会经济发展、实现贫困人口脱贫增收等均有重要的参考价值。

  本书从贫困与反贫困、产业扶贫与旅游扶贫相关理论和实践的发展历程、现状、内涵及滇桂黔石漠化连片特困区基本概况、贫困状况和旅游扶贫现状分析入手，通过文献跟踪与分析、专家咨询、田野调查、社会统计分析与对比判断等研究方法，在可持续发展理论、利益相关者理论、社区参与和赋权理论、社会排斥理论和旅游乘数理论的指导下，建立适宜性评价指标体系和评价模型。通过开展旅游扶贫绩效评估，筛选影响或制约旅游扶贫绩效的关键因素，并在此基础上总结高绩效旅游扶贫模式，建立支撑体系和推广约束条件，从而构建旅游扶贫"适宜性评价—绩效评估—模式构建—应用推广"的技术路线。

  本书共分为以下六个部分。

  第一部分为基础理论研究。主要对贫困、反贫困与扶贫、产业扶贫、旅游扶贫等理论和案例进行跟踪和分析。结果发现：国外对旅游扶贫宏观层面和微观层面的研究皆较成熟，给予贫困人口的关注度较高；国内研究多侧重于宏观分析旅游扶贫开发中出现的问题，总结地区开发经验与理论模式，而对于贫困人口旅游扶贫收益、扶贫权力、旅游扶贫感知等研究较少。国内外对地缘约束型连片贫困区的旅游扶贫研究成果较少。研究方法上，国外研究方法较为全面，定量与定性结合的方法较多，社会学、统计学、地理学等多学科综合运用；国内学者更善于运用定性分析，定量研究不足，缺乏实证讨论和数据支持，需加强数理统计、3S等方法的运用。

第二部分为现状调研与分析。主要对滇桂黔石漠化集中连片特困区的基本概况（如自然地理、生态环境、区位交通、社会文化、经济发展）、贫困状况（如贫困面积、贫困程度等）、旅游扶贫现状（如旅游扶贫的总体现状、存在问题和发展战略等）进行调查和分析，收集研究所需数据。另外，采用PEST-SWOT的战略分析法，全面认识区域的外部宏观环境，剖析区域自身内在因素，提出SO实力开拓型战略、ST抗争防御型战略、WO扭转争取型战略、WT保守生存型战略这四种战略，供贫困地区选择适合的旅游扶贫发展战略。

第三部分为旅游扶贫适宜性评价。构建适宜性综合评价指标体系，评价滇桂黔石漠化集中连片特困区的旅游扶贫适宜性。设计旅游扶贫条件与旅游扶贫潜力为子目标层；旅游开发条件、支撑环境、居民参与意识、效益转移机制四个指标为基准层；资源条件、市场条件、经济环境、社会环境、生态环境、政府扶贫力度、社区文化、居民对旅游扶贫的态度、居民参与意愿、直接效益转移机制、间接效益转移机制为准则层；指标层共计38个指标（详见正文表4-3）。选择熵值赋权法（Entropy Weighting Method）为指标确权法，采用改进的TOPSIS模型对数据予以处理，进行旅游扶贫适宜性评价。

第四部分为旅游扶贫绩效评估。构建旅游扶贫绩效评价指标体系，经济绩效、社会绩效、生态绩效、居民发展为一级指标；宏观经济绩效、微观经济绩效、基础设施、医疗保障、公共教育、社会文化、生态环境、生态感知、居民态度、居民能力为二级指标；下设36个三级指标。运用变异系数法确立权重，结合灰色关联分析方法，对滇桂黔石漠化集中连片特困区进行旅游扶贫绩效评价。

第五部分为旅游扶贫模式构建。结合滇桂黔石漠化集中连片特困区旅游扶贫绩效评价和旅游资源分类结果，从旅游发展力量、旅游资源、贫困人口参与等不同的视角划分旅游扶贫模式，通过排列组合得到五种旅游扶贫新模式：Ⅰ——生态优先型+景区带动型；Ⅱ——特色文化支撑型+核心企业主导型；Ⅲ——生态与文化复合型+社区参与型；Ⅳ——乡村旅游+"农户+"型；Ⅴ——养生旅游+政府主导型。

　　第六部分为旅游扶贫模式推广应用与约束条件研究。根据各种模式的适用条件、影响因素与发展对策，将其推广至滇桂黔石漠化集中连片特困区符合约束条件的县域。从制度、资金、技术、环境、人才保障体系五方面构建滇桂黔石漠化集中连片特困区旅游扶贫支撑保障体系，并根据各个旅游扶贫模式的主导力量、旅游资源、社会生态环境、交通设施等影响因素，提出建设性实施建议。

目 录

第1章 绪论 ······ 001

1.1 研究背景 ······ 001
1.1.1 贫困依然是当今社会面临的最严峻问题之一 ······ 001
1.1.2 国际社会对贫困问题的认识不断深入 ······ 002
1.1.3 旅游扶贫备受关注，成为世界性的研究热点 ······ 003
1.1.4 我国现行旅游扶贫问题突出 ······ 004
1.1.5 我国扶贫攻坚势在必行 ······ 005

1.2 研究目的和意义 ······ 006
1.2.1 研究目的 ······ 006
1.2.2 研究意义 ······ 006

1.3 研究区域的典型性 ······ 007
1.3.1 滇桂黔石漠化片区生态环境独特而脆弱 ······ 007
1.3.2 滇桂黔石漠化片区是少数民族聚居区，旅游资源丰富、独特 ······ 008
1.3.3 滇桂黔石漠化片区是我国最贫困的地区之一，扶贫攻坚规划已全面启动 ··· 008

1.4 研究内容和文章结构 ······ 009

1.5 研究方法与技术路线 ······ 011
1.5.1 主要研究方法 ······ 011
1.5.2 技术路线 ······ 012

本章小结 ······ 014

第 2 章　研究综述 ··· 015

2.1　贫困、反贫困与扶贫 ··· 015
2.1.1　贫困 ··· 015
2.1.2　反贫困与扶贫 ··· 019
2.1.3　产业扶贫 ··· 021

2.2　旅游扶贫 ··· 022
2.2.1　概念 ··· 022
2.2.2　国内外研究内容 ····································· 024
2.2.3　研究方法 ··· 037
2.2.4　研究区域 ··· 038

2.3　述评 ··· 040

2.4　相关理论 ··· 041
2.4.1　可持续发展理论 ····································· 041
2.4.2　利益相关者理论 ····································· 042
2.4.3　社区参与理论 ··· 044
2.4.4　旅游乘数理论 ··· 045
2.4.5　旅游地生命周期理论 ······························· 047
2.4.6　增权/赋权理论及应用 ····························· 048
2.4.7　绝对贫困与相对贫困理论 ························· 049
2.4.8　贫困恶性循环理论 ·································· 050
2.4.9　社会排斥理论 ··· 051

本章小结 ··· 052

第 3 章　滇桂黔石漠化集中连片特困区概况 ············· 053

3.1　自然地理 ··· 053
3.1.1　地理位置 ··· 053

目 录

      3.1.2 气候状况 ···································· 053
      3.1.3 水文特征 ···································· 054
      3.1.4 地形地貌 ···································· 055
      3.1.5 自然资源 ···································· 056

3.2 生态环境 ·· **057**
      3.2.1 土地环境 ···································· 057
      3.2.2 水环境 ······································ 057
      3.2.3 植被环境 ···································· 059
      3.2.4 自然灾害 ···································· 059

3.3 区位交通 ·· **060**
      3.3.1 投资规划 ···································· 061
      3.3.2 铁路运输 ···································· 061
      3.3.3 公路运输 ···································· 062
      3.3.4 航空运输 ···································· 063
      3.3.5 水路运输 ···································· 064

3.4 社会文化 ·· **065**
      3.4.1 特色文化 ···································· 065
      3.4.2 人民生活 ···································· 066

3.5 经济发展 ·· **067**
      3.5.1 产业结构 ···································· 067
      3.5.2 产业状况 ···································· 068
      3.5.3 扶贫工作状况 ································ 069
      3.5.4 居民生活水平 ································ 069
      3.5.5 公共服务 ···································· 070

3.6 贫困状况 ·· **071**
      3.6.1 贫困面积 ···································· 071
      3.6.2 贫困程度 ···································· 072
      3.6.3 石漠化程度 ·································· 072

- 3.6.4 资源开发利用状况 ······ 073
- 3.6.5 饮水安全 ······ 073
- 3.6.6 公共事业建设 ······ 074

本章小结 ······ 074

第4章　滇桂黔石漠化集中连片特困区旅游扶贫现状 ······ 075

- 4.1 旅游扶贫的适宜性评价 ······ 076
  - 4.1.1 评价指标体系构建 ······ 076
  - 4.1.2 评价模型构建 ······ 083
  - 4.1.3 数据来源与整理 ······ 085
  - 4.1.4 贫困县旅游扶贫适宜性评价 ······ 089
- 4.2 连片特困区旅游扶贫现状分析 ······ 098
  - 4.2.1 总体状况 ······ 098
  - 4.2.2 案例地选取依据 ······ 101
  - 4.2.3 典型案例地调查 ······ 104
- 4.3 连片特困区旅游扶贫问题分析 ······ 141
  - 4.3.1 中观问题 ······ 141
  - 4.3.2 微观问题 ······ 142
  - 4.3.3 贫困治理问题 ······ 144
- 4.4 连片特困区旅游扶贫PEST分析 ······ 145
  - 4.4.1 政策环境 ······ 146
  - 4.4.2 经济环境 ······ 150
  - 4.4.3 社会环境 ······ 152
  - 4.4.4 技术环境 ······ 154
- 4.5 连片特困区旅游扶贫战略选择 ······ 156
  - 4.5.1 连片特困区旅游扶贫SWOT分析 ······ 156
  - 4.5.2 综合结论 ······ 159

4.5.3　战略选择 ··· 160

　本章小结 ··· 164

第5章　滇桂黔石漠化集中连片特困区旅游扶贫绩效评价 ············ 165

　5.1　旅游扶贫绩效评价体系的构建原则 ·· 165
　　　5.1.1　指标选择的基本思路 ·· 165
　　　5.1.2　指标选择的基本原则 ·· 165

　5.2　旅游扶贫绩效评价体系的建立 ··· 167
　　　5.2.1　旅游扶贫绩效评价指标体系构建方法 ···································· 167
　　　5.2.2　旅游扶贫绩效评价指标体系的构建 ······································ 168
　　　5.2.3　指标因子阐释 ··· 170

　5.3　旅游扶贫绩效评价指标权重确立 ··· 172
　　　5.3.1　权重确立方法——变异系数法 ··· 172
　　　5.3.2　权重确立 ·· 172

　5.4　实证分析 ··· 173
　　　5.4.1　数据来源 ·· 173
　　　5.4.2　数据整理 ·· 176
　　　5.4.3　旅游扶贫绩效评价模型 ·· 177

　5.5　旅游扶贫绩效聚类分析及结果评价 ·· 179
　　　5.5.1　旅游扶贫绩效聚类分析 ·· 179
　　　5.5.2　旅游扶贫绩效评价结果 ·· 180
　　　5.5.3　结论及建议 ··· 181

　本章小结 ··· 186

第6章 滇桂黔石漠化集中连片特困区旅游扶贫模式……188

6.1 旅游扶贫模式总结……188

6.2 各个模式的内容和运行机制……189

6.2.1 从旅游发展力量的角度划分……189
6.2.2 从旅游资源的角度划分……193
6.2.3 从贫困人口参与的角度划分……196

6.3 旅游扶贫整合模式与推广应用……201

6.3.1 Ⅰ——生态优先型+景区带动型旅游扶贫模式……202
6.3.2 Ⅱ——特色文化支撑型+核心企业主导型旅游扶贫模式……203
6.3.3 Ⅲ——生态与文化复合型+社区参与型……203
6.3.4 Ⅳ——乡村旅游+"农户+"旅游扶贫模式……204
6.3.5 Ⅴ——养生旅游+政府主导型……204

本章小结……206

第7章 滇桂黔石漠化集中连片特困区旅游扶贫支撑保障体系……207

7.1 保障体系构建的目标……207

7.2 保障体系构建的原则……208

7.2.1 系统性原则……208
7.2.2 实效性原则……208
7.2.3 科学性原则……209
7.2.4 创新性原则……209
7.2.5 适度性原则……209

7.3 保障体系构建的内容……209

7.3.1 制度保障体系……210

7.3.2 资金保障体系⋯⋯⋯⋯⋯⋯⋯⋯⋯⋯⋯⋯⋯⋯⋯⋯⋯⋯⋯ 213

　　　7.3.3 技术保障体系⋯⋯⋯⋯⋯⋯⋯⋯⋯⋯⋯⋯⋯⋯⋯⋯⋯⋯⋯ 215

　　　7.3.4 环境保障体系⋯⋯⋯⋯⋯⋯⋯⋯⋯⋯⋯⋯⋯⋯⋯⋯⋯⋯⋯ 217

　　　7.3.5 人才保障体系⋯⋯⋯⋯⋯⋯⋯⋯⋯⋯⋯⋯⋯⋯⋯⋯⋯⋯⋯ 221

　7.4 保障体系构建内容各要素相互关系分析⋯⋯⋯⋯⋯⋯⋯⋯⋯⋯ 222

本章小结⋯⋯⋯⋯⋯⋯⋯⋯⋯⋯⋯⋯⋯⋯⋯⋯⋯⋯⋯⋯⋯⋯⋯⋯⋯⋯ 223

第8章 滇桂黔石漠化集中连片特困区旅游扶贫模式实施建议⋯⋯⋯⋯⋯⋯⋯⋯⋯⋯⋯⋯⋯⋯⋯⋯⋯⋯⋯⋯⋯⋯⋯⋯ 225

　8.1 生态优先型+景区带动型旅游扶贫模式⋯⋯⋯⋯⋯⋯⋯⋯⋯⋯ 225

　　　8.1.1 资源条件要求⋯⋯⋯⋯⋯⋯⋯⋯⋯⋯⋯⋯⋯⋯⋯⋯⋯⋯⋯ 225

　　　8.1.2 影响因素⋯⋯⋯⋯⋯⋯⋯⋯⋯⋯⋯⋯⋯⋯⋯⋯⋯⋯⋯⋯⋯ 227

　　　8.1.3 实施建议⋯⋯⋯⋯⋯⋯⋯⋯⋯⋯⋯⋯⋯⋯⋯⋯⋯⋯⋯⋯⋯ 228

　8.2 特色文化支撑型+核心企业主导型旅游扶贫模式⋯⋯⋯⋯⋯⋯ 229

　　　8.2.1 资源条件要求⋯⋯⋯⋯⋯⋯⋯⋯⋯⋯⋯⋯⋯⋯⋯⋯⋯⋯⋯ 229

　　　8.2.2 影响因素⋯⋯⋯⋯⋯⋯⋯⋯⋯⋯⋯⋯⋯⋯⋯⋯⋯⋯⋯⋯⋯ 230

　　　8.2.3 实施建议⋯⋯⋯⋯⋯⋯⋯⋯⋯⋯⋯⋯⋯⋯⋯⋯⋯⋯⋯⋯⋯ 231

　8.3 生态与文化复合型+社区参与型旅游扶贫模式⋯⋯⋯⋯⋯⋯⋯ 233

　　　8.3.1 资源条件要求⋯⋯⋯⋯⋯⋯⋯⋯⋯⋯⋯⋯⋯⋯⋯⋯⋯⋯⋯ 233

　　　8.3.2 影响因素⋯⋯⋯⋯⋯⋯⋯⋯⋯⋯⋯⋯⋯⋯⋯⋯⋯⋯⋯⋯⋯ 234

　　　8.3.3 实施建议⋯⋯⋯⋯⋯⋯⋯⋯⋯⋯⋯⋯⋯⋯⋯⋯⋯⋯⋯⋯⋯ 235

　8.4 乡村旅游+"农户+"型旅游扶贫模式⋯⋯⋯⋯⋯⋯⋯⋯⋯⋯⋯ 237

　　　8.4.1 资源条件要求⋯⋯⋯⋯⋯⋯⋯⋯⋯⋯⋯⋯⋯⋯⋯⋯⋯⋯⋯ 237

　　　8.4.2 影响因素⋯⋯⋯⋯⋯⋯⋯⋯⋯⋯⋯⋯⋯⋯⋯⋯⋯⋯⋯⋯⋯ 238

　　　8.4.3 实施建议⋯⋯⋯⋯⋯⋯⋯⋯⋯⋯⋯⋯⋯⋯⋯⋯⋯⋯⋯⋯⋯ 239

　8.5 养生旅游+政府主导型旅游扶贫模式⋯⋯⋯⋯⋯⋯⋯⋯⋯⋯⋯ 240

  8.5.1 资源条件要求 ………………………………………… 240
  8.5.2 影响因素 ……………………………………………… 241
  8.5.3 实施建议 ……………………………………………… 242
 本章小结 ………………………………………………………… 243

第9章 研究不足与展望 …………………………… 244

参考文献 ……………………………………………… 246

旅游扶贫居民调查问卷 ……………………………… 260

第1章 绪　　论

1.1　研究背景

1.1.1　贫困依然是当今社会面临的最严峻问题之一

　　贫困问题是人类社会发展至今仍需努力解决的一个国际性难题，更是阻碍世界和平的主要矛盾之源。1945年联合国在成立之初，就把"消除贫困"作为重要的内容写进了《联合国宪章》。经过几十年的发展，世界经济虽然得到了不断的提升，但是贫困问题依然突出。如今，不管是中国还是世界其他国家，反贫困的道路依然很漫长。

　　中国自改革开放以来，社会经济建设飞速发展，各方面都取得了巨大的成就，但是绝对贫困人口依然很多，贫困问题也一直影响着我国的全面进步和小康社会的建成。截至2015年底，中国还有5575万的贫困人口，贫困发生率为5.57%（见表1-1）。众所周知，我国国土面积辽阔，人口基数大，各贫困地区在地理环境、自然生态条件、经济社会条件、历史环境条件、政府政策等各方面存在差异，所以相对贫困人口数量还比较多。扶贫过程中存在的复杂性、区域性和综合性等情况，使得扶贫的道路越发艰难。为了进一步推动扶贫工作的开展，切实地解决贫困问题，2011年国务院出台了《中国农村扶贫开发纲要（2011—2020年）》，提出通过产业扶贫、行业扶贫和社会扶贫来减缓连片特困区的贫困程度。

表 1-1　2010—2015 年全国农村贫困人口的状况

年度	标准（元）	年底贫困人口（万人）	贫困发生率（%）
2010	2300	16566	17.27
2011	2356	12238	12.70
2012	2673	9899	10.20
2013	2736	8249	8.50
2014	2800	7017	7.20
2015	2800	5575	5.57

资料来源：根据国家统计局、国务院扶贫办网站公布数据整理。

1.1.2　国际社会对贫困问题的认识不断深入

最初人们对贫困的理解仅停留于经济和物质两个层面上，认为贫困只是缺乏经济来源和基本生存所需要的物质资料。随着人类社会的发展，人们逐步认识到，贫困除了体现在物质缺乏上，还体现在文化、社交、权利等基本资料方面的缺乏上。著名经济学家萨缪尔森指出："贫困是一个非常难以捉摸的概念；贫困对于不同的人有不同的理解。"贫困不仅仅是一个普遍的经济现象，更是一个极为复杂的社会现象。人类对贫困的认识和理解不是一成不变的，伴随着人类认识的不断深化，贫困的内涵也在不断丰富。近年来，"贫困"逐渐成为一个"多维"的概念。首先体现在贫困的内涵突破了经济视角而扩展到社会、政治和文化等领域，其次体现在对贫困的评价标准从客观物质方面延伸到主观感受方面。也就是说，考量贫困的内容还包括了社会和精神层面。随着对贫困问题研究的不断深入，人们对贫困的关注点开始从贫困的表面现象转移到贫困的实质上来：能力的缺乏才是引发贫困的真正原因。

印度籍经济学家阿玛蒂亚·森（Amartyak Sen）首先提出了能力贫困论。阿玛蒂亚·森是 1998 年诺贝尔经济学奖获得者，他在自己的著作《贫困与饥荒》和《以自由看待发展》中，深刻地揭露了贫困产生的原因和实质。他指出："要理解普遍存在的贫困、频繁出现的饥饿或饥荒，我们不仅要关注所有权模式和交换权利，还要关注隐藏在它们背后的因素。这就要求我们认真思考生产方式、经济等级结构以及它们之间的相互关系。"他呼吁改变以往用个人收入或资源的占有量多少来衡量贫富的方式，而应当把人们的能力水平指数作为衡量其实际生活质量的标准。

1.1.3 旅游扶贫备受关注，成为世界性的研究热点

20世纪90年代，以发展旅游业为有效手段来发展经济、消除贫困，开始受到相关国家和组织的密切关注。1999年，英国国际发展局（Department for International Development，DFID）最先提出了"有利于贫困人口发展的旅游"（Pro-Poor Tourism，简称PPT），此后，旅游开发与消除贫困开始被人们联系起来。1999年，国际责任旅游研究中心（International Center for Responsible Tourism，简称ICRT）在PPT的基础上，进一步提出了"旅游扶贫参与"的概念（Pro-Poor Tourism Partnership，简称PPTP）。在PPT和PPTP的基础之上，2002年在约翰内斯堡召开的世界可持续发展峰会上，世界旅游组织提出了"消除贫困的可持续旅游"（Sustainable Tourism-Eliminating Poverty，简称ST-EP）。2003年9月27日，世界旅游日的主题设定为"旅游：消除贫困、创造就业与社会和谐的动力"，这表明旅游扶贫日益成为国际的共识。同时实践也表明，旅游扶贫是反贫困的一个重要而有效的手段。

我国早在20世纪80年代中期的旅游发展实践中，就把旅游扶贫作为一种在贫困地区消除贫困、发展经济的手段。1996年，国家旅游和扶贫相关部门专门组织了一次研究旅游扶贫的会议，通过汇总业内专家与学者提出的意见与建议，集纳智慧。会议的目的是为了加强对旅游扶贫工作的科学指导，帮助贫困地区开展景点建设，增强贫困地区旅游企业的竞争力，提高旅游在扶贫开发中的效用。2011年，我国把旅游扶贫作为扶贫的方式之一写进了《中国农村扶贫开发纲要（2011—2020年）》，这是旅游扶贫首次被写进我国政府扶贫纲领性文件之中。2014年8月，国务院出台的《关于促进旅游业改革发展的若干意见》进一步强调，旅游业的发展对于扩大就业、增加收入，带动中西部发展和贫困地区脱贫致富，促进我国经济平稳增长及生态环境改善等方面具有重大意义。实践也表明，旅游业的发展能够带动贫困地区的经济发展，推动贫困地区的资源开发与基础设施建设，最终带动贫困人口脱贫致富。

1.1.4 我国现行旅游扶贫问题突出

近些年来，一些贫困地区通过大力发展旅游业最终实现了脱贫致富，产生了积极的示范效应。然而，就在各地满含期待、轰轰烈烈地开展旅游扶贫时，现实中却产生了一系列的问题，这些问题也给旅游扶贫招来了质疑。研究团队经过实地调研以及对旅游扶贫相关文献的查阅发现了以下一些问题。

（1）旅游扶贫项目具有盲目性和同质化现象。在诸多的调研地点，研究团队发现众多的旅游景点大都以观光型的旅游产品为主，缺乏以民族文化和当地文化为主的体验型产品，使得游客的回游率不高；部分地区的旅游扶贫项目，尤其是旅游规划未经科学论证就匆匆上马，造成旅游项目的盲目开发和旅游景点的同质化。

（2）旅游产业发展和扶贫目标"脱嵌"。旅游扶贫开发过程中，过度的商业开发使得旅游产业发展与旅游扶贫的目标存在严重矛盾。旅游扶贫的核心目标是使贫困人口从旅游发展中受益，并提高贫困人口参与旅游活动的能力，但现实中却出现了目标置换的现象。其原因是一些地区将"旅游业的发展"作为首要目标，导致部分地区的旅游业虽然获得了发展，但扶贫效果平平；将贫困人口排除在经济增长的受益群体之外，或是使贫困人口受益过小；当地社区居民边缘化；存在"扶强不扶弱"等问题，使得旅游扶贫未能充分发挥其作用。旅游扶贫实施中应注意实现多重目标的有机结合，旅游产业发展要让利于民。

（3）旅游扶贫资金存在一定的漏损。调研中发现，部分地区和项目"打着旅游扶贫的旗号攫取扶贫资金"，旅游扶贫项目雷声大雨点小，旅游扶贫资金投入许久却没见成效，项目资金被挪用到他处，政策性的金融借贷难以惠及百姓。这些旅游扶贫资金漏损现象，打击了当地居民参与旅游扶贫的积极性，造成了负面的社会影响。

（4）社区居民参与程度较低。调研中发现，社区居民由于受教育程度较低，文化素质不高，参与旅游扶贫的能力有限，在旅游决策、权益分配和景区运营管理过程中的话语权较弱，权益没有得到充分的尊重，旅游资源权属和收益剥离现象严重。因此，大量的当地居民被排斥在旅游活动之外，而真正受益的是旅游投资商、管理者和社区精英，"扶强不扶弱"和"旅游扶贫收益未能流向贫困人口"

现象，使旅游扶贫的真正目的难以实现。

（5）缺乏对旅游扶贫的有效监督和管理。贫困人口能力与素质参差不齐，参与旅游产业发展的能力也各有不同。在调研过程中发现，众多旅游扶贫项目没有对贫困进行精准识别，造成真正的贫困人口被排除在旅游受益群体之外。因此，旅游扶贫操作应当有准确性，即做到精准扶贫。

1.1.5　我国扶贫攻坚势在必行

1949 年中华人民共和国成立后，全国人民在党和政府的领导下相继通过一系列措施与贫困进行了艰苦卓绝的斗争。综观中华人民共和国成立后扶贫发展的演变历程，其大致经历了 1949—1978 年的救济式扶贫、1979—1985 年的城市经济体制改革、1986—1993 年的开发式扶贫（也叫造血式扶贫）、1994—2000 年的扶贫攻坚计划、2001 年至今的全面建设小康社会共五个阶段，最终取得了举世瞩目的成就。

自党的十八大以来，扶贫工作受到党中央、国务院的高度重视，全党全社会形成合力，努力打赢扶贫攻坚战。2015 年 6 月，习近平总书记在贵州召开部分省、区、市党委主要负责同志座谈会，要求各级党委和政府把握各个扶贫时间节点，科学规划好各项扶贫开发工作，确保贫困人口到 2020 年如期脱贫。这次座谈会最后向全国全社会立下打赢扶贫攻坚决战的军令状。自 2015 年《中共中央、国务院关于打赢脱贫攻坚战的决定》出台后，中西部 22 个省、区、市与中央签署了脱贫攻坚责任书，地方各部门陆续出台了诸多支持贫困地区、贫困人口发展的政策和措施。这表明我国扶贫工作力度前所未有，扶贫进入了攻坚拔寨的决胜阶段。

1.2 研究目的和意义

1.2.1 研究目的

首先，本研究的目的是从新时期滇桂黔石漠化集中连片特困区呈现出的新特征入手，通过分析新时期滇桂黔石漠化集中连片特困区反贫困的制约因素，确定影响滇桂黔石漠化集中连片特困区扶贫开发效果的主要因素，得出适合当地的旅游扶贫开发模式。

其次，在借鉴国内外反贫困经验和教训的基础上，经过多次总结与归纳，从中抽象出具有普遍意义的影响因素，提炼出具有典型意义的旅游扶贫模式，从而为我国其他贫困地区实施与推广旅游扶贫提供参考与借鉴。

1.2.2 研究意义

1. 理论意义

（1）本研究依据减贫、扶贫理论，采用数理统计和田野调查等方法，探索滇桂黔石漠化集中连片特困区旅游扶贫的一般规律与以贫困者为主体的旅游扶贫可持续发展路径，研究旅游发展、石漠化治理与生态建设、文化传承"三位一体"的立体化旅游扶贫新模式；同时，建立基于"适宜性评价—绩效评估—模式构建—应用推广"的旅游扶贫技术路径，为旅游扶贫模式建立一个新的分析路径，完善并丰富新时期的扶贫理论。

（2）本研究运用旅游地生命周期理论和可持续发展理论，深入分析滇桂黔石漠化集中连片特困区的贫困程度、资源禀赋、旅游发展现状、扶贫绩效等多个因素之间的内在联系，总结归纳适用于滇桂黔石漠化集中连片特困区的旅游扶贫模式，此举可进一步丰富和发展旅游可持续发展的内涵和外延，拓展区域经济学、旅游经济学的运用范围，为实现集中连片特困地区旅游扶贫的可持续性提供新的理论指导。

2. 实践意义

（1）本研究对滇桂黔石漠化集中连片特困区的旅游扶贫具有实践指导意义。滇桂黔石漠化集中连片特困区内贫困人口多，返贫现象严重，人口、资源和环境矛盾突出。本研究通过综合调研，结合区域特殊发展背景和属性，探究以旅游业为导向的扶贫新模式，为该区域建设生态文明、发展旅游业、脱贫增收提供实践指导。

（2）研究成果具有推广意义。滇桂黔石漠化集中连片特困区内存在旅游资源空间分配不均、生态脆弱、生态承载力低等问题，开发与保护的矛盾尖锐，本研究对石漠化片区内的旅游扶贫适宜性进行评价，结合石漠化片区内不同地区旅游开发现状和旅游扶贫潜力，提出适合石漠化片区实施的旅游扶贫开发模式，为片区内其他地方进行各类旅游开发提供参考与借鉴。

（3）研究过程能为其他研究或实践提供参考。原已划分的11个集中连片特困地区，加上需要特殊政策扶持的西藏、新疆南疆、四川省藏区，共14个片区，除了滇桂黔石漠化集中连片特困区外，其他13个片区也都是亟待扶贫开发的地区。本书对滇桂黔石漠化集中连片特困区旅游扶贫模式的研究所获得的经验与成果，今后可为其他13个贫困片区的研究或开发提供参考与借鉴。

1.3　研究区域的典型性

1.3.1　滇桂黔石漠化片区生态环境独特而脆弱

滇桂黔石漠化片区位于我国西南地区，地处云贵高原东南部及其与广西盆地的过渡地带，南与越南接壤，属典型的高原山地构造地形，碳酸盐类岩石分布广，石漠化面积大，是世界上喀斯特地貌发育最典型的地区之一。该区在东经103.40°～110.90°，北纬21.58°～27.53°，南北距离近800千米，东西距离约1000千米，总面积为22.8万平方千米。

滇桂黔石漠化片区是我国石漠化面积最广、分布最集中、石漠化程度最高的地区。该地地处云贵高原腹地，主要分布有高原、山地、丘陵、盆地四种不同的地貌类型，地表起伏大，崎岖不平（云贵高原是我国地表起伏最大的地区），地形复杂多样。因其地貌的多样性，该区域内有以乐业—凤山世界地质公园、泸西阿庐古洞国家地质公园、资源国家地质公园、大化七百弄国家地质公园等为主的世界或国家地质公园。保护区内有珍稀物种和珍稀野生植物等。应保护和利用好喀斯特地貌、洞穴、天坑、峡谷、湿地等地质景观，在保证其完整性的前提下，科学规划和适度发展旅游业。总之，滇桂黔石漠化片区是我国生态安全重要的"生态地"。

1.3.2　滇桂黔石漠化片区是少数民族聚居区，旅游资源丰富、独特

滇桂黔石漠化片区是我国多民族聚居的地区，世代居住的民族主要有汉族、壮族、侗族、苗族、回族、彝族、布依族等14个民族，其中又以苗族、壮族、侗族、布依族及瑶族为该区最主要的少数民族，民族成分复杂多样。正是这些众多的民族创造了独特的民族文化，并在饮食、服饰、礼仪、婚俗、节日等方面形成了各民族独有的生活习俗。例如，在民族服饰款式、布料、颜色、种类、工艺等方面，苗族、壮族、布依族、仫佬族、彝族等各少数民族均形成了自己独特的审美取向。仫佬族喜爱黑色，瑶族女子崇尚红色，壮族根据其对服饰颜色的喜好又分为青衣壮、蓝衣壮、白衣壮、黑衣壮和灰衣壮等。各族人民用勤劳和智慧创造了民族文化、历史古迹、宗教寺庙、民族风情等，这些构成了世界上独一无二的旅游资源综合体。

滇桂黔石漠化片区有着丰富的自然景观资源。该区域拥有国家级自然保护区13处，世界自然遗产1处，世界文化遗产2处，国家级风景名胜区13处，国家森林公园19处，世界地质公园1处，国家地质公园9处。

1.3.3　滇桂黔石漠化片区是我国最贫困的地区之一，扶贫攻坚规划已全面启动

截至2015年年底，滇桂黔石漠化片区还有建档立卡贫困村6305个、贫困户

142万户、贫困人口484万人，占全国建档立卡贫困人口的9%，是14个集中连片特困地区贫困人口数量最多的片区。在贫困发生率方面，与全国平均水平相比，片区贫困发生率偏高，比全国高出9.4个百分点，比14个片区的平均水平高1.2个百分点。2015年片区农村居民人均收入6978元，与当年全国人均可支配收入21966元和全国农村居民人均纯收入10772元相比，片区居民收入明显偏低，只占到全国平均收入水平的31.8%、全国农村居民收入水平的64.8%。另外，片区内部分贫困群众住房严重困难，杈杈房、茅草房、土坯房比例较高，人民生活贫困程度较深，贫困问题突出。

国务院扶贫办为解决滇桂黔石漠化片区的贫困问题，制定了《滇桂黔石漠化片区区域发展与扶贫攻坚规划（2011—2020年）》，依照"区域发展带动扶贫开发、扶贫开发促进区域发展"的基本思路，着力开展以石漠化综合治理为主要内容的生态建设和环境保护，将滇桂黔石漠化片区建设成为扶贫攻坚与石漠化综合治理相结合的重点区、国际知名喀斯特山水与文化旅游目的地等。此规划对滇桂黔石漠化片区的建设和生产生活方式的转变起到了良好的推动作用，极大地降低了贫困发生率。

1.4　研究内容和文章结构

本研究的主要内容包括梳理滇、桂、黔三省（区）石漠化集中连片特困区的旅游资源分布、旅游开发状况、旅游扶贫现状；分析滇桂黔石漠化集中连片特困区贫困现状及原因；总结滇桂黔石漠化集中连片特困区旅游扶贫模式；最后提出旅游扶贫模式实施和推广建议。其基本章节安排和结构如下。

第1章，绪论。介绍滇桂黔石漠化集中连片特困区旅游扶贫的研究背景、研究目的、研究意义，概述本书的研究内容、研究方法和技术路线等内容。

第2章，研究综述。对国内外扶贫与旅游扶贫研究成果进行全面回顾与系统梳理，分析旅游扶贫的研究现状，对贫困与反贫困、旅游扶贫、旅游扶贫模式等重要概念进行辨析，同时也对旅游扶贫的相关理论进行介绍，为本书研究奠定理论基础。

第3章，滇桂黔石漠化集中连片特困区概况。在收集查阅大量文献资料和开展田野调查的基础上，从自然地理、生态环境、区位交通、社会文化、经济发展及贫困状况六个方面描述滇桂黔石漠化集中连片特困区总体概况。

第4章，滇桂黔石漠化集中连片特困区旅游扶贫现状。本章对滇桂黔石漠化集中连片特困区旅游扶贫的适宜性进行了系统评价，对滇桂黔石漠化片区进行PEST-SWOT分析，构建SWOT矩阵，做出该地区旅游扶贫战略选择。

第5章，滇桂黔石漠化集中连片特困区旅游扶贫绩效评价。首先基于旅游扶贫绩效评价体系的构建原则从文献资料中选取指标建立旅游扶贫绩效评价体系，然后确立旅游扶贫绩效评价指标权重，最后进行实证分析，得出旅游扶贫绩效评价结果。

第6章，滇桂黔石漠化集中连片特困区旅游扶贫模式。根据前文滇桂黔石漠化集中连片特困区旅游扶贫现状、旅游扶贫适宜性评价以及旅游扶贫绩效评价，总结出滇桂黔石漠化集中连片特困区旅游扶贫模式，并对各个旅游扶贫模式的内容、运行机制和推广应用三个方面进行阐释。最后根据不同视角重新组合，得出五种适用于滇桂黔石漠化集中连片特困区实施和推广的旅游扶贫新模式。

第7章，滇桂黔石漠化集中连片特困区旅游扶贫支撑保障体系。在滇桂黔石漠化集中连片特困区实施各个旅游扶贫模式的过程中可能遇到一系列困难和问题，提出相对应的保障措施是必要之举。本章以旅游扶贫支撑保障体系的构建目标和原则为基础，提出旅游扶贫支撑保障体系的构建内容，具体主要包括制度保障体系、资金保障体系、技术保障体系、环境保障体系和人才保障体系五个方面。

第8章，滇桂黔石漠化集中连片特困区旅游扶贫模式实施建议。根据第六章最后重新组合得出的五种适用于滇桂黔石漠化集中连片特困区的旅游扶贫新模式，分析这五种旅游扶贫组合新模式的资源条件和影响因素，提出具体的实施推广建议与对策。

1.5 研究方法与技术路线

1.5.1 主要研究方法

1. 文献法

本研究搜集了大量与旅游扶贫研究内容相关的文献，这些文献包括国内外旅游扶贫方面的学术研究成果、年鉴、政府报告、新闻报道等。通过对旅游扶贫相关方面文献的搜集与整理，进一步甄别、分类与筛选，并对国内外的一些旅游扶贫研究与实践进行总结，本研究打造了良好的文献与资料基础。文献法是本研究采用的主要研究方法，为本研究奠定了坚实的理论基础，从而有助于进一步的理论创新和实践探索。

2. 田野调查法

对滇桂黔石漠化片区进行实地考察，走访扶贫办、旅游局、统计局等有关行政部门获取研究所需数据。对旅游扶贫地居民进行访谈，同时向旅游扶贫村寨发放调查问卷，以获得感知数据。本研究共发放调查问卷1000份，回收有效问卷962份。

3. 数理统计分析法

数理统计分析法主要是利用ROST-CM6、MATLAB、SPSS、Excel等软件进行数据采集、分析和编制图件等。主要步骤是：第一，运用ROST-CM6软件进行词频分析，然后结合德尔菲法对旅游扶贫适宜性的指标进行筛选，经过多轮筛选最终确定旅游扶贫适宜性指标体系；第二，运用MATLAB软件编写评价模型，确定评价结果，为后续工作打下基础；第三，运用SPSS和MATLAB软件建立旅游扶贫绩效的评价模型，对案例地的旅游扶贫绩效进行评价。

4. 比较分析法

比较分析法也称为对比分析法，即通过对比不同的事物来揭示事物之间的差异。在经济研究活动中，常常用到比较分析法以了解经济活动的成绩和问题。本研究利用搜集到的资料、案例和数据，试图对国内外的先进经验和成功模式进行比较分析，并结合我国国情，对滇桂黔石漠化集中连片特困区旅游扶贫模式进行比较分析和归纳总结，得出适用于滇桂黔石漠化集中连片特困区的旅游扶贫模式。

5. 系统分析法

系统分析法是把研究对象的各关联因素看成一个有机的整体，通过分析这些因素之间的相互作用，揭示它们的逻辑关系，最后以逻辑的方式进行系统协调和改进。滇桂黔石漠化集中连片特困区的旅游扶贫是一个关联性强而且内容复杂的整体，本研究始终把旅游与扶贫纳入一个系统中来，分析旅游与扶贫之间的内在逻辑关系，最终通过系统分析法重新构建旅游扶贫的合理框架及科学的旅游扶贫新模式。

1.5.2 技术路线

本书研究的技术路线如图 1-1 所示。

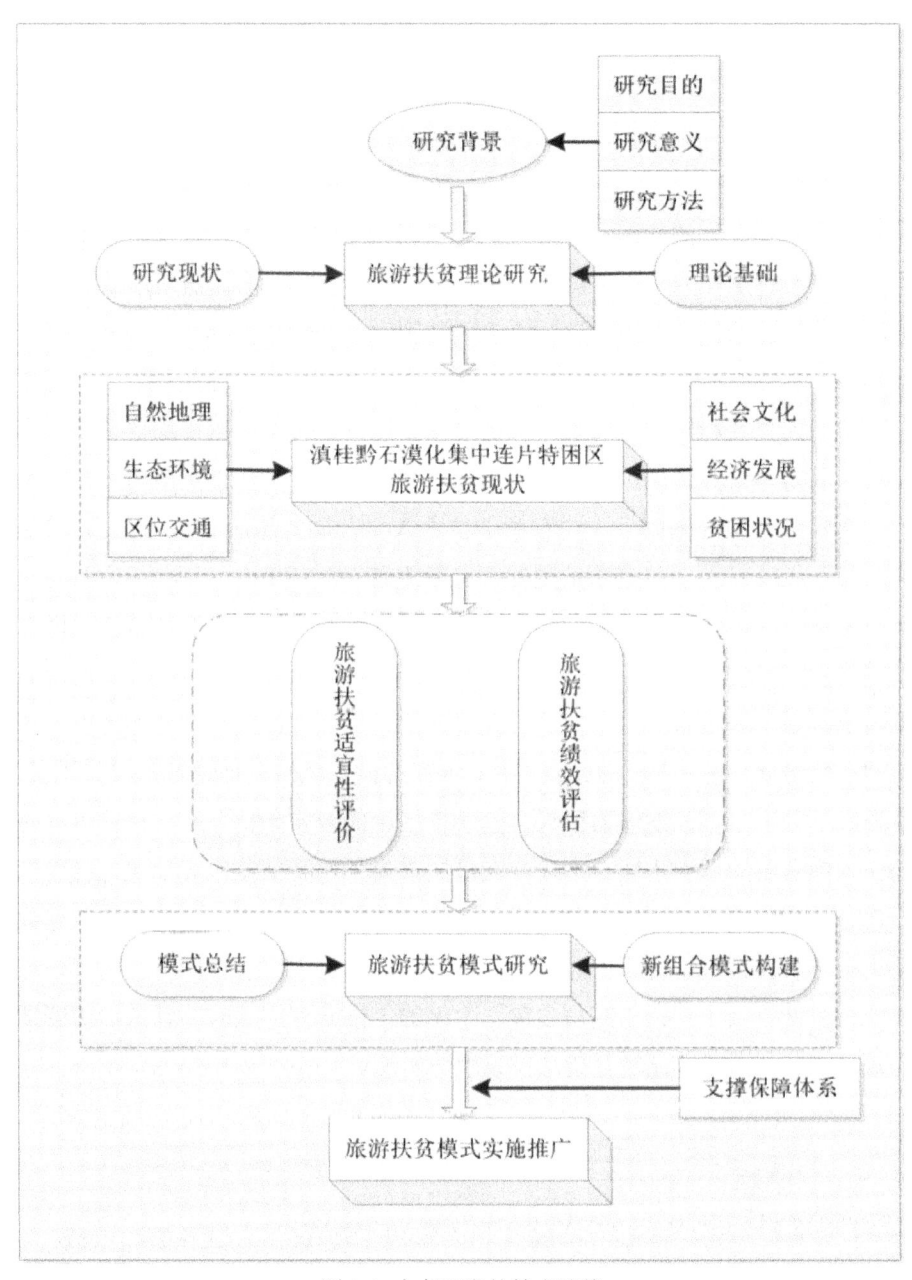

图 1-1 本书研究的技术路线

本章小结

作为本研究的开头部分，本章主要介绍了研究背景、研究目的、研究意义、研究内容和结构、研究方法和技术路线，为下文的研究开展做好铺垫。贫困一直是困扰人类社会发展的问题，随着人们对贫困问题的认识不断加深，对贫困的衡量不再以物质标准作为单一维度，人的能力方面亦可作为衡量维度。如今，反贫困成为全球关注的社会热点问题，"消灭贫困"作为重要内容被写进了《联合国宪章》，世界银行亦把建立一个没有贫困、没有因贫困带来痛苦的世界作为奋斗目标。中华人民共和国成立以来，我国与贫困展开了长期艰苦卓绝的斗争，扶贫事业虽然取得了一定成果，但在严峻的现实面前，扶贫工作任重而道远。在总结旅游开发实践经验的基础上，"有利于贫困人口发展的旅游"（PPT）、"旅游扶贫参与"（PPTP）、"消除贫困的可持续旅游"（ST-EP）等概念被相继提出，旅游对经济的促进作用日益为人们所认可。滇桂黔石漠化集中连片特困地区一方面贫困面积广、程度深，生态脆弱、土壤贫瘠、资源承载力低，经济基础薄弱、基础设施落后，缺乏有效带动扶贫开发的产业；另一方面拥有丰富的生物资源、独特的自然景观、底蕴深厚的民族文化、浓郁的民俗风情和灿烂多彩的民间工艺，旅游资源十分丰富，开发潜力巨大。基于该地区的现实条件，旅游扶贫可以并且应当作为反贫困的重要手段。本研究在借鉴国内外旅游扶贫研究及实践经验的基础上，总结、归纳并提炼出了科学适用的旅游扶贫模式，提出实施与推广建议，有助于指导滇桂黔石漠化集中连片特困区通过旅游实现脱贫，同时也为其他地区开展旅游扶贫提供了理论借鉴与参考。本书的主要研究方法有文献法、田野调查法、数理统计分析法、比较分析法及系统分析法。

第2章 研究综述

本章的研究综述有三个目的。一是厘清研究问题。根据前人的研究成果和相关理论，整理旅游扶贫相关研究内容的学术史，包括贫困问题的研究起源、反贫困与扶贫，以及产业扶贫等。二是寻找研究的缺口。通过文献阅读及分析，获取对本研究具有理论价值的内容，掌握现今旅游扶贫相关研究的热点及研究空白。通过评价前人的研究成果，分析旅游扶贫研究的总体状况，明确现有研究存在的理论缺口，并判断旅游扶贫相关研究今后的发展趋势。三是为本研究提供理论参考。

2.1 贫困、反贫困与扶贫

2.1.1 贫困

贫困是一个综合且复杂的社会问题，经济学、管理学、社会学等多学科都对这一问题进行了长期的研究。目前，国际社会对贫困相关问题的研究主要涉及贫困的概念、贫困的演变过程、贫困识别标准、致贫原因、减贫政策与途径及贫困的理论解释等。

1. 贫困问题的起源

对贫困问题的研究自古有之，我国古代社会就有以"荒政"为代表的赈灾扶贫制度，古希腊哲学家柏拉图也提出了贫困线的概念并主张采用法制手段调控贫富差距。19世纪以来，随着对贫富分化认识的不断加深，以及慈善救济、社会福利实践的不断发展，对贫困问题的研究也越来越广泛。20世纪以来，有关贫困问题的研究成果更加丰富，对于贫困的概念界定、贫困的识别与测度及致贫原因与贫困形成机制等内容的研究日渐成熟，贫困理论的发展也经历了早期的唯资本论、发展经济学贫困理论、阿玛蒂亚·森的权利贫困理论等过程。

中国先秦时期的《周礼》"荒政十二策"开创了中国历史上灾荒救助和贫弱救助的先河，在漫长的封建社会时期建立了保甲法（贫困认定的基础）、分层审户（贫困灾民认定标准）、以民辨民（贫困认定的方法）、公众检举法（扶贫赈灾监督）等多种赈灾扶贫政策，有相关文献对这些问题进行过研究。古希腊哲学家柏拉图在公元前5世纪提出了贫困线的概念，并主张采用法制手段调控贫富差距，其在《理想国》一书中提出的建议和有关政治正义的思想成为后来文艺复兴、启蒙运动的重要依据。柏拉图有句名言："任何一个城邦，不论多小，实际上都可以分为两个城市，一个是穷人的城市，另一个是富人的城市。"亚里士多德也对贫富差距问题进行了关注，特别是家庭财产的观点透露了其反贫困的思想。雅典城邦的"梭伦改革"中有解决贫富分化的实践。我国历史上多次爆发的农民起义也都喊出了"均贫富"的口号。很多宗教思想也体现了对贫困和反贫困问题的看法，例如，基督教的懒惰原罪说其实可以看作对致贫原因的一种解释。

在欧洲中世纪末期，由于生产力水平的不断发展和资本主义生产方式的产生，农民开始从土地中脱离出来（人身依附和人身与土地高度结合是封建制度的基础），人口开始向城市集中，重商主义（包括与之对应的重农学派）、古典经济学先后产生。前者对国家之间的贫富问题进行了广泛论述，后者提出了以财富价值（支配或购买多少劳动）作为判断穷与富的标准，并将竞争失败解释为致贫原因。实践上，随着市民社会的兴起，从17世纪开始，社会慈善事业和福利制度不断完善，对贫困和弱势群体的帮扶开始有组织地出现，英国伊丽莎白一世时期的《济贫法》是这个时期的标志。19世纪经济危机的爆发打破了维多利亚时代的一切美梦，经济萧条、两极分化、贫困、失业、信任危机、工人罢工等社会问题接踵而至。为解释资本主义社会发展导致的社会问题和寻找未来的出路，不同学科、不同背景的学者提出了相应的学说和对策，它们都指向了两极分化和贫困问题，如马克思的科学社会主义、费边主义及后来的伯恩斯坦的民主社会主义，前者主张革命，后者主张改良。民主社会主义成为现代欧洲高福利社会的重要依据。此后，人民预算案、疾病产孕救济法、工伤救济法、残疾及死亡救济法等均得以颁布和实施。随着全球化的不断发展，从20世纪初开始，对贫困与反贫困问题的研究从欧洲扩展到全球范围，从经济学、政治学的研究和实践扩展到社会学、地理学等多学科交叉领域。越来越多的学者和学派开始关注这一问题，新古典经济学、发展经济学、福利经济学、社会排斥理论等学说对其进行了研究。对贫困的定义和理解、判定标准也从单一的物质视角延伸到权力、文化、能力、发展机会等。

2. 贫困的概念和内涵的界定

国外对贫困问题的研究可追溯到15、16世纪。马克思一生的理论研究，涉及了大量的贫困问题。他在相关著作中最早提到了与贫困相关的系列问题，认为资本主义生产是建立在剥夺生产者的基础之上，使生产者贫困，从而实现自我价值的保值和增值。朗特里和布什对贫困问题进行了系统而全面的研究，并明确给出贫困的概念界定。他们认为，无法维持基本的生理需求就是贫困。在他们之后，学者对贫困的研究越来越深入，对贫困的定义也越来越多。公认的是世界银行对贫困的定义：1981年提出，贫困就是指人们的生活质量和状态达不到当时社会所承认的水平；1990年提出，贫困是不仅缺乏达到最低生活水准的能力，而且缺乏受教育的机会、营养不良、健康状况差。1999年，亚洲发展银行认为贫困是指剥夺每个人应享有的基本物质和机会。2001年，世界银行进一步指出，贫困不单单指收入低微和人力发展不足，还包括缺少发言权、权力和被社会排斥在外的对外部冲击的脆弱性。1998年，联合国开发计划署提出贫困除了指缺乏生活必需品外，还指缺乏自我发展的基本机会和选择，包括过长期、健康、有创造性的生活，有尊严、自尊并受他人尊重以及得到其在生活中重要的东西。世界银行在2008年规定的贫困线是目前采用较多的标准：人均消费每天不低于1.25美元。截至2001年，世界银行在赞成上述表述的基础上，还将贫困的范畴予以扩展和延伸，风险性和不能表达自身需求也被纳入其中。

此外，学者们还从不同的视角界定贫困的内涵，如经济贫困、能力贫困、权力贫困、文化贫困、心理贫困等。19世纪初,世界银行最早用能力贫困说定义贫困。1990年,世界银行将贫困定义为:没有能力达到最低生活水准。19世纪末,以英国学者西勃海姆·朗特里为代表提出的收入贫困说认为,若一个家庭的总收入难以维持家庭最基本的需求,一般来讲,这个家庭就陷入了贫困。阿玛蒂亚·森是能力贫困说的主要代表,他在《作为自由的发展》一书中系统论述了能力贫困说,提出贫困的根源是能力的不足,真正的贫困不是收入低下,因此应改变传统的以收入和资源占有量衡量贫富的方式,而用能力参数衡量人们的生活质量。20世纪80年代,阿玛蒂亚·森又提出了权利贫困概念。权利贫困说由英国著名学者汤森、奥本海默的"排斥剥夺说"演进而来,在此基础上,阿玛蒂亚·森提出贫困者贫困的原因是被系统性地剥夺了本应享有的基本权利,导致他们陷入贫困的恶性循环。

3. 贫困的识别与测度

"贫困的识别"是研究贫困的首要问题。贫困的识别法有热量支出法、恩格尔系数法、市场菜篮法、收入比例法、生活形态法、马丁法、唐钧综合法、基础贫困指标、Sen贫困指数、FGT贫困指数、社会福利函数贫困指数和多维度的贫困度量指标等。张晓静、冯星光(2008)认为贫困线的确定问题是识别贫困的关键,应用国际贫困线的测定方法,即马丁·雷布林提出的计算贫困线的方法:由食品贫困线和非食品贫困线两部分组成。高帅(2015)从能力剥夺的视角进行了多维贫困测度,按照贫困程度将我国的城乡人口贫困度划分为长期贫困、暂时贫困和非贫困三个类型,认为多维贫困的根本原因在于能力的剥夺,这是构建精准扶贫机制的着手点,识别多维贫困、实施精准扶贫是有效减少多维贫困的关键。张秀艳、潘云2017则更加全面地将贫困的测量标准概括为公理化标准和非公理化标准两大类。基于公理化标准的贫困测量方法包括传统的贫困指数、S指数(Sen Index)、Watts多维贫困指数、Tsui多维贫困指数;基于非公理化标准的贫困指数测量方法则涵盖人类贫困指数(Human Poverty Index,HPI)、人类发展指数(Human Development Index,HDI)和多维贫困指数(Multidimensional Poverty Index,MPI)等。

4. 致贫原因和贫困形成机制

关于贫困产生的原因，人们的认识经历了一个从物质到人力再到社会的渐进过程，主要有功能主义贫困观、冲突学派的贫困观、中立性的贫困观、贫困结构理论、贫困文化理论等。纳斯卡、缪尔达尔、杨小凯等人从不同的视角解析了致贫原因，低水平均衡、循环累积、分工交易、人口论、社会排斥、能力剥夺、地理环境等作为致贫因素相继出现。曲玮（2010）等对发展程度不同的国家和地区进行了实证研究，结果显示贫困与地理环境之间存在着密不可分的关系，地域环境的不平衡与区域贫困有着切实的联系。马良灿（2010）从文化与制度两个层面解释贫困的原因，认为从文化层面看，贫困是一种亚文化，是穷人所享有的代代相传的生活方式；从制度层面看，贫困的形成源于社会内部的权力结构、社会地位和资源占有的不平等。李佳，钟林生，成升魁（2009b）指出贫困的衡量应结合多维度和多分析架构，其中较为常用的是囊括自然、物质、金融、人力、社会等要素的可持续生计框架。

2.1.2 反贫困与扶贫

1. 反贫困的概念与内涵

冈纳·缪尔达尔最早提出"反贫困"概念，并引入学术研究。目前国内外常用的反贫困（Anti-Poverty）概念主要有以下四种：① Poverty Reduction，目的在于减少贫困发生因素，强调反贫困的过程性；② Poverty Alleviation，探求减轻、缓和贫困的手段；③ Support Poverty，即扶持贫困，简称扶贫，站在政策落实的角度研究和核实政府及民间的反贫困计划与项目（这被广泛地应用于中国的农村脱贫工作中）；④ Poverty Eradication，目标在于根除、消灭贫困，目的性极强。扶贫是国家或社会团体面对贫困现象采取的一种措施，有广义和狭义之分。其中，广义上的扶贫是指利用各种方法或措施，直接或间接地达到增加贫困人口经济收入的目的，促使他们培养并形成持续的自我发展能力；狭义上的扶贫是指政府或社会通过各种途径，提供就业机会给那些可以正常劳动的贫困人口，通过增加他们的经济收入来缓解其贫困程度。

2. 反贫困的形式

扶贫的形式有很多种，根据扶贫的内容可以将其划分为物资扶贫、交通运输扶贫、教育扶贫、科技扶贫等；根据扶贫的实施主体可以将其划分为政府扶贫、单位扶贫和个人扶贫。从不同的视角出发总结的反贫困模式会有不同。陈凌建（2009）从时间角度将我国扶贫模式发展阶段分为四个时期，即救济式扶贫阶段、大规模开发式扶贫阶段、扶贫攻坚阶段、扶贫模式统筹发展阶段，并提出股权式、法制化、"发达地区补贫困地区、城市带动农村、以工补农"、农村合作经济组织和企业等一系列先进的反贫困形式。龚娜、龚晓宽（2010）总结了我国目前存在的扶贫模式：财政扶贫模式、以工代赈扶贫模式、"温饱工程"模式、产业开发模式、对口帮扶模式、旅游扶贫模式、生态建设模式和移民搬迁模式。刘晓霞等（2013）以致贫因素为依据，将反贫困模式分为环境治理模式、经济开发模式、人力资源开发模式和公共产品保障模式。

3. 反贫困政策

自改革开放至今，我国反贫困政策的发展经历了五个阶段，即体制改革推动扶贫阶段（1978—1985年）、大规模开发式扶贫阶段（1986—1993年）、扶贫攻坚阶段（1994—2000年）、综合开发阶段（2001—2010年）和脱贫攻坚阶段（2011年至今）。目前，基于多维贫困理论，我国通过不同维度的测量，瞄准贫困人口，对于反贫困政策的实施作用巨大。张秀艳、潘云（2017）指出，扶贫政策不仅要重视收入的增加，更要关注贫困地区、贫困人口自身的发展，借助政府帮扶等渠道，助力贫困者培养脱贫意识以及自身脱贫的生存技能，实现其全面发展。无论是面向多个地区，还是针对某一地区，在进行多维贫困测量后发现，当前我国城镇和农村存在的多维贫困，除了收入贫困外，还包括健康、教育、基础设施、居住条件等多方面的贫困现象，不同地区因社会、经济等环境的差异，贫困程度各有侧重。我国政府在制定反贫困或扶贫政策时，应从多维视角看待贫困问题，尤其是农村地区的贫困问题。

2.1.3　产业扶贫

产业扶贫是贫困地区脱贫致富的重要方式，是"输血式扶贫"向"造血式扶贫"转变的关键路径，有助于促进就业、拉动经济增长和带动贫困农户增收。按时间划分产业扶贫的话，其发展阶段分为计划经济时期和市场经济时期，前者以救济援助为主，相关的政策扶持很少，后者以产业发展带动脱贫为主，高度重视产业发展在扶贫中的重要性。

1. 产业扶贫的概念

我国学者徐翔、刘尔思（2011）对产业扶贫做出以下定义：以市场为导向，经济效益为中心，产业集聚为依托，资源开发为基础，对贫困地区的经济实行区域化布局、工业化生产、一体化经营、专门化服务，形成一种利益共同体经营机制，把贫困地区产业的产前、产中、产后各个环节结成统一的产业链体系，通过产业链建设来推动区域扶贫的方式。

2. 产业扶贫模式

产业扶贫模式是产业扶贫的关键，多数文献都根据区域状况提出了适合区域发展的产业扶贫模式。周伟、黄祥芳（2013）通过对武陵山片区经济贫困程度的调查，发现连片特困区经济贫困与增长乏力的原因，反思政府的扶贫政策和扶贫效果。结合武陵山片区特点，深入考量该区反贫困的路径，指出武陵山片区"亲贫式"增长的产业选择关键在于有效利用片区内与特色农业、旅游产业相关的优势资源。李志萌、张宜红（2016）结合赣南革命老区的实际情况，提出五大模式，即"龙头企业+合作社（基地）+贫困农户""金融服务+""特色旅游+""互联网+""移民搬迁进城进园"。另外，还有学者选择典型市县定位产业扶贫模式，许尔忠、齐欣（2015）以六盘山连片特困区庆阳市为例，提出金融支持产业扶贫的"庆阳模式"，这是一种立足市场化运行、更改财政资金使用方式的创新模式。

3. 产业扶贫的发展路径

产业扶贫的实施面临诸多问题，要想顺利实施，不仅需要政府的支持，也需要利用金融和社会资本，通过合适的发展路径，实现贫困地区脱贫致富的预期效果。产业扶贫的路径有多种，不同的产业也存在差异，但大体包含以下五点：一是产业选择要与当地规划和资源特色相统一，根据贫困县域的实际情况，选择最具优势的产业，同时，扩大产业规模，提升产业品质；二是产业发展要以生态保护为前提，实现产业链条与生态链条相耦合；三是通过将产业技术推广至贫困地区，将企业或合作组织与贫困户利益联结，鼓励贫困人口积极参与产业发展，通过产业发展带动贫困地区经济增长，从而实现贫困人口脱贫；四是拓宽产业资金投入来源，实现政府投入与社会资本相结合；五是实现贫困群众脱贫致富与贫困地区经济发展相统一。

2.2 旅游扶贫

2.2.1 概念

旅游扶贫的概念尚未形成统一认识。国外关于旅游扶贫提出了 PPT 和 ST-EP 两种实践模式。PPT（Pro-Poor Tourism）的概念是由英国国际发展局（DFID）于 1999 年在可持续发展委员会报告中提出的，这一报告首次将旅游与扶贫结合起来，主张通过利益相关者之间的双赢合作及外部干预来拓宽旅游企业的市场生存空间。2002 年 8 月，世界可持续发展峰会（WSSD）在南非的约翰内斯堡召开，在联合国贸易与发展会议（UNCTAD）的支持下，会上提出了 ST-EP（Sustainable Tourism-Eliminating Poverty）战略，更为注重将消除贫困与发展可持续旅游结合起来，强调了当地社区居民参与扶持旅游小企业发展以及贫困人口建设自我能力的必要性。国内学者对旅游扶贫内涵的研究成果丰富，汇总具有代表性的理解及定义，如表 2-1 所示。

表 2-1 国内学者对旅游扶贫的理解及定义

代表人物	对旅游扶贫的理解及定义
吴忠军（1996）	旅游扶贫就是贫困地区通过开发当地丰富的旅游资源，兴办旅游经济实体，促使旅游业成为区域性支柱产业，从而实现地方财政和贫困地区贫困人口的双脱贫致富
高舜礼（1997b）	界定了旅游扶贫的主要对象是具有一定旅游发展基础的经济欠发达地区，对上述地区给予一定的扶持，主要目标不仅是摆脱贫困，还要在此基础上发展致富
蔡雄等（1997）	旅游扶贫是增加贫困地区的"造血功能"，指贫困地区充分利用其丰富的旅游资源，大力发展旅游服务业，吸引国内外旅游者前来旅游和消费，使贫困地区的旅游资源产生效益，使旅游商品的生产、交换、消费在贫困地区同时发生，逐步实现部分财富、经验、产业等的转移，从而促使贫困地区实现脱贫致富
郑本法、郑宇新（1999）	旅游扶贫是指在旅游资源比较丰富的贫困地区，通过保护性地开发利用当地的旅游资源，大力发展旅游产业，带动和促进相关产业的发展，从而增强贫困地区自我发展的能力，走出一条脱贫致富的路子
谭芳、黄林华（2000）	旅游扶贫是指贫困地区利用其丰富的旅游资源，大力发展旅游业，把资源优势尽快转化为经济优势，进而获得区外的资金、技术、经验，促进产业的调整，增加贫困地区的"造血功能"，从而使其脱贫致富
周歆红（2002）	指出旅游扶贫研究的核心问题是关注贫困人口如何在发展的过程中获益和增加发展机会，将焦点转移到贫困人口的发展，而不是如何大力发展旅游业
郭清霞（2003）	指出旅游扶贫并不是简单地等同于旅游开发，旅游扶贫开发中的城市化发展模式不能只关注眼前利益，而要以旅游资源为依托，以市场为导向，在政府以及其他社会力量的扶持下，发展当地的旅游业，促使贫困地区走上可持续发展的道路，实现贫困人口利益最大化，从而实现脱贫致富
刘益、陈烈（2004）	旅游扶贫是指在经济欠发达地区或贫困地区，依托当地旅游资源，借助各种外部推动力量来帮扶当地发展旅游业，通过旅游业关联带动相关行业，从而实现脱贫致富的目的
曾本祥（2006）	指出旅游扶贫的目标是贫困人口在旅游发展中获益和增加发展机会，而社区参与旅游是实现旅游扶贫目标的有效途径，也应该成为成功的旅游扶贫模式的核心
王永莉（2007）	旅游扶贫的核心是使贫困人口获得更多净利益与发展机会，让贫困人口能够分享当地旅游资源开发的利益
魏小安、李劲松（2009）	旅游扶贫是全面带动贫困地区经济发展的扶贫模式和手段，具体来说就是以贫困地区的旅游资源开发为基础，通过发展旅游业来促进当地经济、社会、文化的发展
刘丽梅（2012）	旅游扶贫是经济欠发达地区凭借当地丰富的旅游资源，借助社会各方力量，通过发展旅游业来促进当地社区和居民摆脱贫困，并且不断获得可持续发展的能力
张祖群（2012）	旅游扶贫是指那些推动贫困地区旅游业及其关联产业发展，从而振兴该地区经济的行为活动，其根本价值观是开展有益于困难人口的旅游开发活动，它与反贫困关联颇大

资料来源：根据相关文献整理得到。

根据以上理解及定义可知，旅游扶贫开展的地区主要是旅游资源优良的贫困地区，旅游扶贫的目标对象应是这些贫困地区的贫困人口，旅游扶贫的最终目的是减少贫困发生率，实现贫困地区的脱贫致富，发展旅游只是贫困地区开展扶贫工作的方式方法之一，旅游扶贫过程中要注重其可持续性，旅游扶贫的核心问题是贫困人口的获益情况。

2.2.2 国内外研究内容

1. 国外的主要研究内容

国外对旅游扶贫的研究分为三个阶段：第一阶段为 20 世纪 60—70 年代，该阶段主要研究发展旅游给贫困地区带来的宏观层面的经济效益，主要包括增加就业机会、提高对 GDP 的贡献率、赚取外汇等，贫困只是作为旅游经济效益的影响因素出现在相关文献中；第二阶段为 20 世纪 80 年代到 20 世纪末，该阶段主要研究旅游发展对贫困地区造成的负面影响，包括旅游在经济、社会、文化、环境等方面对旅游地居民生活的负面影响，并没有将扶贫作为其发展目标；第三阶段为 20 世纪末至今，该阶段提出了 PPT 及 ST-EP 概念，基于此，有关旅游与消除贫困的文献及项目报告大量涌现，在旅游扶贫开发理论方面，最具代表性的研究者有哈罗德·金（Harold Goodwin）、迪莉斯·罗（Dilys Roe）等人。国外旅游扶贫相关研究主要关注旅游扶贫参与主体、贫困人口参与程度、旅游扶贫效应、旅游扶贫模式等方面的内容。

1）旅游扶贫参与主体

反贫困需要社会各界的共同努力，开展旅游扶贫工作同样需要社会各界的共同参与，尤其是所涉及的各利益相关群体的共同努力和积极参与。根据相关文献总结，参与旅游扶贫的主体主要有政府、社区居民（贫困人口）、社会团体（各类协会和非政府组织）、企业、旅游者等。国外学者具体定位了旅游扶贫参与主体的角色，详见表 2-2。

表 2-2 旅游扶贫参与主体的角色定位

参与主体	角色定位
政府	宏观调控、市场开发、人才培训、区域引导、增加平等；提供"政策支持、资金支持、能力和机制的构建支持"；向社会大众传播旅游扶贫的社会效益
社区居民	既是社区开展旅游扶贫的主体又是社区旅游扶贫的客体，具体来说社区居民（贫困人口）是当地开展旅游扶贫活动时所需劳动力的主要来源，是促进乡土知识传播与创新开发的主体，其通过积极参与旅游产品的生产和服务环节，提供确保品质的旅游产品，实现旅游业的可持续发展
企业	提供资金和技术支持、市场、客源及信息反馈，开发旅游产品，雇用当地员工，购买当地的产品，租借当地的土地等资源，同时也能够向当地提供基础设施（道路、水）、关键设施及服务等
旅游者	旅游者的消费是重要的外部推动机制之一，但是会造成生态环境破坏、本土文化遗失等负面问题
社会团体	在技术指导、资金资助、人才培训等方面起着重要作用，广泛地传播旅游扶贫的社会效益，从而唤起涉及旅游扶贫的相关部门以及旅游企业的社会责任感

资料来源：根据相关文献整理得到。

国外学者较为关注非政府组织及其他利益相关主体在旅游扶贫中的作用，而且在这些方面的研究成果多于国内，具体来说对于国际发展组织、非政府组织（NGO）、小企业等方面的研究均较为成熟。在旅游扶贫实践中，各非政府组织等发展完善，其作用各有偏重。Hawkins 等（2007）研究指出，国际发展组织为旅游企业提供资金支持，覆盖自然、文化遗产的保护与管理等，如美国国际发展局（USAID）主要投资了国家公园、当地员工、机构改革、私企住宿部门、导游服务等方面；美国国家组织（OAS）侧重于规划准备及技术支援；国际金融组织（IFC）关注私营企业的发展；国际复兴与开发银行（IBRD）和国际开发协会（IDA）侧重于基础设施建设；美洲发展银行（IDB）注重环境及自然资源管理，市政服务质量的提升，自然生态环境、历史文化遗产的修复。

2）贫困人口参与程度

旅游扶贫的主要对象是贫困人口，而实现贫困人口从旅游发展中受益的有效途径是贫困人口参与到旅游扶贫活动中来，据此可知，贫困人口参与程度与受益情况是研究旅游扶贫的重点内容之一。PPT、SE-TP、TAP 三种模式有一个共同点，就是都主张贫困人口应通过参与旅游活动来获益，同时这三种模式又具有各自特点的旅游扶贫模式：PPT 主要强调通过发展旅游业来实现减轻贫困的目的；ST-EP 提倡通过发展可持续旅游对抗贫困，不仅强调贫困人口获益，而且还强调环境的保护；TAP 强调其他利益相关者分享利益，并鼓励贫困人口积极参与扶贫旅游项目。国内外对贫困人口参与旅游扶贫的研究成果非常丰富，国外学者的研究较为全面且成熟，主要集中于研究影响贫困人口参与旅游扶贫的因素或障碍、相关促进措施、参与特征、参与内容（旅游开发规划、旅游项目实施与管理等）、参与方式、获利方式和受益分配等，详见表 2-3 和表 2-4。贫困人口参与旅游扶贫主要受到参与程度、参与特征、参与障碍、参与类型等因素的影响，而且 Shah（2000）认为开展旅游扶贫地区的居民参与旅游的方式、程度及规模是随着旅游扶贫发展的时间、规模及方式的变化而变化的，不是静止不变的。总之，相对国外研究成果而言，国内对于贫困人口参与旅游扶贫的研究目前仍非常欠缺，我们更倾向于研究旅游地的扶贫效果，而忽视了贫困人口从旅游扶贫中的受益情况，对贫困人口参与旅游扶贫的研究较为零散且稀少，研究内容包含参与方式（王兆峰，2011）、参与内容（王铁，2008）及障碍研究（周歆红，2002）等。

表 2-3 贫困人口参与旅游扶贫的主要影响因素

相关研究	研究内容	相关学者
参与障碍	人力资本缺乏、资金缺乏、进入市场的能力不高、交通条件不便、资源被侵占、存在产权及使用权问题、政治权利缺乏、社会关系和政治联系缺乏、组织力量弱、技能和素质不高	Poultney、Spenceley（2001）
受益情况	直接获利、"渗透作用"获利、具有地区差异性	Wilkinson（1995）、Shah（2000）
参与程度	穷人一般会选择级别较低的旅游活动，而高等级的旅游活动则很少参与	Campbell（1999）、Slinger（2000）
参与类型	参与同旅游相关的非正式部门合法的经营活动，参与旅游业就业（导游、服务人员），参与旅游企业的经营与管理，参与旅游规划与开发，参与旅游决策	Pratiwi（2000）

资料来源：根据相关文献整理得到。

表 2-4 贫困人口参与旅游扶贫的障碍及促进参与的措施

障碍	措施
缺乏人力资本（文化知识、工作技能）	加强基本文化知识的教育和工作技能的培训（语言培训、导游培训），以及中小企业（SMMEs）经营管理经验、工艺品生产和销售技术等的交流、转让和传承
缺少金融资本和信贷机会	建立社区周转资金，提高小额贷款的便利性，号召非政府组织和慈善机构捐赠资金
缺乏组织和领导机构	确保以社区为基础的组织（CBOs）能参与决策制定、能力构建等
缺少相关资源的所有权和使用权	确保当地人对土地、文化遗产、风景区、野生动植物以及其他旅游设施的使用权，提高其进入能力
在注册登记和等级评定时，烦琐的手续与规章制度条款将当地贫困人口排除在外	简化登记手续，修订或撤销相关的规章制度条款，保障贫困人口也能够以公平、公正的规则参与注册登记和等级评定活动
旅游市场进入不充分，歧视性的市场准入规则	政府加强开展旅游扶贫地区的建设以提高旅游流，如建立多功能游客中心，允许当地居民在主要旅游线路和主要旅游点设置销售点，为贫困人口创造进入市场的机会，政府及相关利益群体要共同努力，保障市场准入准则的公正
满足旅游者需求的能力有限	加强基础设施的建设，改善当地的旅游条件，支持或开展提高质量、信誉度等的活动，促进同私人部门的合作经营，开展质量培训、服务技能培训
缺少政府部门的积极支持	游说政府部门，使其认识到非正式部门的重要性以及优势，建立支持贫困人口参与的规章和制度
旅游发展同现存生产、生活方式相冲突	根据实际情况开展适合的旅游扶贫项目，扩大弹性参与方式和选择范围，避免仅从事全职工作，采取合理措施避免大规模的旅游流，减轻对资源和垃圾处理能力的压力
对旅游产品的内涵缺乏理解，缺少旅游产品	同私人部门和政府协商产品发展战略，鼓励当地人民积极参与开发新的旅游产品
地理位置偏僻，可进入性差	完善道路等基础设施建设和相关通信设施建设，私人部门和政府联合加强市场营销，编制旅游发展规划，促进旅游活动在偏僻地区展开
政府机构、非正式部门与当地供应商之间缺少联系	使正式部门了解非正式部门的产品和服务以及非正式部门的功能，动员旅游企业或非正式部门使用当地人提供的产品和服务，开发新的产品和服务类型

资料来源：根据相关文献整理得到。

3）旅游扶贫效应

关于旅游扶贫效应的定义，可以简要概括为旅游扶贫的效果、影响和意义等。国外对旅游扶贫的研究始于旅游对地区的影响研究，尤其是旅游对经济的影响研究，以20世纪60—70年代的旅游乘数效应研究为代表。经过数十年的发展，旅游扶贫效应的研究越来越成熟，初期研究集中于宏观的经济影响，现今，经济影响和非经济影响的研究都相对完善。有国外学者认为旅游扶贫可以为贫困地区带来显著的经济效益和非经济效益，经济效益如增加旅游目的地、贫困者的经济收入，增加就业机会等，非经济效益如提升了贫困人口的素质，改善了卫生、健康、交通、教育情况等；同时，也有学者提出旅游扶贫带来了贫富差距、资源损耗、环境退化等负效应。目前，对于旅游扶贫效应的研究结论观点不一（见表2-5）。还有学者将旅游扶贫效应分为直接效应（增加旅游收入、GDP等）、间接效应（为旅游企业和游客提供服务，并引发旅游工资和商业利润支出的间接效应）和动态效应（投资基础设施建设，有助于人力资本形成等）。此外，对于不同个体、家庭及群体，旅游扶贫效应是不同的，这也是旅游扶贫对贫困人口造成利益分配不均的原因所在，Blake等（2008）指出，收入低的群体获得的利益可能少于收入高的群体，因此政府必须采取相应措施来保障和维护低收入群体在旅游扶贫开发中的利益。

表2-5 旅游扶贫主要影响效应

分类	正效应	负效应	相关研究
经济	带动当地经济发展，增加GDP和财政收入，促进私营部门投资并且带动小商业经营，给当地居民带来更多的工作机会和增加收入的机会，分流剩余劳动力，促进贫困地区产业结构调整、外汇收入的增加	农民耕地流失，灌溉能力降低；旅游漏损问题严重；通货膨胀；"旅游飞地"；增加国民经济的不稳定性	Ashley等（2000）、Wall（1996）
环境	有效地利用和保护贫困地区的旅游资源，发挥资源优势	环境污染，盲目开发造成资源浪费	Gurung（1991）
社会	交通、教育、医疗改善，时代进步气息的感染，促进了当地居民与外界的沟通与交流，商品经济意识和营销理念的强化	造成当地文化被同化、价值观蜕变、社会治安变差、旅游对社区影响不均衡、土地流失	Nicholson（1997）
文化	教育水平的提升，文化水平的提高，促使当地加强对文化、建筑遗产的保护	破坏文化本身的灵魂、把地方陋习当地方特色、造成文化流失	Cochrane（1997）

资料来源：根据相关文献整理得到。

在旅游扶贫效应研究中，研究方法越来越成熟。现今社会学、地理学、统计学等多学科得到了综合运用，旅游扶贫的时间与空间分异、宏观经济效应、微观居民感知效应以及旅游扶贫的价值流等成为研究热点。国内旅游扶贫效应的研究方法以定性分析居多，而国外学者主要采用定量分析的方法。对于旅游扶贫效应的研究始于旅游乘数效应方法的研究，如 Mayer 等（2010）以德国 6 个国家公园为案例地，运用乘数效应的方法测度了旅游消费对区域经济结构、规模的影响。目前，常见的定量研究方法有层次分析法（AHP）、模糊数学分析法、数据包络分析法（DEA）、人工神经网络分析法（ANN）、灰色关联分析法、时间序列主成分分析法、一般均衡模型（CGE）、改进的熵权法、TOPSIS 模型、地理加权回归模型（GWR）、产业链跟踪法等。要对旅游扶贫效应进行定量评价，首先要建立评价指标体系。国外学者关于旅游影响的评价指标主要是从居民感知而来，Mathieson 和 Wall（1982）最早提出了从经济、自然环境和社会三个维度来评价旅游影响。其中，经济影响包括旅游支出平衡、旅游收入、就业等方面；自然环境影响包括天然与人造的自然环境两个方面；社会影响包括旅游对传统生活方式、文化遗产的破坏等社会文化方面。总体而言，旅游对经济的影响是有益的，而对于环境和社会来说是把"双刃剑"，最终得出的整体评价结果为不太受欢迎。Lankford 和 Howard（1994）构建了由两个维度、27 个项目指标组成的旅游影响态度尺度模型（Tourism Impact Attitude Scale，简称 TIAS），这一模型主要测量居民对旅游发展的态度。评估指出，居民对旅游影响的感知和态度不一，有反对亦有支持，程度各异，且由于居民对旅游业的态度并非处于真空状态，在经济、环境、文化等多种因素的影响下，个人、社区、社会等不同层次的旅游影响结果都存在差异。而 Ap 和 Crompton（1998）通过全面的文献综述、合适的研究方法、严密的尺度推导步骤、精确细致的尺度净化与实证过程，提出了一套由 35 个项目构成的衡量旅游影响的评估指标体系，包含经济、社会文化、环境、拥挤与堵塞、服务、税收、社区态度 7 个维度。根据此指标体系，值得重视的是旅游对经济的影响不仅要考虑旅游发展带来的经济效益，而且要慎重考量旅游发展的成本和代价，同样也要考量旅游对社会、文化、环境等方面的影响是双向的，积极影响和消极影响并存。Akwasi（2011）从居民期望、居民经验、居民感知三个维度建立了 19 个指标来评价居民对旅游扶贫效应的感知，结论指出发展旅游业能够提高居民的生活水平，发展社区旅游需要当地居民参与决策。

4）旅游扶贫模式

国外学者指出旅游扶贫模式与旅游资源类型、文化背景等有关，并不存在普遍适用的蓝图或标准模式，各发展中国家和发达国家应根据地区特点选择适合的模式。以发展中国家为例，印度为了发展旅游，吸引更多游客，对航空业进行了改革；非洲纳米比亚法律规定，旅游业必须向旅游扶贫方向发展，必须积极鼓励当地社区居民参与。同样，发达国家如加拿大、英国、德国、澳大利亚等大力推行乡村旅游、特色旅游和绿色旅游，扶持乡村经济的发展。乡村农业旅游、自然旅游、遗产旅游、社区旅游（CBT）等形式是国外旅游扶贫的主要方式，见表2-6。旅游目的地旅游扶贫模式不一定是单一的，可以根据实际情况相组合。Parker和Khare（2005）以南非地区为研究案例地，研究生态旅游可持续发展的成功因素，研究表明生态旅游企业与当地社区的积极合作是其成功发展的关键要素。另外，需要强调国外旅游发展的一个新趋势：即开展基于社区的生态旅游（Community-Based Eco-Tourism，CBET），如土耳其、尼泊尔、巴西、罗马尼亚等诸多国家都在推行CBET模式，探讨社区旅游与生态保护之间平衡的问题。

表2-6 国外主要的旅游扶贫方式、扶贫渠道及优点

扶贫方式	扶贫渠道	优点	相关学者
自然旅游	以地质景观、野生生物、森林公园等为基础的自然旅游是很多自然旅游资源丰富的发展中国家（特别是非洲地区国家）开展旅游扶贫的主要方式，效果显著	改善了当地人对生物多样性保护的态度，降低了人们对自然的依赖，保护了自然环境	Spenceley等（2010）
遗产旅游	在发展中国家的遗产旅游地，当地居民通过私营企业（如餐馆、商店）和非正式部门（如沿街叫卖旅游纪念品）等参与到旅游业中来	保护当地传统文化与工艺，推动文化交流，提升地区自豪感，改善当地居民的生活水平	Hampton（2005）、Poyya（2003）
农业旅游	提高当地食品质量，破除交通限制，解决食品供应决策者和生产商之间的沟通不畅和相互不信任等问题	改善产业结构，提高就业率	Rogerson（2012）、Pillay等（2013）
住宿业	提供就业（工资、培训），促进采购（食品供应、建筑材料、装修、娱乐及原料等），带动中小企业（SMMEs）发展及外包（洗衣店、零售和娱乐），建立其他伙伴关系（辅导、能力培养、捐赠和产品开发）	当地人主动意识下产生的（自下而上），具有较长的生命周期，发展更快，对地方经济具有更多的正面效应	Meyer（2007）Fortanier等（2010）

（续表）

扶贫方式	扶贫渠道	优点	相关学者
社区旅游（CBT）	社区参与旅游规划与开发，保证当地人从旅游中受益，保护当地人及当地自然环境的个性	国外研究认为这是旅游扶贫最有效的模式，不仅促进了当地社区的发展，也促进了社会文化的发展	Lapeyre等（2010）、José等（2011）、Wang等（2010）
乡村旅游	在乡村开展的旅游，田园风味是乡村旅游的中心和独特的卖点	阻止农业衰退和增加农村收入的有效手段，推动农村地区经济发展	Reichel等（2000）Fleischer等（1997）
生态旅游	20世纪80年代被提出，重点在于保护当地的环境和文化	减少对旅游扶贫地生态环境的负面影响	Weaver（2005）

5）实践

国际著名的旅游扶贫实践有：2000年9月，英国海外发展局（ODI）、国际环境发展机构（IIED）、格林威治大学责任性旅游研究中心（CRT）与英国国际发展局（DFID）四所机构，开始准备在全球范围内推行PPT试点项目。该项目选取六个案例地，包括厄瓜多尔、尼泊尔、圣卢西亚、乌干达、纳米比亚、南非，主体研究涵盖不同的对象，这一研究最终形成了一系列PPT战略研究成果，为全球的旅游扶贫发展提供了可靠的数据支撑，为旅游扶贫的实践奠定了基础。

2001年4月，Asheley、Roe和Goodwin提交了一份报告，即《有利于贫困人口发展的报告》（*Pro-poor Tourism Strategies: Making Tourism Work for the Poor*）。此报告以政府、非政府组织（NGOs）、捐赠人（Donors）、企业和社区等为主要研究对象，主要研究了四个核心问题：第一，使贫困人口从旅游中获得利益的策略是什么；第二，这些策略会对贫困人口产生怎样的影响；第三，影响策略成效的因素是什么；第四，对其他有兴趣实施PPT策略的地区的建议和启示有哪些。

2002年7月，世界旅游组织与联合国贸易和发展委员会联手实施"可持续发展旅游作为消除贫困的工具"战略，帮助世界上最贫穷的国家消除贫困。同年8月，在南非约翰内斯堡举行的世界可持续发展世界峰会上，世界旅游组织专门召开主题为"旅游及其对减贫的贡献"的研讨会，并依此出版了*Tourism and Poverty Alleviation*一书。2003年世界旅游日的活动主题为"旅游：消除贫困、创造就业与社会和谐的动力"，这更说明了世界各国对消除贫困的重视，并共同致力于反贫困。

英国国际发展局（DFID）为了了解旅游对扶贫和经济发展的影响，还曾联合其他机构资助了一项关注贫困人口可持续生计的研究项目。该项目由以Asheley、Roe、Goodwin为主要成员的面向贫困人口的旅游扶贫研究小组（PPTP）完成，项目研究的主要案例地包括南非、乌干达、冈比亚、加勒比地区、尼泊尔和捷克共和国等发展中国家和地区，为PPT的发展提供了理论基础和实证案例。

2. 国内的主要研究内容

本研究借助中国知网这一平台，以"旅游"及"扶贫"为主题检索词，以2016年为截止时间，通过期刊高级检索，得到362篇文献；通过博硕士学位论文高级检索，得到308条结果，其中优秀硕士学位论文274篇，博士学位论文34篇。根据文献数量的逐年分布情况（见图2-1），1996—2016年，旅游扶贫相关文献数量整体呈上升趋势，这与国家各级政府出台的旅游扶贫相关政策及扶贫攻坚任务的艰巨性、紧迫性等息息相关。

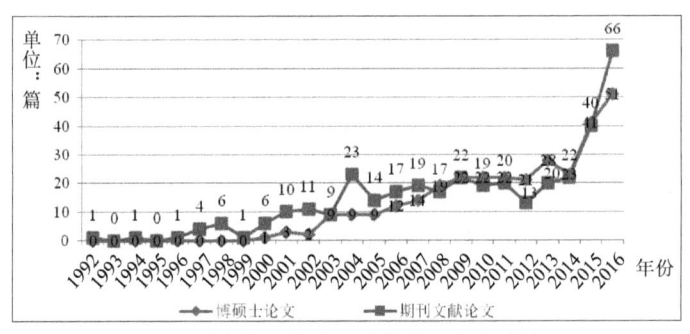

图2-1 国内旅游扶贫文献数量逐年分布情况

中国贫困地区发展旅游业始于20世纪80年代，一些距离著名景点较近的老、少、边、穷地区利用当地资源，大力发展旅游业，经济效益显著，从而摆脱了贫困，带来了积极的社会影响。到了80年代后期，发展旅游业被纳入国家"七五计划"，一批旅游资源丰富但穷困的地区得到了国家和地方计划资金的扶持。我国最早涉及旅游扶贫问题的学术论文是发表于1987年的《湖南省大庸市广开门路促进民族地区经济发展》。1991年，以贵州省旅游局为代表的一些省级旅游局开始总结旅游产业带动贫困地区脱贫致富的经验，并在全国旅游局长会议上提出"旅游扶贫"的口号。1996年，在旅游发展重要问题调研提纲中，国家旅游局把旅游扶贫问题研究列为重要议题之一。1996年10月，国务院扶贫办及国家旅游局相继召开旅游扶贫工作会议，会议主要内容就是对旅游扶贫开发工作进行专题研究和工作总结。同年，以"旅游扶贫"为题目的第一篇论文出现。进入21世纪，我国推出的西部大开发战略使旅游扶贫进入新的发展阶段。2000年8月8日，宁夏六盘山旅游扶贫实验区正式挂牌，拉开我国"三区"（国家生态旅游示范区、旅游扶贫试验区、旅游度假区）建设工作的序幕。近些年来，我国学者对于旅游扶贫的研究主要集中在可行性、效应、模式等方面，具体内容包括以下六个方面。

1）旅游扶贫的可行性研究

旅游扶贫的可行性研究是针对案例地进行的分析研究。毕燕、张丽萍（2007）以巴马瑶族自治县为例，对桂西北旅游扶贫开发条件及可行性进行了研究。马梅芳（2009）分析了三江源地区实行旅游扶贫的必要性及可行性，在此基础上，提出该地开展生态旅游扶贫的具体措施。

多数学者在对旅游扶贫案例地进行可行性研究时，主要从当地的旅游资源、区位条件、交通条件、政策倾斜等方面来分析。朱明芳（1999）以野三坡风景区为案例地，从资源条件和政府作用等方面分析了该地开展旅游扶贫的可行性。肖星（1999）主要分析了我国中西部贫困地区实施旅游扶贫开发的可行性，并提出了该区域进行扶贫开发的基本思路。江四海（2007）针对目标区域的旅游资源条件、地理位置以及发展旅游业的优势综合分析了开展旅游扶贫的可行性。

还有学者从经济学角度分析旅游地旅游扶贫的可行性。例如，郭为等（2004）运用实证经济学手段与方法，分别从整体和个体角度进行分析，研究贫困地区农业、工业和旅游业三方面的产业对贫困人口的收入能否构成贡献，并从贡献率的大小来论证旅游业扶贫的可行性。陈通、孙东峰（2009）运用经济学中的机会成本理念分析贫困地区旅游扶贫的可行性。刘娜等（2010）实地走访并分析莫莫格自然保护区周边社区的社会经济情况，研究当地开展旅游扶贫的可行性，并依此提出当地开展旅游扶贫的原则与对策。

2）旅游扶贫的效应研究

旅游扶贫效应从不同视角划分，可分为宏观效应和微观效应。宏观层面主要包括经济、环境、社会和文化效应，微观层面主要包括贫困人口旅游收益、扶贫权力及旅游扶贫居民感知效应等；还可从旅游扶贫对旅游目的地及其居民影响的好坏方面，将旅游扶贫效应分为正效应和负效应，正负效应也可从社会、经济、社会、文化等多方面分类阐述。冯旭芳等（2011）指出，发展旅游扶贫带来的经济方面的正效应有增加贫困人口的收入、发展机会、就业机会，明显改善贫困人口的生活水平。李佳等（2009）则更加客观全面地指出旅游扶贫的双面效应，认为旅游发展促进了贫困地区经济的增长、产业结构的优化、自然环境压力的缓解、社会文化制度和心理环境的改善等，但旅游扶贫带来的负面效应不容忽视，如盲目地过度开发为旅游目的地带来不可弥补的社会环境和生态环境破坏，同时，旅游飞地、经济漏损、贫富差距加剧、犯罪率上升、文化流失等消极影响使贫困地区的处境更加艰难。

本研究对国内旅游扶贫绩效评价相关文献的指标体系进行了频次统计（见表2-7），以中国知网检索平台截至2016年检索到的88篇文献为分析对象，为第五章构建指标评价体系奠定基础。整体而言，国内学者所构建的评价指标体系主要涉及经济、社会、文化、生态等方面，或者从经济效益、非经济效益两方面构建指标体系，抑或从实际效应、感知效应或效应的可持续性三方面来构建指标体系等。向延平（2008）以湖南永顺县为研究案例地，以该县的GDP、总人口、就业人数、人均GDP、一二三产业比重5个主要指标构建了评价体系，评价了该地旅游扶贫的经济绩效，最终得出该县经济绩效显著的结论；2009年，该学者又以地处湘鄂渝黔边区的德夯苗寨为例，从经济、社会、环境三方面共构建了16个指标对该地进行了旅游扶贫绩效评价。叶俊（2014）以麻城龟峰山风景区为例，从经济、环境、社会文化三个角度评价了旅游扶贫的效应。除了侧重于经济、社会文化、环境等宏观层面的绩效评价外，近几年来，我国学者从微观层面开展绩效评价研究的成果也逐渐增多。陈成文、李秋洪（1997）指出要以以人为核心的可持续发展观来指导旅游扶贫，扶贫项目不仅要衡量经济效益，而且还应考虑其社会效益和心理效益等方面。张伟等（2005）从实际效应、感知效应、效应的可持续性三个方面对旅游扶贫效应进行了评价，指出实际效应包含经济影响

（增加经济收入与就业机会）与非经济影响（影响技术培训、金融、信贷等的进入性，基础设施，自然资源，生活环境等），感知效应包含居民对旅游开发的态度、满意度等方面，效应可持续性的两大影响因素是景区旅游发展路径和贫困人口参与特征。周爱萍（2013）认为旅游扶贫效应主要包括客观效益与贫困人口效益主观感知，其中旅游扶贫客观效益包含经济效益、社会效益、环境效益、文化效益；贫困人口效益主观感知主要包括贫困人口的实际效益感知、期望效益感知及其态度和参与三个方面。包军军、严江平（2015）从居民感知的视角研究了旅游扶贫带来的思想贫困促进效应、经济贫困带动效应、资源贫困弥补效应和权利贫困缓解效应。

表2-7 国内旅游扶贫绩效评价体系高频次指标统计

评价角度	编号	指标项目	出现频次
经济方面	1	地区生产总值	7
	2	年度旅游接待人数	11
	3	年度旅游总收入	17
	4	城镇登记失业率	6
	5	旅游收入占GDP的比重	9
	6	农村居民人均纯收入	29
	7	贫困人口数	16
社会方面	8	全县公路里程数	5
	9	村公交通达率	5
	10	供水率	5
	11	供电率	11
	12	新型农村合作医疗参合率	6
	13	全县医疗机构床位数	6
	14	九年义务教育普及率	9
	15	社会治安状况	5
	16	旅游对当地文化的影响	6
生态方面	17	森林覆盖率	9
	18	污水处理率	5
贫困人口	19	居民对旅游扶贫开发的态度	7
	20	居民参与旅游开发的意愿	8
	21	居民参与旅游技能培训的情况	8

3）旅游扶贫的模式研究

国内关于旅游扶贫模式的研究成果较多，具体模式有如下几类：第一，按旅游资源特性划分，有生态旅游、特色文化旅游、乡村旅游和专项旅游；第二，按参与主体主导角色划分，有政府主导模式、市场企业主导模式、社区主导模式、城企互助模式；第三，其他模式，有整体租赁模式、景区带动模式等。

杨新军等（1998）提出具有旅游资源优势的贫困地区的扶贫开发模式——以旅游业作为先导产业，结合产业开发走出一条生产生活日用品的工业道路，并强调通过"一村一品、一人一技"发展当地经济，生产相应的旅游产品或纪念品；蔡雄（1999b）提出了移民迁置模式；刘向明、杨智敏（2002）对旅游扶贫应是"政府主导"还是"市场主导"进行了研究；胡锡茹（2003）总结了云南旅游扶贫模式，有民族文化旅游扶贫模式和边境旅游扶贫模式；李柏槐（2007）总结了四川旅游扶贫模式，有现代农业产业化开发模式、农家乐开发模式、景区依托开发模式、特色文化开发模式；熊云明、李松志（2012）总结了红色旅游扶贫模式的理论依据；李瑞等（2012）实地调研了伏牛山重渡沟景区，运用企业经济法总结了当地扶贫模式的特点，即旅游企业和当地农户成为一体的管理模式、景区企业对农家山庄实施统一管理及运营、政府部门很好地起到了调节作用等，研究结果表明，旅游扶贫的核心是扩大社区居民的参与范围，使贫困人口所得利益最大化；肖建红、肖江南（2014）调查了宁夏六盘山的旅游资源，认为当地宜采取文化旅游、摄影旅游或传统旅游等模式；李志勇（2013）认为打造特色旅游城市群与建设旅游综合功能区是旅游扶贫的不错选择；班振（2013）研究了东兰县旅游扶贫开发情况后，提出应从贫困人口、利益分配和分享及监督出发修正旅游扶贫机制。

4）旅游扶贫中的问题

随着我国旅游扶贫实践的不断深入，这一领域的成果日益显著，但是存在的问题也不容忽视。高舜礼（1997b）总结了我国旅游扶贫过程中存在的问题，包括缺乏资金且引入资金或投资困难、缺乏从事旅游的相关人才、缺乏合理的旅游规划和规范的行业管理、扶贫开发思路窄、对当地的环境保护和可持续发展产生负效应等。

周歆红（2002）针对旅游扶贫对旅游地的负面影响提出了一系列解决措施，

如做足旅游扶贫前期规划工作，加大宣传以获得当地居民的积极参与等，但同时也指出旅游业若获得过多的政策支持，会在与其他产业的资源博弈过程中处于不公平的领先地位，损害其他产业的正常发展，因此要注意合理分配，保证旅游业与当地社会的和谐发展。

张伟（2005）指出要将贫困人口作为旅游扶贫的受益目标，在对安徽省铜锣寨风景区的扶贫效应进行评价后，指出在旅游扶贫的过程中，人部分贫困人口自发地、无引导地、无组织地参与扶贫开发活动带来的是短期效应，随着当地景区的发展，有可能产生返贫现象。因此，在旅游扶贫开发过程中要加强对贫困人口的扶持和引导，注重培育贫困人口的发展机会和发展能力。

针对扶贫战略体制方面的问题，卜晓梅（2009）在分析了和顺县旅游扶贫开发现状后，指出体制问题、人口结构问题、旅游区情感问题、资源开发问题等导致当地旅游扶贫开发效率不高。赵博（2015）以资源县为案例地，提出旅游扶贫开发战略体系，认为只有"政府、社区、市场、区域"四大战略体共同运作，才能实现地区旅游资源的合理开发，从而摆脱贫困、实现富裕。

2.2.3 研究方法

学者在研究旅游扶贫时主要运用经济学、旅游学、社会学、地理学、管理学等相关学科知识，以及问卷调查、实地调查、访谈和常规的数理统计方法，尤其是计量经济学的回归分析、向量自回归模型、Granger 因果检验、脉冲响应函数等方法。

经济学方法在旅游扶贫研究中被大量运用，多数学者如阎敏（1999）、操建华（2002）等运用投入产出法评估了旅游业对经济发展等方面的影响效应；张帆等（2003）基于投入产出分析等方法，以秦皇岛市为例，分析了旅游业对 GDP 和地方财政的贡献率、对就业的贡献率、对居民收入的影响等，得出旅游业是秦皇岛市国民经济的支柱产业，对经济发展的贡献率较大的结论；赵小芸（2004）用定量方法分析了旅游投资对西部地区经济增长贡献的作用，通过哈罗德-多马经济增长模型的测算和旅游投资效率的回归分析证明，旅游投资对西部地区的经济增长有显著的贡献作用；田翠翠等（2016）以高山纳凉村旅游扶贫为研究对象，利用层次分析法构建了贫困户个体、贫困家庭、纳凉村社区3个层面共25个测评指标的旅游扶贫效应评价指标体系，提出以模糊综合评价法为基础的效应指数计量模型，为后续的实证研究与政策研究奠定了基础。张小利（2007）运用计量经济学模型对西部地区的旅游扶贫效应进行了分析，并指出旅游乘数效应在西部贫困地区可以发挥很大的作用。

数理统计方法不仅可以用于计算客观数据，还可以用于计算居民感知数据。例如，李佳等（2009a）以青海省三江源为研究案例地，运用问卷调查法与数理统计法分析了该地区居民对旅游扶贫效应的感知与参与旅游扶贫的程度，结果表明该地居民对旅游扶贫的正效应感知显著，人口特征、当地居民参与的机会、与景区的距离长短、居民对旅游扶贫的态度等都是影响居民对旅游扶贫效应感知的因素。

除以上研究成果外，韩林（2003）还探究了互联网与乡村旅游发展的实践方法，将信息化建设和旅游扶贫研究相结合，指出加强旅游信息交流对旅游发展有极大的促进作用，并且提出建立乡村旅游网站等具体举措。王映叶（2013）从微观层面分析了少数民族妇女群体对于旅游发展的作用、参与旅游的现状等，并据此提出了旅游扶贫的新思路。

理论研究方面，漆明亮（2006）以系统论为基础理论，剖析了旅游扶贫的运行机理，他指出，困难区域村民参加扶贫的重点在于塑造当地社区自力更生、自我发展的能力，即培养贫困社区发展的持久力。王丽（2008）运用系统动力学理论，研究了旅游扶贫动力系统，还原了旅游扶贫动力系统的作用机理。何敏（2015）以民族地区贫困人口为研究对象，基于增权理论探析了贫困人口在旅游发展中的受益机会。

2.2.4 研究区域

国外研究区域以经济发展落后而旅游资源相对丰富的非洲、南美洲、亚洲等发展中国家或地区为主，呈现地理集中性。在对非洲地区的研究中，Bah、Goodwin（2003）从不同角度总结了非正式部门积极参与反贫困旅游的必要性和可行性。Spenceley（2010）在卢旺达国家火山公园开展了实地调研工作，收集了各利益关联者的信息，定量研究了公园旅游开发对临近社区的经济效应和非经济效应，并且进一步总结了临近社区参与的限制因素。Akwasi（2011）把加纳旅游资源条件好、经济落后的中部地区作为调查案例，采访了加纳卡昆公园临近社区的182位居民，获取了他们对旅游发展经验及其实际效应的评价。该研究证明，社区参与旅游扶贫能推动PPT战略目标的实现。Regina（2012）研究了斐济旅游发展的现状，指出斐济的旅游人数与困难人口数量都处于一个增长的态势。尽管贫困人口数量的上涨在一定程度上是受农业下滑的影响，但究其深层原因，这种状况的发生与斐济政府对内对外采取的差别旅游政策有很大关系。由于斐济政府采取支持大型外商旅游企业而非扶助本地旅游企业的政策，因此大多数当地居民都成为旅游企业的雇佣劳动力或者出租土地收租，缺乏直接参与旅游开发的机会，导致旅游扶贫效应无法得到充分发挥。

　　国内研究范围主要集中在中西部地区，如广西、云南、贵州、湖北、陕西、河北等地，也会涉及广东、江苏等东部沿海地区。例如，吴忠军（1996）对广西龙胜的旅游扶贫进行了研究；朱明芳（1999）以河北野三坡景区旅游开发为例，对旅游扶贫的可行性进行了分析并提出相应的对策；田喜洲、聂蒲生（1999）提出三峡库区的旅游扶贫开发思路；肖星（1999）对我国中西部地区的旅游扶贫开发进行了探索；谭芳、黄林华（2000）以广西百色地区为案例地进行旅游扶贫研究；何喜刚、高亚芳（2006）以甘南藏族自治州为研究对象，分析其旅游扶贫发展优势，提出其旅游扶贫新构想；王永莉（2007）通过对四川民族地区的调查，分析了该地区贫困人口的收益机制，表示政府应发挥其在旅游扶贫中的作用，加强社区居民职业教育和技能培训，协调政府、私人部门及居民的关系，构建科学良性循环的收益机制；陈晨（2009）以陕西乡村旅游为例，将新农村建设和旅游发展相结合，针对该地社会经济发展现状提出政府主导下乡村旅游的可行性模式。朱磊等（2016）以全国560个旅游扶贫试点村为样本进行研究，认为旅游扶贫地区在地理空间上呈现凝聚型分布状态，地带间分布差异较小，西部分布稍多于东部，中部相对最少，旅游资源禀赋、地形海拔高度、交通因素及政策导向等原因是中国旅游扶贫地空间格局形成的原因。总体来说，我国对于旅游扶贫的研究大多数集中在省域、地区等集中连片特困区域，对于景区、村镇等微观层面的研究稍显薄弱。

石漠化是石质土地的荒漠化，又称喀斯特石漠化（Karst Rock Desertification），是喀斯特地区土地退化的极端形式，广西、贵州、云南是我国石漠化土地的核心地区。国内针对石漠化地区扶贫的研究并不多。舒银燕（2014）研究和构建了石漠化连片特困地区农业产业扶贫模式的可持续性评价指标体系。罗盛锋、黄燕玲（2015）运用改进的熵权法和 TOPSIS 模型对滇桂黔石漠化集中连片特困区的生态旅游景区扶贫绩效进行了评价。在实践中，我国现有的石漠化地区治理模式有：以喀斯特峰丛洼地区为代表的"湖南龙山县洛塔乡模式"、以喀斯特峰丛山区为代表的"贵州罗甸县大关村模式"、以干旱峰林平原区为代表的"广西来宾小平阳模式"、以溶蚀丘陵区为代表的"退耕还林、还草治理模式"、以喀斯特峡谷石漠化区为代表的"生态农业治理模式——者楼模式、顶坛模式"、以中高海拔喀斯特山地丘陵石漠化区为代表的"种草养畜、生态畜牧业发展模式"等。

2.3 述评

（1）旅游扶贫的最终目标对象是贫困人口，国外研究对贫困人口的关注较多，而国内关注明显不足，基本还停留在"贫困地区的旅游开发"的层面上。国内研究多侧重于分析扶贫开发中出现的问题，总结地区开发经验与理论模式。因此，对贫困人口参与能力、参与障碍的研究有必要进一步加深，从而提高他们参与旅游扶贫的程度与等级，确保他们参与到与自己的生活习性、能力习惯相适应的活动中，其中最重要的一点是解决好他们在旅游扶贫过程中的利益分配问题。

（2）国内对政府在旅游扶贫中所处地位和发挥作用的研究较多，但忽略了非政府组织等利益相关者在旅游扶贫中发挥的作用和产生的影响。在我国旅游扶贫实施过程中，也出现了社会团体，如云南环境发展计划（Yunnan Environment Development Program，YEDP）等在旅游扶贫中发挥了一定的作用。但是鉴于国内社会团体，尤其是非政府组织发展不成熟，社会团体在旅游扶贫中发挥的作用极其微弱。

（3）国内学者更多地是采取定性分析方法，缺乏定量研究，对旅游扶贫中的各影响因子、各层次参与度和方案设计只进行了一般性的感知讨论，缺乏实证理论和数据支撑，需加强数理统计、3S等方法的运用。

（4）在旅游扶贫研究中，国内外与典型特殊地理环境相关联的旅游扶贫研究都较少，我国新时期对地缘约束型连片贫困区的研究滞后，应关注石漠化地区开展旅游扶贫的可行性与效果，以拓宽石漠化地区扶贫开发的渠道，帮助当地居民脱贫致富。

2.4 相关理论

2.4.1 可持续发展理论

1. 理论概述

20世纪50年代起，资源短缺、温室效应、土地退化、环境污染、生态破坏、人口压力等问题逐渐显现出来，人类开始对当时的工业化发展道路和经济增长方式进行反思，思考发展的原则、意义、目标及自身发展与社会、自然的关系，并试图找到一种新的发展模式。1980年，《世界自然保护大纲》首次使用可持续发展概念，认为其含义为：改进人类的生活质量，但不超过支持发展的生态系统的能力。1987年，布伦兰特夫人在《我们共同的未来》报告中将可持续发展定义为"既满足当代人的需要，又不对后代人满足其需要的能力构成危害的发展"，这成为国际认可的综合性定义。由于可持续发展涉及经济、社会、环境、生态、科学等各个方面，人们对可持续发展所做的定义也不相同，但是人们普遍认为：在社会发展方面，可持续发展的重点是代际公平，目的是使当前和未来几代人的需求能有条件地得到满足；在经济发展方面，可持续发展所强调的是经济增长的实现必须建立在维护地球自然系统这一基础之上；在生态环境方面，可持续发展强调人类应与大自然和谐相处，使人类赖以生存的自然环境能够切实得到保护。

2. 在旅游扶贫中的应用

随着可持续发展理念被人们广泛接受，各个领域、各个系统内部都开展了有关可持续发展的研究。旅游扶贫是一个涉及经济、社会、环境的复杂系统，旅游扶贫的实质就是通过旅游开发使贫困人口可持续脱贫，并达到永续富裕，而既要使旅游得到持续发展，也要使贫困人口永续脱贫，这就要求在可持续发展的框架内找到旅游可持续发展的合理模式及旅游与贫困人口脱贫结合的有效机制，合理解决旅游开发与自然环境保护、经济社会可持续发展之间的关系。而在石漠化地区，由于生态环境极其脆弱，旅游开发不当很容易造成生态破坏，因此要实现旅游扶贫开发的可持续性，关键是要注意旅游地的承载力，使游客来访量不超过该地的旅游承载力，否则将会使原本脆弱的环境遭到破坏。对于贫困地区，在通过旅游发展脱贫致富的过程中，必须保护好旅游业，实现其可持续发展。只有旅游业健康可持续发展，旅游扶贫才可能达到相应的效果，贫困人口才有可能实现脱贫致富。若忽略了旅游发展过程中旅游业的可持续性，仅仅只注重经济利益，则旅游扶贫的作用是很难实现的。

2.4.2 利益相关者理论

1. 理论概述

利益相关者（Stakeholder）理论的基本思想起源于19世纪的一种协作或合作的观念，但是一直都未受到学者的重视，直到1963年，美国的斯坦福研究所首次使用相关利益者这个学术用语，它才再次被世人关注。但是真正把利益相关者研究提升到理论层面的是弗瑞曼（Freeman），他率先把利益相关者理论和实践结合了起来。他认为，"（一个组织的）利益相关者是指任何能影响组织目标或被该目标影响的群体或个人"。此后，该理论以其可操作性、表述精确性和普遍性的优点而在各个领域得到广泛的重视和研究。1999年10月，世界旅游组织大会通过了《全球旅游伦理规范》，其中就有"利益相关者"这一术语。1999年，索特（Sautter）、莱森（Leisen）认为利益相关主体为：旅游规划师、本地商户、本地市民、积极团队、游客、国家商务链、竞争者、政府部门、员工。

利益相关者理论是伦理管理理论的应用和发展，其主要出发点是企业的社会责任。从 20 世纪 70—80 年代开始，西方发达资本主义为了摆脱已经出现的一系列经济问题，纷纷开始寻求政治、经济、法律以外的途径，导致经济伦理、企业伦理等伦理学的兴起，其中产品安全、与消费者的关系等涉及企业社会责任的道德问题，已经成为企业无法回避的现实问题。因此，那些只关注企业利益而没有重视相关者利益的企业行为被视为不道德的，而伦理管理也逐渐成为利益相关者理论的基本要求。利益相关者理论认为组织追求的是各种利益相关者的整体利益而非个人的利益，组织的发展与各种利益相关者密切相关，因此组织在发展过程中要充分考虑到不同利益相关者的利益，否则将难以长期生存。这是一个"双向"概念，不仅重视利益相关者给予组织的支持，而且也重视利益相关者与组织之间的相互影响，它让我们意识到组织周围存在许多关乎组织生存的利益群体。该理论在国内旅游扶贫研究中的应用主要倾向于分析政府、旅游企业、游客之间的利益关系，然而国外的旅游研究对于非政府组织、私人部门等相关利益者比较重视。

2. 在旅游扶贫中的应用

旅游扶贫涉及贫困人口、开发商、政府、外来商人、游客等众多利益相关者，在此过程中要注意他们的利益诉求，因此利益相关者理论起着至关重要的作用。贫困居民作为贫困地区旅游业发展的利益主体之一，有权参与当地的旅游扶贫、参与当地旅游规划的制定、在实施过程中发表意见，甚至直接参与旅游开发决策，并分享旅游开发带来的收益。在实施旅游扶贫的过程中，各利益相关者的利益均应得到保障，但贫困人口是最主要的利益主体，切实保障他们的利益才能实现旅游扶贫的根本目的。

2.4.3 社区参与理论

1. 理论概述

参与是社会学中的一个概念。社区参与主要包括三个方面的内容——主体赋权、承担责任和获取收益。社区参与是居民参与最重要的组成部分，其对象是各种社会事务，心理动机是直接参与公共事务的精神，目标是社会发展和人的发展。只有居民的直接参与和管理，才能培养居民的归属感和认同感，才能有效整合和发挥社区资源的优势。

1985年，加拿大学者墨菲从社区参与的角度研究了当地旅游的发展，以防止旅游的过度开发给目的地社区带来生态环境、社会和文化的负面影响以及旅游收益分配不公给当地居民带来伤害。国外学者认为，社区参与旅游是当地社区最大限度地参与旅游规划和旅游决策，最大限度地参与到旅游管理的实际发展，从而实现最大化的经济利益。20世纪90年代，我国开始出现针对社区参与的研究。关于社区参与旅游业发展，当属刘纬华（2000）的研究最为深入。他认为社区居民参与旅游发展的内容包括：参与旅游发展决策、参与旅游发展利益的分配、参与有关旅游知识的教育和培训等。从以上的研究内容中可以看出，社区参与旅游发展经历了从最初社区居民的象征式、被动式和伪参与，到在决策、开发、规划、管理、监督等旅游开发过程中作为主要的主体，推动社区的全面发展和居民的全面参与的过程。

2. 在旅游扶贫中的应用

如何使贫困地居民获益，增加旅游开发的发展机遇，已成为一个核心问题，社区参与是实现旅游扶贫核心目标的有效途径。社区参与理论在旅游扶贫中的应用是指，贫困地区应以社区为主体参与发展当地旅游业，社区居民是社区参与的主体，他们应该参与到旅游发展过程中，如旅游目的地的宣传、旅游基础设施的建设等。通过让社区居民参与其中，不仅可以增加当地居民的收入，而且还能增加他们的社会责任意识。若社区居民能亲自参与到当地的旅游发展过程中，将更有利于当地旅游业的可持续发展，旅游扶贫效益也能更好地发挥。

2.4.4 旅游乘数理论

1. 理论概述

1931年，英国经济学家卡恩首次在论文中提出了乘数理论，后来凯恩斯将其发展并推广。"乘数"是经济学中的一个基本概念，反映了现代经济的重要特征，即由于国民经济各部门的互相联系，任何一个部门最终需求的变化都将会自发地导致整个经济中产出、收入、就业等水平的变化，后者的变化量与引起这种变动的最终需求变化量的比值就是乘数。乘数效应是宏观经济学中的一种经济效应，也是一种宏观经济控制手段，是指某一变量的变化引起经济变量变化的连锁反应程度。经济地理学家认为，若某一"热点"的投资引起其他项目的投资产生连锁反应，则此"热点"也被称为"增长极"。

当这个理论被用来分析外来旅游消费对某一旅游目的地的经济影响时就被称为旅游乘数理论。1955年，意大利经济学家特洛伊西发表了《旅游及旅游收入的经济理论》一文，标志着旅游经济效应研究的开始。而众多研究者中最具代表性的是英国经济学家阿彻尔，后人根据阿彻尔的研究得出旅游乘数的定义，即旅游花费在经济系统中（国家或者区域）导致的直接、间接和诱导性变化与最初的直接变化本身的比率。旅游乘数主要是由营业收入乘数（旅游花费的金额和当地经济增长额度的比例）、收入乘数（在一定时间范围内旅游花费的资金和旅游开发地收入的乘积关系）、产出乘数（在一定时间范围内旅游花费的资金和整个旅游地区经济增加额度的比例）、就业乘数（原本在旅游地就业的人员和由旅游业发展所带来的间接就业人员的比例）、消费乘数（单位时间内旅游业发展带来的经济增长额度对当地产品的种类、消费形式产生的改变性影响）共同构成的。

2. 旅游乘数效应

旅游乘数效应主要通过以下三个方面发挥作用。

（1）直接效应。游客的旅游消费最先进入核心旅游企业，如旅行社、餐馆、旅馆、旅游景点等，它们都会从旅游收入的初次分配中受益。这些旅游消费给经济系统中的旅游企业带来的影响，称为旅游消费的直接效应。

（2）间接效应。直接受益的各旅游部门和企业在经营和扩大再生产的过程中向职工支付工资和向相关部门与企业购买产品和服务，使这些相关部门和企业增加了收益。同样这些部门和企业在再生产过程中又将这部分收益用于购买当地另外企业的产品和服务，如此循环下去，这些部门将不断地获得经济利益，促进当地相关部门和企业的收入、就业等增加，由此形成间接效应。

（3）诱导效应。直接或间接为旅游者提供服务的旅游企业员工，把获得的工资、奖金用于购买生活消费品或者服务性消费支出时，对当地相关部门和企事业产生的影响称为诱导效应。相关研究结果表明，旅游消费的诱导效应带来的区域内货币流量是间接效应的三倍多。据世界旅游组织测算，属于直接效应影响范围的主要是旅游的六大要素，即食、住、行、游、购、娱，而金融、医疗、农业、通信、建筑等58个部门属于间接效应的影响范围。

3. 在旅游扶贫中的应用

通常情况下，贫困地区开展旅游活动通过旅游乘数效应可以给当地带来正的乘数效应，促进当地的就业和收入增加。但也应防止地方政府招商心切，过于依赖外来投资而出现"旅游漏损"和"飞地效应"，这样不仅不能实现旅游扶贫，反而因旅返贫。因此，在贫困地区发展旅游业，要对当地居民的需求和利益给予充分考虑和满足，使旅游发展更好地服务于当地经济的增长。同时，国外学者的研究表明，在旅游扶贫开发过程中，旅游发展带来的间接效应比直接效应要大，因此对于那些无法直接参与旅游扶贫开发的贫困人口，可以让他们通过间接参与的方式获得收益。

2.4.5 旅游地生命周期理论

1. 基本概念

所谓的生命周期，指的是生命从产生到获得一定的发展、再到生命的高峰期、然后开始往低谷发展、最后生命结束的过程。学者 Butler（2006）针对旅游业发展提出了旅游地生命周期理论（A Hypothetical Cycle of Area Evolution）。该理论指出，旅游地的发展要经历探查、参与、发展、巩固、停滞和衰落或复苏六个阶段。旅游地生命周期理论来源于产品生命周期和旅游业的融合，主要由旅游地的生命周期（开发阶段、确立阶段、稳定阶段、发展阶段、停滞阶段、没落阶段）和旅游产品的生命周期（生产期、发展期、稳定期、衰落期）共同构成。而一些著名的旅游景点也有成立、发展、成熟、衰落几个发展阶段。

在参与阶段，鼓励当地人参与其中，并向游客提供旅游休闲设施，扩大广告宣传的规模，进而促进游客数量的增加，使旅游目的地得到一定的发展（Development）。在发展阶段，游客数量快速增加，对旅游经营实施控制的权利大部分从当地人手中转到外来公司手中，外来公司开始进行旅游投资，旅游目的地的旅游价值得到开发。当旅游经营形成一种模式以后，旅游目的地发展进入一个巩固（Consolidation）阶段。尽管旅游者总人数仍在增长，但增长的速度已经放慢。当旅游者总人数放慢到没有增长的时候，旅游目的地进入一个停滞（Stagnation）阶段。旅游者人数已经达到高峰，旅游目的地本身对旅游者的旅游吸引力下降，旅游发展进入稳定状态。最后进入衰退（Decline）阶段，旅游者被新的旅游地吸引，致使原旅游地的游客越来越少，旅游收不抵支，相关产业逐步走向衰亡。但是，衰退阶段有可能出现恢复活力（Rejuvenation）这种情况，可能是旅游目的地经营者改变了市场营销策略、开发了新的旅游项目、与更大的旅行社展开了合作等，使旅游目的地的旅游者数量在一定时期内再次增加。

2. 在旅游扶贫中的应用

旅游扶贫是通过发展旅游业帮助贫困人口脱贫致富，而旅游目的地的发展必然经过开发、确立、稳定、发展、停滞、没落等阶段。因此，为了更好地保证贫困地区的发展，旅游目的地必须要采取一些措施将其成长期缩短，稳固发展期，且防止旅游目的地衰落得过快。在旅游扶贫过程中，旅游目的地要以生态环境保护为前提，不间断地对旅游目的地进行维护和修缮；对于旅游产品，要增加其更新频率，不断创新，与时俱进，以保证旅游目的地对游客具有持续的旅游吸引力，进而才能让贫困地区的旅游业一直稳步发展，也才能真正地促进经济的增长，真正帮助贫困人口摆脱贫困。

2.4.6 增权/赋权理论及应用

国际社会越来越关注贫困问题，将免于贫困的权利纳入国际人权法的保护范围。《经济、社会和文化权利国际公约》规定缔约国应当确保人人享有免于饥饿的基本权利和免于匮乏的权利。1995年，在哥本哈根举行的社会发展问题世界首脑会议上，首次将发展和人权政策的主要目标之一明确地定为减少全球范围内的贫困。增权理论涉及权力、无权、去权及增权等概念。权力是指个人或群体影响其他人或组织态度和行为的能力；无权指权力的丧失；去权是无权的结果，即个人被去权后开始自我贬低甚至失去参与事物的信心和意愿；增权就是为了改变这种状态，通过外部干预帮助个人或群体增加对权利的认识，增强他们的能力，从而减少或消除无权感的一个过程。增权实现的前提是依靠努力能够改变无权状态。而增权的关键在于引导个人或群体以积极乐观的态度处理事务，提高个人的能力和权利意识，从而实现权力关系的平衡。由此可知，增权是一种以无权、去权的个人或群体为服务对象，采取各种举措引导其积极乐观地处理事务，提高其能力，赋予其权利，消除其无权感的增权过程。

社区居民无权是社区参与无法真正实现的最重要的原因，故学者将社区赋权视为使社区主动参与旅游的重要方法。众所周知，要真正实现社区参与，并使社区居民真正从旅游发展中获益，就要改变居民处于弱势地位的状况，确认居民对作为旅游吸引物的原生态的旅游资源的所有权，并通过不同层面的赋权，彰显社区居民的主人地位。国内学者在对国外赋权理论体系进行总结、分析、吸收的基础上，提出了地方旅游社区赋权的基本路径，并对云南藏族社区香格里拉、西双版纳傣族园社区等进行了理论上的探讨，将这一理论应用在了我国旅游业的实践之中。社区赋权的实质是增强社区在旅游开发过程中的话语权和参与权，并平衡各方实力。少数民族村寨的传统社区处于权利结构的最底层，适宜的扶贫实践不是对政府或市场赋权，而是对居民进行赋权，主要包括旅游经济赋权、旅游政治赋权、旅游心理赋权和旅游社会赋权。

2.4.7 绝对贫困与相对贫困理论

1. 理论概述

英国人郎特里在1899年对英国约克市的贫困状况进行研究后，第一次系统地提出了贫困的定义。他认为一定数量的物品与服务对于个人和家庭的生存与福利是必须的，缺乏获得这些物品与服务的经济资源或能力的人或家庭的生活状况，即绝对贫困。国际社会通常将贫困分为绝对贫困和相对贫困。绝对贫困一般指物质生活困难，个人或者家庭依靠劳动所得或者其他合法收入难以维持其基本生存，劳动力缺乏再生产的物质条件，甚至难以维系简单的再生产；相对贫困是一种不平等的概念，主要用于发达国家，世界银行的看法是收入低于平均收入 1/3 的社会成员便可视为相对贫困。

2. 在旅游扶贫中的应用

绝对贫困与相对贫困理论为通过发展旅游业帮助消除贫困提供了一些思路。一是将旅游扶贫资源分配给贫困户，提高贫困者的收入能力，可根据实际情况采取完全瞄准（Perfect Targeting）、不瞄准（No Targeting）、部分瞄准（Partial Targeting）三种旅游扶贫资源分配方式，二是开展旅游扶贫工程，为贫困者提供工作机会，而在实施旅游扶贫工程时，是应该制定足够低的工资以确保所有贫困者的工作机会，还是制定高工资以确保至少一些贫困者能得到足够的收入是关键问题。

2.4.8 贫困恶性循环理论

1. 理论概述

1953年，Nurkse提出贫困恶性循环理论。他指出发展中国家持续贫困的原因不是国内缺乏资源，而是由于在这些国家的社会经济中存在某些相互关联、相互影响的"恶性循环"。该理论包括供、需两个方面：在供给上，一国因为经济发展水平不高，人均收入较低，低的收入意味着居民要将大部分收入用于开销，用于储蓄的部分很低，进而使得储蓄能力低，较低的储蓄能力又会阻碍资本的形成，缺乏资本又会造成难以扩大生产规模，难以提高生产率，低生产率导致低产出，低产出又会导致低收入，从而形成了一个"低收入—低储蓄—低资本形成—低生产率—低产出—低收入"的恶性循环；在需求上，发展中国家人均收入水平较低，表明购买力和消费能力都较低，低购买力造成投资引诱不足，投资引诱不足又会导致资本形成不足，缺乏资本造成难以扩大生产规模和低生产率，低生产率又带来低产出和低收入，这样，也形成了一个"低收入—低购买力—低投资引诱—低资本形成—低生产率—低产出—低收入"的恶性循环。

2. 在旅游扶贫中的运用

贫困恶性循环理论主要用来分析贫困地区的贫困原因。脱贫措施主要解决一些社会问题，很少有学者将其运用到旅游学科中。Mosley等（2005）利用Binswanger实验法对乌干达、埃塞俄比亚和印度的贫困进行了研究，得出的结论是穷人规避风险的心理（风险厌恶）与提高贫困收入的措施相关度不高，而提高贫困收入的措施与资产的回报和效益之间有密切关系。借助该理论可以使地方政府在实施旅游扶贫时深入调研，科学规划，制定切实可行的扶贫政策和旅游产业发展措施，避免使贫困人口出现福利依赖现象，最终摆脱"贫困陷阱"，从而走上致富的良性循环。

2.4.9 社会排斥理论

1. 理论概述

"社会排斥"的概念最早是由法国学者 Lenoir（1974）提出的，被用于描述经济领域的排斥现象，但其范围并未被明确界定。Silver（1995）认为社会排斥是一个非常容易被使用的、模糊的、多角度的和边缘宽广的概念，可以用多种方式来解释。同时，他提出了最具代表性的社会排斥理论范式，即团结范式（Solidarity Paradigm）、专业化范式（Specialization Paradigm）和垄断范式（Monopoly Paradigm）。在西方，社会排斥也是一个用来分析社会问题的新术语，通常指因为缺少必要的收入或财产而不能满足基本生存需求，并且在民权、劳动力市场和政治方面的权利也被排斥的社会问题。英国政府下属社会排斥办公室（2001）指出："社会排斥作为一个简洁的术语，指的是某些人或地区受到的诸如失业、技能缺乏、收入低下、住房困难、罪案高发的环境、丧失健康以及家庭破裂等交织在一起的综合性问题时有发生的现象。"社会排斥包括结构性社会排斥和功能性社会排斥，它有经济排斥、政治排斥、社会排斥等多种形式。中国最早使用社会排斥理论是在2000年，"中国社会保障体系研究"课题组将社会排斥的概念用于我国社会保障制度的评估。国内学者对其定义的研究大致分为三种：一是认为社会排斥是由制度、规则的制定造成的；二是强调公民被社会排斥的过程；三是认为社会排斥由公民的劣势地位导致，而这种劣势地位除了自身原因外，还可能是政策使部分人缺乏参与社会的机会，从而被排除出社会。

2. 在旅游扶贫中的应用

学者们普遍认为，当前我国的城市贫困群体的形成应由社会承担主要责任而不是个人，经济制度转型、社会分配制度、农村人口城市化和社会保障体系的欠缺等使一部分农民（农民工）、工人原来的社会地位被削弱，因此其在经济重构、社会转型中逐渐沦为贫困群体。中国城市贫困问题自20世纪90年代后日益突出，反映了体制上的矛盾和障碍，因此，社会排斥是造成新的不平等的原因之一。社会排斥理论为研究弱势群体提供了理论框架，有利于弄清楚旅游扶贫对象的贫困原因、遭受社会排斥的症结所在，也能够为制定更有助于推动旅游扶贫的政策提供依据，进而帮助贫困人口塑造自身发展能力和获得参与旅游发展的机会，减少社会发展的不平等现象。

本章小结

本章是本书研究的理论基础部分，为后续的旅游扶贫适宜性评价、绩效评价及模式选择等提供理论支撑。通过了解贫困与反贫困的发展历程、现状、内涵等内容，追溯贫困问题研究的起源，整体掌握"贫困—反贫困与扶贫—产业扶贫—旅游扶贫"这一学术发展史，可以为更好地理解旅游扶贫奠定基础，进而沿着贫困、反贫困与扶贫、产业扶贫的研究脉络，综合分析旅游扶贫的概念、国内外研究内容、研究方法、研究区域等。在研究内容上，国外对旅游扶贫宏观层面和微观层面的研究皆较成熟，给予贫困人口的关注度较高；国内研究则侧重于宏观分析旅游扶贫开发中出现的问题，总结地区开发经验与理论模式，由于政府在旅游扶贫中多占主导地位，因而对于贫困人口旅游扶贫收益、扶贫权力、旅游扶贫感知等的研究较少。目前，国内外对地缘约束型连片贫困区旅游扶贫的研究成果较少。在研究方法上，国外研究方法较为全面，定量与定性结合的方法较多，社会学、统计学、地理学等多学科综合运用；国内学者更善于运用定性分析，定量研究不足，缺乏实证讨论和数据支持，需加强数理统计、3S 等方法的运用。本章提出旅游乘数理论、社会排斥理论、赋权理论、利益相关者理论、可持续发展理论等旅游扶贫相关理论，为后续章节提供理论指导。

第3章 滇桂黔石漠化集中连片特困区概况

3.1 自然地理

3.1.1 地理位置

滇桂黔石漠化集中连片特困区是全国 14 个集中连片特困区中贫困范围最广阔的区域之一，国土总面积达 22.8 万平方千米。地处东经 103.40°~110.90°，北纬 21.58°~27.53°，南北距离近 800 千米，东西距离约 1000 千米。属于低纬度地带，北回归线从该区横穿而过。

3.1.2 气候状况

滇桂黔石漠化集中连片特困区地处北回归线附近，属于低纬度地区，同时深受海洋季风和大陆季风的双重影响，大部分属于典型的亚热带季风气候。由于该地区地形复杂多样，地势高低不平，在整个辖区内部分地区实际上存在着多种不同气候共存的气候现象。如曲靖市师宗县和罗平县分别形成温带与亚热带季风气候共存及亚热带与高原季风气候共存的气候特征。同时该区部分地区地处云贵高原边缘，平均海拔较高，因此形成了较为典型的高原气候。如文山壮族苗族自治州麻栗坡县和砚山县等地均形成了亚热带高原季风气候。除地势原因形成的整体性气候差异之外，滇桂黔区域内还存在地势和海拔差异形成的局部性气候差异。如云南省泸西县位于北纬 24.25°~24.77°，属于北亚热带季风气候，由于地形复杂，山地丘陵众多（占县域总面积的 83.1%）热量的垂直分布差异显著（图 3-1）。

图 3-1 滇桂黔石漠化集中连片特困区多样化的气候状况

事实上，该区域内存在着亚热带、温带共存的立体气候类型。区域内一共垂直分布着南亚热带、北亚热带、中亚热带及南温带和中温带五个气候类型。具体情况如下：海拔在 1100 米以下，积温在 6000℃以上的河谷地区，属南亚热带气候；海拔在 1100~1500 米，积温在 5300℃~6000℃的地区，属中亚热带气候；海拔在 1500~1800 米，积温在 4250℃~5300℃的地区，属北亚热带气候；海拔在 1800~2200 米，积温在 3200℃~4250℃的地区，属南温带气候；海拔在 2200 米以上，积温小于 3200℃的地区，属中温带气候。较低的纬度、较高的地势形成该区复杂多样的气候环境。同时由于优越的地势，该区域横跨亚热带、温带多个气候带，具有雨热同季、光热充足等特点。全区多年平均气温超过 10℃，在某些地区可达 20℃。区内最热月份分布在 7~9 月，平均气温在 20℃~25℃。最冷月为 1 月，气温均在 4℃~6℃。该区水量充足，多为降水补给，平均降水量均在 1000 毫米以上。境内光照充足，无霜期长，局部可达 350 天左右，适宜作物的常年种植。同时由于该区山地面积较为广阔，受大气环流及地形原因影响，气候复杂多样，形成"十里不同天"的独特现象。

3.1.3 水文特征

滇桂黔片区由于地处低纬度地区，深受海洋季风的影响，属于降水量丰富的地区。各地平均降水量在 1000 毫米左右，局部地区由于地处云贵高原，受地势及季风气候的影响，可达 2000 毫米左右，降水比较充沛。因为该区水量多为降水补给，因此河流径流量季节变化较大，且降水主要集中于夏季，占全年总降水量的

70%左右。降水多且集中，水资源充沛，为农作物生长提供了必要的条件。同时由于该区西临我国第二、第三阶梯的分界线——横断山脉，东部有猫儿山、凤凰山、云开大山，北部有大娄山，山峦众多，地势多变，地形复杂，起伏落差较大，因此发育出十分复杂的河流网络。区内河流纵横交错，河网密布。河流沿地势由西部、中部向南、北、东三个方向顺流而下，地跨长江、珠江、红河三大流域。区内主要有左江、右江、都柳江、盘阳河等多条河流，同时由于地势原因，区域内水文特征明显。河流发源地区河面开阔，水流迂缓；中游地区多流经河谷山间地带，具有水流湍急的特点；下游河谷深且狭窄，具有落差大、水流量变化大等特点。

3.1.4 地形地貌

滇桂黔石漠化集中连片特困区横跨中国第二、第三两级阶梯，属于云贵高原向两广丘陵过渡地带，是一个海拔较高、纬度较低、地形复杂、喀斯特发育较为典型的山区。区内地势西高东低，其中西北及西南部发育为高原山地地形，平均海拔在1500米以上，系云贵高原组成部分，东部为丘陵盆地。整体而言，区域内海拔相差较大，地势复杂，总体上呈现出土地高低不平的情况，但从局部来看，区域内在一定范围又分布着相对和缓的高原平地地形。由于地质结构复杂，断裂纵横交错，岩性多样，同时深受水、大气等多种内外因素的共同影响，区域内地形复杂多样，主要分布有高原、山地、平原、丘陵、盆地等多种地貌类型。该区在地形地貌上呈现出山岭叠嶂、蜿蜒起伏的特征（见图3-2）。

图3-2 云南普者黑典型地貌

滇桂黔石漠化集中连片特困区地形复杂多样，地势起伏较大，除分布有高原、山地、丘陵、盆地以外，还广泛分布有较为典型的喀斯特地貌及丹霞地貌。以广西为例，广西喀斯特地貌面积达70733.25平方千米，喀斯特地貌面积占全区总面积的29.9%，喀斯特地貌极为典型。其中，广西著名国际旅游景点桂林山水就是典型的喀斯特地貌，素有"桂林山水甲天下"的美称。另外，该区碳酸盐岩石出露面积广泛，受地质、人气、水等多种原因共同影响，该区暗河、溶洞、喀斯特湖、溶蚀洼地、峰林分布普遍，其中以贵州省最为典型，贵州碳酸盐岩石分布面积为128601平方千米，占贵州总面积的73%。由于喀斯特地貌固有的生态脆弱性及人类的一系列不当行为，该区地表嶙峋坎坷，石漠化问题及水土流失严重。总体来说，该区是一个地势高低起伏、地形复杂多样，高原、平原、丘陵、盆地、高山、低山相间分布，喀斯特地貌典型的贫困山区。

3.1.5 自然资源

滇桂黔石漠化集中连片特困区由于复杂的地质环境、起伏较大的地形地貌、充沛的降雨和充足的光热条件，自然资源十分丰富，如水资源、矿产资源、动植物资源及独特的旅游资源。从总量上来看，由于该区地处长江流域和珠江流域两大流域的交汇地带，位于低纬度地区，受季风气候影响明显，因此年降水量丰富，河流水量较大。同时由于该区地形复杂多样，高山丘陵相间分布，河流分布密集且大多天然落差较大，因此水电开发条件优越。但是由于该区地处偏远地带，远离经济重心，基础建设落后，特别是交通不便，因此开发利用难度较大。在矿产资源方面，复杂多样的地质条件在该区矿产资源的形成中起着重要作用。片区内成矿条件较好，矿产资源极其丰富，具有种类多、储量大、分布广等特点。其中，黄金、滑石、沉积岩、花岗石、铅、磷、锌、钨、锰、铁等矿产在各县均有分布，有些矿产由于储量较大、品位较高而在国内具有一定的地位，如龙胜的金矿和滑石矿。除此之外，野生动植物资源也是滇桂黔地区重要的自然资源。由于降水、光照、地形地势等多方面的原因，该区动植物资源丰富，种类繁多。在野生动物方面，主要有穿山甲、猕猴、黑熊、熊猫、长臂猿等多种珍稀保护动物。珍贵植物主要有银杉、苏铁、金花茶等。除此之外，还有三七、冬虫夏草、石斛、天麻、何首乌等多种珍贵地道药材。另外，区域内旅游资源数量丰富、类型多样、品位较高，旅游资源组合优势明显。滇桂黔石漠化集中连片特困区凭借优越的生态环境、优美的田园景观、独特的地理环境及特有的少数民族风情等多种资源，每年吸引着大量国内外游客前来旅行观光。主要表现在：自然景观类型齐全、各具特色，民族文化丰富多彩，生态旅游资源、民族旅游资源和红色旅游资源丰富、特色突出，国家风景名胜区、国家级自然保护区、全国重点文物保护单位等多种高级别景区景点分布其中，旅游资源种类多、数量足，且大多数资源拥有较高的资源品质，具有明显的组合优势。

3.2 生态环境

3.2.1 土地环境

滇桂黔石漠化集中连片特困区的石漠化问题非常严重，是我国石漠化面积最广、分布最为集中、石漠化程度最高的地区。由于该区地处云贵高原腹地，主要分布有高原、山地、丘陵、盆地四种不同的土地类型，因此地表起伏大，崎岖不平（云贵高原是我国地表起伏最大的地区），地形复杂多样。以云南省为例，其辖区内大部分土地高低不平，纵横起伏，喀斯特地区地表破碎严重，全省只有10%左右的山区地势状况稍显平缓，因而自古就有"地无三尺平"之称。不同的土地类型也形成该地区多样的土地利用状况。全区根据土地用途可分为农耕用地、园地、林业用地、牧草地及建设用地和未开发利用土地，其中林业用地在所有土地类型中所占比重最大，相比而言，可耕地面积比重相对较小。

3.2.2 水环境

滇桂黔石漠化片区由于地处低纬度地区，深受海洋季风气候影响，年降水量丰沛。以广西为例，相关数据显示，广西多年年平均水资源总量为1.880亿吨，为我国水资源丰富的地区之一。如图3-3所示，由于喀斯特地表结构土壤贮水、保水能力差，地表渗透严重，再加上水利工程建设乏力，水资源没能得到充分利用，滇桂黔石漠化片区存在严重的工程性缺水问题，尤其对于偏远农村地区，农民饮水安全问题突出。另外，水质状况也是反映水环境质量的重要标准。在贵州省2014年监测的44条河流的85个河段断面中，达到规定水质标准的断面占到81.2%，其中水质良好的出境断面有14个，达标断面与2013年相比略有下降。[1]与此相比，2014年对广西39条主要河流进行监测的结果显示，72个河流断面中有67个断面的水质符合《地表水环境质量标准》（GB3838—2002）的三类水质标准，水质达标率为93.1%，但与2015年相比总体下降2.7个百分点。[2]而2016年云南省水资源调查公报数据显示，在2016年云南全省监测到的21393.3千米长的河流中，符合地表水Ⅰ~Ⅲ类水质标准的河长占评价总河长的89.8%，共计19217.1千米；Ⅳ类水质和Ⅴ类水质的河长分别占评价总河长的2.9%和5.4%，分别为612.7千米、401.7千米；河流水质低于Ⅴ类水质标准的河长占评价总河长的1.9%，共计1161.8千米。水质达标率较上年增加4.4%。[3]但总体而言，滇桂黔石漠化片区水质环境与往年相比总体持平。

图3-3 案例地典型石漠化状况

---

[1] 资料来源：《贵州统计年鉴2015》。
[2] 资料来源：《广西环境年鉴2015》。
[3] 资料来源：《2016年云南省水资源公报》。

3.2.3 植被环境

滇桂黔石漠化片区拥有热带、亚热带、温带及高原山地四种气候类型，因而该片区内植物种类丰富多样，有亚热带常绿阔叶林，近热带性质的沟谷季雨林和山地季雨林暖、寒两性针叶林，同时在地势条件及气候条件的双重作用下，该片区内的植被类型在地理上出现重叠交错现象，植被组合也变得越来越复杂。由于该片区喀斯特环境的承载能力弱，再加上降水和径流季节变化大，所以该片区洪涝灾害频发，植被破坏严重，生态环境脆弱。同时由于该片区大部分处于亚热带季风气候区，降水多且主要集中于 5~7 月，加上该片区地表岩石透水性强，渗透严重，强降水使得山区植被、土地、水体遭到严重破坏，生态环境较为脆弱。另外，该片区大部分处于我国红土分布地带，土壤贫瘠，农作物生长乏力，为了获得更多的土地以满足生产生活需要，当地农民进一步对山地进行无节制、简单粗放的大范围开垦，使水土流失和石漠化状况进一步加剧，如此恶性循环，导致植被资源环境日趋恶化。

3.2.4 自然灾害

滇桂黔石漠化片区不仅山地面积宽广，地表高低不一，而且山体坡度较大，加上植被破坏等多种因素，水土流失、山体滑坡、泥石流、干旱、洪涝灾害、地震等多种自然灾害频发，当地人们的日常生产生活受到严重影响，其生存条件极为恶劣。首先，滇桂黔石漠化片区最为明显的就是土壤侵蚀和石漠化现象并存。喀斯特环境承载能力弱，极易受极端天气影响，加之近年来频发的旱涝逆转等极端自然灾害现象及当地破碎崎岖的地表构造，都进一步加剧了石漠化状况。在喀斯特地区，大部分地域土层浅薄，且存在岩体裂隙、漏斗等现象，土壤蓄水能力较弱，虽然当地年均降水量丰富，但大部分降水会迅速转为深层地下水而不能很好地被地表植被吸收利用，因此地表干旱缺水。其次，洪涝灾害也是当地频发的灾害之一。由于各地地下水道通水流畅性好坏不一，一旦局部地下水出现水流阻塞等问题，会进一步加剧局部涝灾的发生，尤其是雨季，洪涝灾害对当地人们的日常生活、劳作造成严重威胁，据统计，2014 年广西全区 38 条河流共发生 103

次超警戒洪水，其中盘阳河发生了自 1958 年实时监测以来最大的洪水，洛清江、左江及其支流明江出现 10 年一遇的洪水。[1] 云南省 2015 年共发生洪涝灾害 296 次，暴雨洪涝灾害直接导致全省 16 个州市的 445.2 万人受灾。[2] 2014 年贵州全省降水 1384.1 毫米，是 20 世纪 80 年代以来降水范围最广的一年，全省多条河道超警戒水位，造成 15 个县（市、区）发生严重内涝，其中 70% 左右的洪涝灾害分布在铜仁、遵义、安顺、贵阳等地。[3] 最后，滇桂黔石漠化片区由于特殊的地质构造以及水文特质，地质灾害问题突出。据统计，2014 年贵州全省初步查明有 12261 处地质灾害隐患点，其中包括滑坡、崩塌、泥石流、地面塌陷、地裂缝及不稳定斜坡 6 种不同类型的地质灾害。2014 年贵州省全年共发生地质灾害 710 余起，其中滑坡 653 起，占全年灾害发生总数的 91.97%，多种地质灾害频发给贵州省造成了约 6.51 亿元的损失。[4] 2015 年，广西全区共发生地质灾害 357 起，其中崩塌 178 起、滑坡 76 起、地面塌陷 100 起、泥石流 1 起、地裂缝 2 起，造成 18 人死亡、36 人受伤，直接经济损失 935.73 万元。[5] 云南 2015 年地质灾害共造成 2576 人受灾，12 人死亡，直接经济损失为 392.8 万元。[6] 洪涝、台风、滑坡、泥石流等各种自然灾害频发使滇桂黔石漠化片区遭到不同程度的损失，成为威胁当地人民生命财产安全的一大隐患。

3.3　区位交通

滇桂黔石漠化片区地处我国西南偏远地区，经济发展水平不高，远离经济较为发达的东部地区，再加上地理环境较为复杂，基础设施建设费时费力费钱，所以自古以来该片区的交通网络就较为落后，交通不便，可进入性不强。1988 年贵州第一条高速公路——贵黄高速公路开工建设，1993 年广西第一条高速公路

---

[1]　资料来源：《广西统计年鉴2015》。
[2]　资料来源：《2016年云南省水资源公报》。
[3][4]　资料来源：贵州省民政厅《贵州省2014年全省自然灾害灾情概况》。
[5]　资料来源：《广西环境年鉴2016》。
[6]　资料来源：《云南年鉴2016》。

——桂柳高速公路正式开工，而到1994年，云南省内第一条高速公路——昆（明）曲（靖）高速公路才正式开工建设。与东部发达地区相比，该区道路建设起步较晚，铁路、公路通路里程短，运输能力低，严重制约了当地经济发展速度。但是随着该地区经济发展水平的不断提高及旅游业的不断发展，当地交通网络建设取得了显著成效。

3.3.1 投资规划

为了尽快推动滇桂黔石漠化片区交通网络优化建设，实现与东部发达城市的良性互动，滇、桂、黔三省（区）各级领导部门高度重视交通运输建设规划和投资，从政策、资金等方面为交通网络建设提供各种保障支持。首先在规划建设方面，三省（区）通过对"十三五"规划纲要的内容进行深度解析，在总结以往规划建设经验的基础上，分别针对各省、市交通建设做出进一步规划，如广西针对高铁运输、铁路运输分别做出针对性的规划建设，从政策方面为交通建设提供保障。其次在固定资产投资方面，为了使规划进一步真正落地实施，三省（区）在总结以往建设经验的基础上，做出建设"小省份，大交通"的战略决策。按照规划，广西壮族自治区2016年在交通运输业的投资目标是1000亿元，其中公路、水路、铁路分别为620亿元、80亿元、165亿元。贵州省在2016年全省交通运输工作会议上提出全省交通运输"十三五"规划工作指示，并做出到2020年完成交通规划总投资5000亿元及建设西南重要交通运输枢纽的战略部署。与此同时，云南省交通管理部门在交通运输方面也做出相应的发展规划，提出到2020年全省水路投资5000亿元，建设规模达到25万千米。

3.3.2 铁路运输

作为现代陆路交通运输方式之一，铁路运输在我国交通运输建设中占据重要地位，受到各级领导部门的高度重视。目前滇、桂、黔三省（区）已建成湘黔、贵昆、南昆、黔桂、成昆、贵昆、广昆、渝黔等多条铁路线路。铁路网线的建设使西南地区交通不便的状况得到了极大改善，将西南地区更好地融入我国经济大发展格局。三省（区）统计年鉴数据显示，2014年广西、贵州、云南铁路通路里程分别达到4711千米、2373千米、2646千米，与2013年相比，铁路营业里程增幅分别为18.3%、13.4%、12.5%，营业里程得到大幅度提高。同时，多条铁路线路营业里程的增加使当地铁路运输能力得到显著提升。相关数据显示，2014年昆明铁路局完成旅客发送人数3448.4万人，比2013年增加111万人，增长3.3%，货物发送量达5793.3万吨；贵州境内铁路发送旅客3838万人；广西境内铁路局完成旅游周转4770万人，同比2013年增长1513万人，铁路货物周转量为6687万吨。[1]为了进一步推进当地的铁路建设，增强滇桂黔石漠化片区的交通通达性，三省（区）分别在交通运输"十三五"规划中提出将加大资金支持力度，建设更加完善便捷的铁路运输网。

3.3.3　公路运输

公路运输车辆因其体积小、适应性强、可达范围广、运输效率高等多方面的优点受到各级交通建设部门的长期青睐，尤其对于地势崎岖不平的滇桂黔石漠化片区来说，公路运输建设是完善当地交通运输网络、推动当地交通建设的重要一环。通过各部门多年的共同努力，2014年广西新增公路里程3516千米，其中高速公路417千米，一级公路和二级公路分别为18千米、225千米，公路密度达到每百平方千米48.54千米。在公路线路优良评定中，广西高速公路评定里程3551千米，优良路率达99.17%；普通公路国省干线评定里程9203千米，优良路率达80.35%；农村公路中县道评定里程2.02万千米，优良路率达50.1%；乡道公路评定里程2.61万千米，优良路率达37.4%。整体而言，优良路段与上年相比得到显著提升。2014年贵州高速公路通车里程突破4000千米，新建成高速公路共计16条721千米，开工普通国省干线公路2236千米，建成农村沥青路1.4万千米，村通沥青路率达63%，同比增长431千米。云南省2014年全省新增公路里程7458千米，年末公路里程达23万千米，公路密度为

---

[1] 资料来源：《云南统计年鉴2015》《广西统计年鉴2015》《贵州统计年鉴2015》。

每百平方千米58.48千米，比上年提高1.9%。[1]目前，滇桂黔石漠化片区已建设完成沪昆、广昆、汕昆、兰海、厦蓉、泉南高速公路，以及南宁绕城高速公路、昆明绕城高速公路、贵阳绕城高速公路等多条公路干线。高速公路的建设通车不仅使西南地区更好地融为一体，而且这些高速公路直通广州、深圳、上海、福建等多个发达地区，从而更好地将西南地区融入我国发展大趋势中，实现其与发达地区的协同发展。除此之外，其他等级公路的建设也在当地取得良好成绩。2014年广西一级、二级、三级、四级等级公路通车里程分别为1026千米、10618千米、8334千米、76947千米，等级公路里程占公路总里程的87.6%。2014年贵州一级、二级、三级、四级等级公路通车里程分别为393千米、4497千米、8714千米、89962千米，2014年云南一级、二级、三级、四级等级公路通车里程分别为1068千米、10596千米、8409千米、166153千米。[2]等级公路，尤其是县、乡道公路的建设极大地方便了当地群众的日常生活，为扶贫工作的开展提供了较大便捷。

3.3.4 航空运输

截至2018年底，滇桂黔石漠化片区已建成的机场有南宁机场、贵阳机场、桂林机场、柳州机场、百色机场、兴义机场、六盘水机场、文山机场、黔南荔波机场、黎平机场、河池机场等。目前已开设上百条航空线路，通往国内外多个城市和地区。其中，云南省在用民用机场12个，旅客发运量也由2016年的1190万人增加至2017年的1200万人，2018年全省旅游吞吐量百万次以上的机场达7个。[3]与此同时，贵州省民用航空运输业旅客吞吐量也实现了新突破。2017年贵州省机场累计旅客吞吐量达1800万人次，同比增长20%。促进航空运输业快速发展也是广西全区建设完善交通运输网络的重要战略举措。目前，广西在用民用机场有南宁、桂林、北海、柳州、梧州、百色及河池机场，2017年全年完成旅

---

[1] 资料来源：《云南年鉴2015》《广西年鉴2015》《贵州年鉴2015》。
[2] 数据来源：《云南统计年鉴2015》《广西统计年鉴2015》《贵州统计年鉴2015》。
[3] 资料来源：段建鑫. 2018年云南机场集团旅客吞吐量达6758.56万人次，圆满实现第14个安全年[N]. 云南网讯，2019-01-17.

客吞吐量2477.6万人次，同比增长19.9%，运输航班起降25.9万架，2017年上半年民航旅游周转量达1172万人次。[1]航空运输业的发展建设使得区域运输时间大为缩短，从而为当地建设创造了更好的发展条件。

3.3.5 水路运输

借助当地河网密集、水流量大的特点，滇桂黔石漠化片区因地制宜地大力发展内河港口运输，已建成广西南宁港、柳州港、梧州港、贵港港、来宾港、北海港域、防城港域、钦州港域、曲靖港、文山港等港口，以及贵州省乌江、赤水河、清水河、"两河一江"、都柳江五条水运出省（区）通道。相关数据显示，2014年广西内河航道里程达6200千米，拥有船舶9078艘，内河航运客运及旅客吞吐量达521万人，货运量达22009万吨。2014年云南省用于水运建设的投资达5.6亿元，内河通航里程为3768.22千米，拥有12个内河港口及192个内河港口泊位，全年累计输送旅客1099万人，货物量560万吨。[2]多种运输线路的建设运行大大增强了滇桂黔石漠化片区的交通运输能力，促进了交通网络的进一步完善，提高了滇桂黔石漠化片区的交通进入性。

经过各级政府及广大人民群众多年的努力，滇桂黔石漠化集中连片特困区已经初步建成集铁路运输网、高速公路网、水路运输网及航空运输网于一体的现代交通运输网络体系，多种交通运输线路的建成通车将广西、贵州、云南与上海、广州、厦门等发达地区更为紧密地联系在一起，不仅为促进该地区经济社会发展创造了良好的交通运输环境，而且进一步加快了该区对外开放的步伐，促进了区域的联动发展，对于实现更高起点的科学跨越发展起到了重要的推动作用。

---

[1] 资料来源：《广西年鉴2018》《贵州年鉴2018》。
[2] 资料来源：《广西年鉴2015》《云南年鉴2015》。

3.4 社会文化

3.4.1 特色文化

滇、桂、黔三省（区）是我国多民族聚居地区，2010年末，总人口3427.2万人，其中农村人口2928.8万人，少数民族人口2129.3万人。在集中连片特困区世代居住的民族主要有汉族、壮族、侗族、苗族、回族、彝族、布依族等14个民族，其中以苗族、壮族、侗族、布依族及瑶族为该区最主要的少数民族，民族成分复杂多样。

在语言交流上，滇桂黔石漠化片区各少数民族除了回族使用汉语之外，其他各民族均有自己的语言，如壮语、瑶语、彝语、侗语等，语言文化缤纷多彩。同时由于各民族杂居及文化融合等方面的原因，当地的语言也出现了相互渗透、相互影响的现象。

在民族服饰上，滇桂黔石漠化片区受经济形态、生活习俗、宗教信仰等因素的影响，形成了丰富多彩的服饰文化。例如，在民族服饰款式、布料、颜色、种类、工艺等方面，苗族、壮族、布依族、仫佬族、彝族等各少数民族均形成了自己独特的审美取向。仫佬族喜爱黑色，瑶族女子崇尚红色，壮族根据其对服饰颜色的喜好又分为青衣壮、蓝衣壮、白衣壮、黑衣壮和灰衣壮等，彝族服饰按地域分为大姚式、龙川江式和武定式，苗族分为白苗、红头苗和花苗等。滇桂黔石漠化片区少数民族服饰拥有自己鲜明的民族特色，蕴藏着各民族不同的审美观念，形成了我国多姿多彩的民族服饰艺术瑰宝（见图3-4a）。

在民族建筑上，由于气候条件、民族信仰等方面的原因，滇桂黔石漠化片区形成了不同的建筑特色（见图3-4b）。其中，干栏式建筑是滇桂黔石漠化片区分布最为广泛、特征最为显著的建筑形态，可分为高脚楼、矮脚楼、吊脚楼、平地楼等多种样式，侗族的鼓楼和风雨桥是干栏式建筑中最具民族特色和地域风情的代表性建筑。虽然不同地区的干栏式建筑大体形态较为相似，但是各地因为地区差异，在房屋建筑材料选取、建筑地点选择等方面会略有差异。除此之外，滇西南的石板房、哈尼族的土掌房、傣族的竹楼也是滇桂黔少数民族建筑中独具特色的设计。

（a）民族服饰　　　　　　　　（b）特色建筑

图 3-4　滇桂黔石漠化片区民族服饰以及特色建筑

在饮食习俗上，滇桂黔是我国少数民族分布最为密集的地区之一，各民族在发展过程中都形成了自身独特的饮食文化模式。例如，壮族喜爱八宝饭、竹筒饭、乌饭、糍粑、粽粑、油茶粉等。在原来饮食习惯的基础上，客家人根据少数民族的饮食经验形成自己新的饮食方式——"酿"，如酿豆腐、酿萝卜、酿茄子、酿肉丸等。除此之外，瑶族的五色饭及侗族的"酸"也是当地的特色饮食。

在文学艺术上，侗族大歌、壮锦、布依族八音坐唱、苗族古歌等众多底蕴深厚、民族风情浓郁的非物质文化遗产共同绘就了当地色彩斑斓的文化图卷，同时各民族在保留自身原有特色民族风情的基础上与其他各民族不断交汇融合，促进了当地各民族文化的发展与演变，形成了各民族文化交相辉映、民族交流不断加深的多彩局面。

3.4.2　人民生活

滇桂黔石漠化片区由于地处我国西南边地，受经济发展水平及交通等多种因素的影响，各民族仍旧保留着传统的生活方式。当地农民尤其是偏远地区居民，由于受外来信息影响较小，还存在着基于血缘关系的宗族观念及传统习惯，这些旧观念是在过去的经济基础上形成的，反过来又限制着当地的经济发展。在收入结构上，当地大部分地区农民的生活来源主要是烤烟、茶叶、油菜籽等以及少量家禽饲养，农民生产组织程度低，经济结构单一。除此之外，外出打工也是支撑当地群众生活的主要方式之一。为了获取更多更好的物质生活资料，当地大多数青壮年劳动力选择前往发达城市务工，这在提升当地人民生活水平的同时也带来大量社会问题，如空巢老人、留守儿童较多，造成老无所依、少无所养。另外，该片区生活方式简单纯朴，三代同堂甚至四世同堂的现象较为普遍，家庭关系和睦。在当地，"农村即农业""农业即粮食"的观念较为普遍。另外，农民仍旧保留日出而作、日落而息的生活习惯，与大城市相比，生活节奏较为缓慢，群众生活较为安逸。

3.5 经济发展

滇桂黔石漠化片区属于我国边疆地区经济相对不发达的民族地区，"老、少、边、穷"集中概括了该区的特征。下面从产业结构、产业状况、扶贫工作状况、居民生活水平、公共服务方面介绍其经济发展水平。

3.5.1 产业结构

由于该地区经济结构深受社会、经济、历史、文化等原因的影响，长久以来形成了重视农业生产而忽视工业基础建设以及第二产业基础建设的状况。与第二、第三产业相比，第一产业经济所占比重较大且发展缓慢，三大产业结构失衡。2010年全区第一产业、第二产业、第三产业比重为21:43:36，与2010年全国三产业整体结构10.2:46.8:43.0相比，第一产业所占比重明显偏高，第二产业、第三产业比重略低于全国平均水平。其中，与全国平均水平相比，广西片区2010年第一产业比重高于国家整体水平15.8%，第二产业比重高于全国3.5%。产业结构失衡的状况严重制约了当地的经济发展。此后，经过多年的工业发展以及把旅游业作为促进经济发展的重要抓手的战略工作转移，各级政府对经济结构不断进行优化调整，强调在发展第一产业的同时，逐步扩大第二、第三产业的比重，促进三大产业协同共进。贵州、广西、云南三省（区）统计公报及统计年鉴等数据资料显示，贵州省 2015 年第一产业、第二产业、第三产业增加值分别为 1640.62 亿元、4146.94 亿元、4715.00 亿元，与 2014 年同比增长 6.5%、11.4% 和 11.1%；第一产业、第二产业、第三产业增加值占地区生产总值的比重分别为 15.6%、39.5%、44.9%。广西壮族自治区 2015 年第一产业增加值 2565.97 亿元，增长 4.0%；第二产业增加值 7694.74 亿元，增长 8.1%；第三产业增加值 6542.41 亿元，增长 9.7%。第一、第二、第三产业增加值占地区生产总值的比重分别为 15.3%、45.8% 和 38.9%，对经济增长的贡献率分别为 6.7%、51.4% 和 41.9%。云南省 2015 年第一产业增加值 2055.71 亿元，增长 5.9%；第二产业增加值 5492.76 亿元，增长 8.6%，第三产业增加值 6169.41 亿元，增长 9.6%。产业结构由 2014 年的 15.5 : 41.2 : 43.3 调整为 15.0 : 40.0 : 45.0，产业结构得到不断优化。

3.5.2 产业状况

为了充分发挥滇桂黔石漠化片区民俗文化资源、红色旅游资源、自然环境资源等各类资源的优势，同时为了带动当地群众快速脱贫致富，使滇桂黔石漠化片区扶贫脱贫攻坚计划顺利完成，在中央及地方政府、社会各界的共同努力下，滇桂黔石漠化片区充分运用科技、金融、文化等多种手段大力推进多产业融合发展。依托当地特色资源，滇桂黔石漠化片区已经初步形成了以农产品加工产业、金属产业、旅游服务产业等为骨干的多产业协调促进的局面。在有色金属开发方面，滇桂黔石漠化片区是我国矿产资源最为丰富的地区之一，其中百色市已探明有铝土、铜、水晶、褐煤等主要矿产，矿产量位居广西首位。同时，百色市还拥有极为丰富的黄金储量，成为广西主要的黄金产地之一。除此之外，百色市还拥有国家大型企业平果铝业公司，该企业不仅是我国第九大有色金属基地，也是亚洲最大铝厂。在中药产品深加工方面，滇桂黔石漠化片区是我国重要的中药材种植中心，片区内优越的气候条件、丰沛的雨水条件为中药材生产提供了先天保障。片区内中药材资源丰富，其中广西的灵芝、田七、金花茶，云南的石斛、当归、茯苓，贵州的三尖、冬虫夏草等产量均居全国首位，其中贵州是全国四大中药材产区之一，云南还享有"香料王国"之美称。另外，滇桂黔石漠化片区还是我国著名的茶叶种植基地，茶叶种植面积近 P333 平方千米，其中贵州省茶叶种植面积居全国第一，云南茶产业处于全国采摘面积第一、产量第二、产值第三的位置。在积极推广茶叶种植、提升茶叶经济价值的同时，滇桂黔石漠化片区还高度重视茶叶深加工，大力进行品牌宣传推广，目前已经成功推出云南普洱茶、贵州滇红茶、西双版纳州古树茶等多个知名品牌。在全国区域公用品牌价值评选中，普洱茶的品牌价值达 52.10 亿元，极具市场竞争力，滇红茶的品牌价值也达到 11.61 亿元。[1] 除此之外，大力促进文化产业发展也是当地产业建设中的重要一环。滇桂黔石漠化片区是我国民族文化资源最为密集的地区之一，该片区立足本地资源特色，发挥地区优势，积极探索"文化+"产业发展新模式，充分利用民族建筑、风味特产、民间工艺、历史文化等资源要素，推进文化休闲娱乐业、歌舞演艺业、影视音像业等文化产业发展，文化产业成为当地促进经济社会协调发展的新型支柱产业。

3.5.3 扶贫工作状况

滇桂黔石漠化片区集中了我国扶贫工作的重点县，扶贫开发工作一直是社会各界关注的焦点问题。经多方共同努力，该片区扶贫工作取得了一定成效。"十二五"期间，该片区累计完成扶贫项目 1.04 万个，总投资 1.15 万亿元，其中 10 项重点工作累计投资 5428 亿元。扶贫工作的顺利开展极大地推动了当地经济社会进步，改善了人们的生活状况。2015 年该片区地区生产总值达到 5092 亿元，地方财政收入达到 522 亿元，较 2011 年分别增长了 75% 和 60%，综合实力稳步增长。[2]

3.5.4 居民生活水平

与全国大部分地区相比，滇桂黔石漠化片区的城镇居民人均可支配收入及农村居民人均纯收入偏低。2010 年年末人均地区生产总值为 9708 元，城镇居民人

---

[1] 资料来源：《2015年度云南省茶产业发展报告》。
[2] 资料来源：2016年4月18日国家水利部部长陈雷在滇桂黔石漠化片区区域发展与扶贫攻坚现场推进会上的讲话。

均可支配收入和农村居民人均纯收入分别为 13252 元和 3481 元，低于全国平均水平。但是经过多年的发展，该地区经济发展水平明显提高，人民生活水平有所提升。该片区农村居民人均纯收入由 2010 年的 3481 元增加到 2015 年的 6978 元，基本实现翻倍增长，贫困人口大幅度减少。[1] 据统计，2015 年年末片区内贫困人口五年内减少 418 万人，农村贫困发生率从 2011 年的 31.5% 下降到 15.1%，[2] 扶贫开发取得显著成效。虽然片区内居民生活水平与以往相比得到整体改善，但与全国平均水平及东部沿海发达地区相比，还存在较大差距，贫困问题仍是制约当地发展的一大障碍，2015 年滇桂黔石漠化片区经济发展指标汇总如表 3-1 所示。

表 3-1 2015 年滇桂黔石漠化片区经济发展指标汇总

国家/地区	国内/地区生产总值(亿元)	人均国内/地区生产总值(元)	三产业比重	城镇居民人均可支配收入(元)	农村居民人均纯收入(元)
全国	676708	49351	9.0：40.5：50.5	31195	10772
广西	16803	35190	15.3：45.8：38.9	26416	8246
贵州	10000	29847	15.6：39.5：44.9	24580	7387
云南	13718	29015	15.0：40.0：45.0	26373	8242

资料来源：国家及广西、贵州、云南三省（区）统计公报、统计年鉴。

3.5.5 公共服务

滇桂黔石漠化片区是我国西南集"老、少、边、穷"于一体的贫困地区，由于受历史、地理、文化、经济等各方面因素的影响，与中东部发达地区相比，该地区公共服务水平明显偏低。主要表现在农民受教育水平低，文盲率高；基本卫生服务体系和基本医疗服务体系不完善，仍存在看病难、看病贵现象；社会保障水平低。《滇桂黔石漠化片区区域发展与扶贫攻坚规划（2011—2020 年）》研究表明，该片区义务教育质量与全国平均水平相比明显偏低，其九年义务教育巩

---

[1] 资料来源：2016年4月18日国家水利部部长陈雷在滇桂黔石漠化片区区域发展与扶贫攻坚现场推进会上的讲话。

[2] 同上。

固率低于全国平均水平9.8个百分点，人均受教育年限低于全国平均水平1.1年。另外，该区新型农村合作医疗参保率为86.7%。在党和政府的精心筹划下，在片区广大群众的奋力进取、顽强拼搏下，片区各项公共服务设施水平得到大幅度提升，人民群众的日常生活得到极大改善。2015年统计数据显示，该片区积极推进公路交通建设，其建制村通沥青（水泥）路的比例达79.5%，比2011年提高了43个百分点。同时，该片区高度重视水、电、卫生等服务设施建设。截至2015年底，该片区累计解决1188万农村人口的饮水安全问题，各县、村通电室及卫生室的建设比例高达100%，公共服务设施建设得到明显改善。[1] 虽然经过多年的不断发展，滇桂黔石漠化片区各项经济社会指标均有所提升，但与全国平均水平及东部发达城市水平相比，仍有很大的发展空间，因此需要不断加强设施建设、产业发展等，促使当地的经济发展水平及人们的生活质量得到不断提升。

3.6 贫困状况

近年来，在各级党委、政府的正确领导下，滇桂黔石漠化片区经济发展水平显著提高，贫困状况得到明显改善。但是与我国整体发展水平尤其是中东部发达地区相比，仍存在很大差距。主要体现在贫困面积、贫困程度、石漠化程度、资源开发利用状况、饮水安全及公共事业建设等方面。

3.6.1 贫困面积

在贫困面积方面，滇桂黔石漠化片区是我国14个国家扶贫开发集中连片特困地区之一，2016年国务院扶贫开发小组发布的《国家扶贫开发工作重点县名单》调整数据显示，截至2012年，我国贫困县的总数为592个，其中广西、贵州、云南三地分别有国家扶贫开发工作重点县28个、50个、73个，在31个省（自治区、直辖市）贫困县拥有个数排行中，云南、贵州分别位居第一、第三，

---

[1] 资料来源：2016年4月18日时任水利部长陈雷在滇桂黔石漠化片区区域发展与扶贫攻坚现场推讲会上的讲话。

广西也位居前十。其中，广西、贵州、云南三地国家扶贫开发工作重点县位于滇桂黔石漠化片区的分别有 28 个、33 个、9 个，共计 70 个，平均占有比例高达 87.5%，贫困面积较广。

3.6.2 贫困程度

截至 2015 年年底，滇桂黔石漠化片区还有建档立卡贫困村 6305 个、贫困户 142 万户、贫困人口 484 万人（占全国建档立卡贫困人口总数的 9%）是 14 个集中连片特困地区贫困人口数量最多的片区。在贫困发生率方面，与全国平均水平相比，片区贫困发生率偏高，比全国高出 9.4 个百分点，比 14 个片区平均水平高 1.2 个百分点。2015 年片区农村居民人均收入 6978 元[1]，与当年全国平均人均可支配收入 21966 元和全国农村居民人均纯收入 10772 元相比，片区农村居民收入明显偏低，只占到全国平均人均可支配收入的 31.8%、全国农村居民人均纯收入的 64.8%。另外，片区内部分贫困群众住房困难严重，杈杈房、茅草房、土坯房比例较高，人民生活贫困程度较深，贫困问题突出。

3.6.3 石漠化程度

石漠化问题不仅关系到当地的环境状况，而且与经济发展水平、贫困状况紧密相关。在滇桂黔石漠化片区，石漠化问题一直是阻碍当地经济发展、导致人民生活水平低下、使贫困面积广、贫困程度深的主要根源之一。滇桂黔石漠化片区共有喀斯特面积 10.7 万平方千米，占片区国土总面积的 46.70%，其中中度以上石漠化面积达 3.3 万平方千米，占石漠化总面积的 67.34%，石漠化程度较为严重。另外，由于土壤贫瘠，资源环境承载力低，干旱、洪涝等灾害频发，滇桂黔石漠化片区生态条件脆弱，加重了石漠化问题。贫困状况与生态环境破坏现状相互交织、相互影响、互为因果。恶劣的生态环境直接导致当地开发能力不足，发展水平低下，贫困问题突出；反过来，由于贫困状况严重，人们肆意开垦，又导致当

---

[1] 资料来源：时任水利部部长陈雷在2015年滇桂黔石漠化片区区域发展与扶贫攻坚推进会上的发言。

地生态环境持续恶化。

3.6.4 资源开发利用状况

按照大卫·李嘉图的比较优势理论和亚当·斯密的绝对优势理论，与资源贫瘠地区相比，资源富集地区具有无法比拟的先天发展优势。滇桂黔石漠化片区位于我国低纬度地区，光、热、水条件充足，动植物资源丰富。另外，受地质构造、地壳运动等原因影响，片区内形成了壮观的喀斯特地貌及丹霞地貌。同时，滇桂黔石漠化片区还是我国少数民族人口最为密集的地区之一，广西、贵州、云南三地少数民族人口数量分别位居全国第二、第四、第三，不同的民族孕育出不一样的民族文化。除此之外，滇桂黔石漠化片区还是我国红色文化发源地之一。然而，由于滇桂黔石漠化片区资源开发利用水平较低，经济基础薄弱，在实际开发中，丰富的资源优势并没能得到充分发挥，没有给滇桂黔地区带来可观的经济社会收益。首先，滇桂黔石漠化片区由于受经济发展水平、产业开发水平、基础设施建设等多种因素影响，当地资源就地开发能力薄弱、资源转化率低，缺乏农产品、特色资源深度加工，产业状况不佳。矿产、生物、植物、民风民俗、特色文化等众多优势旅游资源没能得以展示，资源转化率较低。其次，产业基础薄弱，进一步制约了当地市场化水平的提高。由于缺少大企业、大基地，产业链条不完善，带动能力薄弱，市场化水平不高，尚未形成带动能力强、发展前景良好、促进当地优势资源得以开发的支柱型产业结构。

3.6.5 饮水安全

交通不畅和水利建设滞后严重制约了当地群众生活水平的提高。与西北部干旱地区缺水的状况不同，滇桂黔石漠化片区大多处于亚热带季风气候区，降水频繁且年降水量较大。但是，由于处于喀斯特地貌片区，喀斯特面积宽广，地表渗透严重，再加上石漠化问题突出，所以当地植被破坏、水土流失严重及自然灾害频发，水资源锐减。除此之外，由于水利工程建设滞后、小微型水利设施严重缺乏，所以工程性缺水问题、居民饮水安全问题特别突出。

3.6.6 公共事业建设

滇桂黔石漠化片区受经济发展条件限制，社会事业建设起步较晚，公共服务体系不完善。数据显示，片区内 2010 年人均教育、卫生、社会保障和就业三项支出仅为 1098 元。有 4% 的自然村不能接收电视节目。九年义务教育巩固率低于全国平均水平 9.8 个百分点，人均受教育年限低于全国平均水平 1.1 年。9.7% 的村未建立卫生室，13.5% 的村卫生室尚无合格医生，医疗卫生条件差，基层卫生服务能力不足，基本医疗服务体系和基本公共卫生服务体系尚不完善。近年来随着党和政府扶贫力度的不断加大，滇桂黔片区内公共事业建设取得显著成效。

本章小结

本章利用文献分析法及田野调查法，从自然地理、生态环境、区位交通、社会文化、经济发展及贫困状况六个方面对滇桂黔石漠化集中连片特困区的总体概况进行了详细论述。滇桂黔石漠化集中连片特困区是我国 14 个集中连片特困区中贫困面积最广、贫困程度最深、石漠化程度最为严重、少数民族聚集最为集中的地区之一，是典型的"老、少、边、穷"地区。该片区大多处于我国亚热带地区，北回归线从中穿过，特殊的地理位置及气候条件造就了特殊的地形地貌，区域内喀斯特地貌显著，环境优美，生态环境较好。此外，滇桂黔石漠化地区还是我国少数民族聚居最为密集的区域之一，区内世代居住着十几个少数民族，民族文化浓郁。但由于特殊的地质构造，当地自然灾害频发，深受洪水、泥石流、地震等多种自然灾害的影响。虽然近年来各地政府不断加大灾害治理力度，但现存问题仍旧影响着人们的日常生活。为了尽快使当地资源优势转变为经济优势，各地政府不断加大投入力度，高铁、水运、航空、铁路等各种运输方式得到快速发展，产业结构不断优化，人们的收入也有所提高。然而，与我国经济发达地区及东部沿海地区相比，还存在一定的差距，因此在以后的发展过程中需要大力提升资源使用力度，促进当地经济、社会共同发展。

第4章　滇桂黔石漠化集中连片特困区旅游扶贫现状

滇桂黔石漠化集中连片特困区跨度范围巨大，包括广西壮族自治区、贵州省、云南省。这些地区是全国少数民族人口最多的地区，也是老一辈革命家建立的革命根据地及祖国的边疆地区，更是国家扶贫开发的主要地区。本书以滇桂黔石漠化集中连片特困区为研究对象，区域内少数民族人口众多，有壮、苗、布依、瑶、侗等14个世居少数民族，民族文化资源和自然生态资源丰富，其人均生产总值、城镇居民可支配收入虽有缓慢增长的趋势，但与国家经济较好的地区相比差距其远。另外，一、二、三产业结构在过去十多年得到了较大优化，城镇化率大幅度提升，可进入性较好，湘黔、贵昆、南昆、黔桂等铁路，沪昆、广昆等多条高速公路经过该区域，目前已建成百色、河池、文山等多个机场，交通框架已经初步建成。虽然当前区域内经济社会环境条件较为良好，但并未能帮助其突破经济社会发展较为落后的困窘局面，此时正需要通过旅游扶贫的方式为滇桂黔石漠化片区创造新的机遇，较快实现区域内贫困人口真正意义上的脱贫致富。

滇桂黔石漠化片区自然环境优越，历史文化底蕴深厚，包括民族服饰、民族舞蹈、民族建筑等在内的民族旅游资源具有旅游吸引力，这就构成了旅游扶贫的基础条件；同时，国家旅游、扶贫、民族、金融、教育等各方面的政策均推动了旅游扶贫的发展。尽管滇桂黔石漠化片区自然人文资源丰富，但并非所有地区都适宜发展旅游扶贫，需要结合旅游扶贫条件和旅游扶贫潜力两大因素来考虑。本章致力于解决旅游扶贫适宜性和旅游扶贫战略选择两大问题，为滇桂黔石漠化片区发展旅游扶贫提供理论借鉴和指导意义。

4.1 旅游扶贫的适宜性评价

4.1.1 评价指标体系构建

1. 构建原则

影响旅游扶贫的因素有很多，包括自然环境因素、贫困人口的数量及社会的不断发展等。关于旅游扶贫适宜性评价，学术界大多选择多维度评价体系，而本书旅游扶贫评价包括旅游扶贫的适宜性及适宜模式两个目标，因此该评价又是一个多目标评价体系。鉴于此，本书指标体系构建需要遵守以下原则。

（1）全面性原则。旅游扶贫适宜性评价是一项涉及贫困人口、政府、旅游者多个利益主体及经济、社会、环境、旅游资源等众多因素的评价体系，而适宜性评价要既能评价旅游扶贫开发的适宜性，还要能够对适宜模式进行评价。因此，旅游扶贫适宜性评价需要综合考虑贫困、旅游、扶贫等多个方面的内容，并最大限度地对旅游扶贫适宜性进行评价，在选择评价指标时要能够综合反映适宜性评价的效果，保证评价的全面性和准确性。

（2）科学性原则。评价指标的科学性是指选取的评价指标要能够正确并准确地测度适宜性，且能反映指标与旅游扶贫之间的关联性。这要求指标选取的方法、程序、标准等方面要科学合理；指标之间要相互独立，不能有太多的相关性及重复的指标信息等；指标选择要有针对性，反映评价对象的特点；指标选择尺度要一致，易于量化或衡量；指标体系要逻辑合理，具有层次性，前后照应，结构合理。

（3）实用性原则。石漠化片区旅游扶贫适宜性评价是为石漠化片区旅游扶贫提供决策参考的研究，具有很强的实践性。因此，在指标选择上要针对石漠化片区的特殊地理情况；指标选择要概念清晰，易于理解；客观指标数据可采集，主观指标数据可量化或可衡量；不同地区、不同时间内的适宜性评价要具有可比性。

（4）定量与定性结合原则。旅游扶贫适宜性评价既包括对经济、环境、社会的客观评价，也包括对贫困人口态度的测量。因此，在进行适宜性评价时需要主客观结合，即定量与定性结合。

2. 构建过程

旅游扶贫适宜性评价是一项综合性评价，需要完成对适宜性的评价及适宜模式的选择。适宜性评价可分为对旅游扶贫条件的评价与旅游扶贫潜力的评价两个方面，旅游扶贫适宜性评价指标体系思路如图 4-1 所示。旅游扶贫适宜性评价借鉴前人研究成果对适宜性评价方法进行改进，通过将旅游扶贫条件与旅游扶贫潜力的评价结果进行组合评价获得最终结果，评价体系实际上是包含两个子体系的综合指标体系。能否进行旅游开发的关键在于旅游资源品质的高低和市场潜力的大小，以及与之相关的经济、社会、环境等支撑环境的成熟度，即好的旅游资源需要良好的基础设施的辅助。因此，旅游扶贫条件需从旅游开发条件与支撑环境两个方面设计指标体系。石漠化片区开展旅游扶贫虽然有石漠化环境脆弱性的限制，但随着石漠化治理与旅游开发的深入，生态环境会逐渐转好。而对于重度石漠化地区，现有研究已证明不适合人类居住和开展活动，只能进行生态移民，因此不考虑在重度石漠化区进行旅游扶贫。对于旅游扶贫潜力，不着重考虑环境因素，而是考虑"人"的因素，即从旅游扶贫开发的角度考虑居民对旅游开发的态度及旅游开发效益向贫困人口转移的效果（即贫困人口能否通过旅游扶贫开发受益以及受益的大小）。因此，旅游扶贫潜力要从居民参与意识和效益转移机制两个维度设计指标体系。

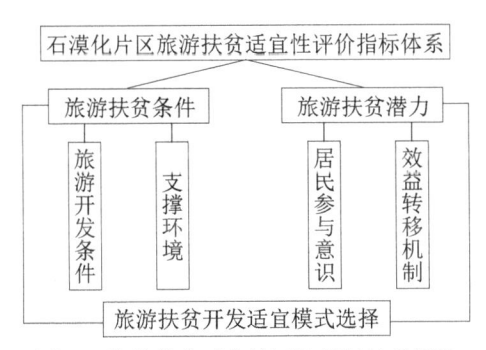

图 4-1 旅游扶贫适宜性评价指标体系思路

当前对于旅游扶贫适宜性评价的研究成果不多，可参考借鉴的指标较少，本章的指标选择是一个探索性的过程，因此采用文献分析法与专家意见法结合的办法进行体系构建。首先对旅游扶贫、石漠化扶贫、扶贫等文章中有关的评价指标进行统计，通过 ROST-CM6 软件进行词频分析，选择学者使用较多的指标作为基础指标。其次根据前期的研究成果对指标体系进行扩展，得到初步指标体系（见表 4-1），该体系是按照与旅游扶贫适宜性相关的要素构建起来的，从旅游资源条件、可进入性、环境状况、贫困程度、经济社会基础、社区参与六个维度考虑，共 36 个指标。将得到的指标体系发给 20 位近五年发表过关于旅游扶贫论文的专家，并向他们征求意见，最后获得 16 位专家的意见反馈。通过对专家意见的整理，得到两个核心意见：①指标体系中各维度之间、指标与指标之间缺乏逻辑性，开放性太强，指标选取难以把握；②课题研究报告只解决适宜性等级划分这一个问题，显得太单薄，应该考虑增加研究内容。因此，根据专家意见，从旅游扶贫适宜性的实际情况考虑，并借鉴前人关于旅游扶贫的研究，修改旅游扶贫适宜性评价指标体系，将其分为旅游扶贫条件与旅游扶贫潜力两个子指标体系，通过不同的旅游扶贫条件和旅游扶贫潜力的组合，构建旅游扶贫适宜模式选择矩阵。最后在前人研究的基础上，就调整后的指标与指标体系构建思路，再次向这 16 位专家进行第二轮意见征询，得到反馈意见后，进行修改，得到最终的指标体系（见表 4-2）。

表 4-1 石漠化片区旅游扶贫适宜性评价指标体系（初步）

目标层	准则层	指标层
旅游扶贫适宜性评价指标体系（A）	旅游资源条件（B_1）	世界级旅游资源价值（C_1）
		国家级旅游资源价值（C_2）
		省市级旅游资源价值（C_3）
		旅游资源数量（C_4）
		适游面积占县域面积比例（C_5）
	可进入性（B_2）	距主要城市公路时间（C_6）
		距最近机场公路时间（C_7）
		距最近高铁站公路时间（C_8）
		全县公路里程（C_9）

（续表）

目标层	准则层	指标层
旅游扶贫适宜性评价指标体系（A）	环境状况（B_3）	森林覆盖率（C_{10}）
		石漠化发生率（C_{11}）
		清洁能源使用率（C_{12}）
		三废处理率（C_{13}）
	贫困程度（B_4）	农民人均纯收入（C_{14}）
		农业产值占比（C_{15}）
		贫困发生率（C_{16}）
		九年义务教育巩固率（C_{17}）
		平均每户家庭人口（C_{18}）
	经济社会基础（B_5）	人均GDP（C_{19}）
		旅游年收入（C_{20}）
		旅游年接待人数（C_{21}）
		旅游从业人口比例（C_{22}）
		星级饭店数量（C_{23}）
		星级农家乐数量（C_{24}）
		新农合参保率（C_{25}）
		村公交车通达率（C_{26}）
		供电率（C_{27}）
		供水率（C_{28}）
		固定资产投资额（C_{29}）
		年均教育投入额（C_{30}）
		年扶贫信贷额度（C_{31}）
		年扶贫资金投入额（C_{32}）
	社区参与（B_6）	居民生态保护意识（C_{33}）
		居民是否支持旅游扶贫开发（C_{34}）
		居民愿意参与程度（C_{35}）
		居民对自身文化的认同感（C_{36}）

表 4-2 石漠化片区旅游扶贫适宜性评价指标体系（修改后指标）

主目标层	次级目标层	基准层	准则层	指标层
旅游扶贫适宜性评价指标体系（A）	旅游扶贫条件（B_1）	旅游开发条件（C_1）	资源条件（D_1）	旅游资源质量（E_1）
				高品质旅游资源数量（E_2）
				目的地知名度（E_3）
				适游期（E_4）
			市场条件（D_2）	主要客源市场人均可支配收入（E_5）
				客源市场吸引力半径（E_6）
				旅游者人均消费（E_7）
				游客增长率（E_8）
		支撑环境（C_2）	经济环境（D_3）	人均GDP（E_9）
				固定资产投资额（E_{10}）
				星级饭店数量（E_{11}）
				星级农家乐数量（E_{12}）
			社会环境（D_4）	交通区位优势（E_{13}）
				新农合参保率（E_{14}）
				年均教育投入额（E_{15}）
			生态环境（D_5）	地表水水质（E_{16}）
				森林覆盖率（E_{17}）
				大气质量（E_{18}）
			政府扶贫力度（D_6）	年均扶贫资金投入额（E_{19}）
				年均扶贫培训人次（E_{20}）
				政府对旅游扶贫开发的支持程度（E_{21}）
	旅游扶贫潜力（B_2）	居民参与意识（C_3）	社区文化（D_7）	居民对当地文化的认可度（E_{22}）
				居民对外来文化的包容性（E_{23}）
				妇女地位（E_{24}）
			居民对旅游扶贫的态度（D_8）	居民对旅游扶贫开发的支持度（E_{25}）
				居民对旅游扶贫开发的认可度（E_{26}）
				居民生态保护意识（E_{27}）
				居民传统文化保护意识（E_{28}）
			居民参与意愿（D_9）	愿意参与率（E_{29}）
				愿意参与程度（E_{30}）
		效益转移机制（C_4）	直接效益转移机制（D_{10}）	人均旅游收入（E_{31}）
				农民人均纯收入（E_{32}）
				贫困发生率（E_{33}）
			间接效益转移机制（D_{11}）	九年义务教育巩固率（E_{34}）
				通村公路畅通率（E_{35}）
				三废处理率（E_{36}）
				每万人医生数（E_{37}）
				每万人床位数（E_{38}）

3. 指标因子阐释

1）旅游扶贫条件

旅游扶贫开发实质上是惠及贫困人口的旅游开发。对于旅游开发而言，一方面，需要有良好的旅游开发条件，即高品质的旅游资源和良好的市场条件；另一方面，需要有一定的开发支撑环境，即贫困县内经济、社会、环境现状要能够承载游客的进入、满足游客的需求，以及政府要对旅游扶贫有一定的支持力度。

①旅游开发条件

对于旅游开发条件（C_1），可以从资源和市场两个角度进行评价。

a. 资源条件（D_1），主要对贫困县旅游资源品质的高低进行评价。《旅游资源分类、调查与评价》（GB/T18972–2003）中将旅游资源评价分为七个维度，通过专家打分获得。由于一个县的旅游资源众多，选取的专家有限，专家对一地旅游资源的了解程度有限，专家打分又比较主观，因此邀请专家对每一个县的旅游资源单体进行打分的可行性不高，因此本研究最终决定参照国标评价标准，结合前人选取的旅游资源评价指标，选择旅游资源质量（E_1）、高品质旅游资源数量（E_2）、目的地知名度（E_3）、适游期（E_4）四个指标对资源条件进行评价，并从旅游资源品质、知名度和适游度三个方面展开工作。

b. 市场条件（D_2），主要对贫困县旅游开发的市场潜力进行评价。结合前人研究成果，选择主要客源市场人均可支配收入（E_5）、客源市场吸引力半径（E_6）、旅游者人均消费（E_7）、游客增长率（E_8）四个指标。其中，E_5、E_6 主要对贫困县旅游市场的发展现状和吸引力进行评价；E_7、E_8 主要对潜在市场地居民的支付能力和消费能力进行评价。

②支撑环境

对于支撑环境（C_2），从经济、社会、生态环境及政府扶贫力度方面进行评价。

a. 经济环境（D_3），主要是对贫困县的经济发展水平与旅游经济条件进行评价。可分为国民经济和旅游经济两个方面，前者选择人均GDP（E_9）和固定资产投资额（E_{10}）两个代表性的指标，分别评价一个县的经济收入和支出；后者选择星级饭店数量（E_{11}）和星级农家乐数量（E_{12}）两个指标，对旅游经济的支撑环境进行评价。

b. 社会环境（D_4），是对贫困县旅游扶贫开发的社会条件进行评价。结合扶贫的目的，这里选择可进入性和社会保障两个角度，分为交通区位优势（E_{13}）、新农合参保率（E_{14}）、年均教育投入额（E_{15}）三个指标。

c. 生态环境（D_5），是对贫困县旅游扶贫开发的自然环境进行评价。具体从地表水水质（E_{16}）、森林覆盖率（E_{17}）、大气质量（E_{18}）三个角度对旅游开发的水质、地质、空气进行评价。

d. 政府扶贫力度（D_6），主要是评价政府对旅游扶贫开发的扶持力度。根据专家的建议，选择年均扶贫资金投入额（E_{19}）、年均扶贫培训人次（E_{20}）、政府对旅游扶贫开发的支持程度（E_{21}）三个比较有实际意义、易统计、易量化的指标进行评价。

2）旅游扶贫潜力

旅游扶贫潜力（B_2）区别于旅游开发潜力。旅游开发潜力是从自然环境的承载力与市场需求的角度来考虑，而旅游扶贫潜力是从贫困人口是否愿意参与旅游扶贫、愿意参与的程度，以及该地的旅游扶贫机制给贫困人口带来的实际扶贫效果来考虑，即从居民参与意识和效益转移机制两个维度进行评价。

①居民参与意识

适宜性评价是事前评价的一种。对社区参与进行适宜性评价应当是对旅游扶贫社区参与进行事前评价。对于居民参与意识（C_3），可以从社区文化（D_7）、居民对旅游扶贫的态度（D_8）、居民参与意愿（D_9）三个角度进行评价。

a. 社区文化（D_7），主要选择居民对当地文化的认可度（E_{22}）、居民对外来文化的包容性（E_{23}）以及妇女地位（E_{24}）三个指标进行评价。

b. 居民对旅游扶贫的态度（D_8），从居民对旅游扶贫的参与意识出发，选择居民对旅游扶贫开发的支持度（E_{25}）、居民对旅游扶贫开发的认可度（E_{26}）、居民生态保护意识（E_{27}）、居民传统文化保护意识（E_{28}）四个指标进行评价。

c. 居民参与意愿（D_9），主要对贫困人口是否愿意参与旅游扶贫以及愿意参与的程度进行评价，因此选择愿意参与率（E_{29}）、愿意参与程度（E_{30}）两个指标进行评价。

②效益转移机制

旅游扶贫适宜与否，是通过其是否有利于贫困人口发展来衡量的。旅游扶贫开发就是要将旅游中获得的收益的一部分转移到贫困人口身上，使其从中获益，因此效益转移机制（C_4）成为衡量旅游扶贫潜力高低的重要指标。转移的方式有很多，有直接性的转移，如经济收入的增加；也有间接性的转移，如生活环境的改善、基础设施的完善等。国外有学者研究表明，旅游扶贫的间接效益往往大于直接效益，因此将效益转移机制分为直接效益转移机制（D_{10}）、间接效益转移机制（D_{11}）。

a. 直接效益转移机制（D_{10}）。直接效益主要是指经济效益及扶贫效果。因此，选择人均旅游收入（E_{31}）、农民人均纯收入（E_{32}）、贫困发生率（E_{33}）三个直观性的指标进行评价。

b. 间接效益转移机制（D_{11}）。间接效益主要是指与贫困人口生存环境息息相关的公共服务与基础设施的改善。因此，选择九年义务教育巩固率（E_{34}）、通村公路畅通率（E_{35}）、三废处理率（E_{36}）、每万人医生数（E_{37}）、每万人床位数（E_{38}）五个指标进行评价。

4.1.2 评价模型构建

1. 指标赋权方法选择

综合评价是一个非常重要的问题，通常可分为确定评价目标、构建指标体系、确定指标权重、选择评价模型、形成评价结论，以及解释评价结果和反馈等几部分。而确定指标权重是最为重要的步骤之一，现有的权重赋值方法有很多，可分为主观赋权法和客观赋权法两种。主观赋权法在定性评价方面有突出的优势，常用的是专家打分法、德尔菲法、层次分析法，但这些方法主观性强，受专家意见和知识的限制，评分过程的可重复性和透明度不强，权重通常无法全面正确地反映各指标的实际重要性。而客观赋权法不仅能够克服这些缺点，而且具有更强的可行性和再现性。鉴于本书所构建的指标中客观指标占到70%以上，因此选择客观赋权法来确定本书指标的权重，为此，选择一种较为常用而又比较成熟的赋权方法——熵值赋权法（Entropy Weighting Method，EW）。熵值赋权法具有以下几个特点：①用归一化方法对数据进行无量纲化处理，该法具有鲁棒性、单调性、总量恒定性和缩放无关性等优良品质；②该法基于客观数据的实际数值，应用"差异驱动"原理，求得最优权重，反映指标信息熵值的效用价值；③赋权过程明朗，具有可再现性和透明性。

2. 评价模型选择

目前还没有学者对旅游扶贫适宜性评价做过系统的研究，而在适宜性评价中运用较多的是以 GIS 为代表的 3S 技术，3S 技术的运用是以土地信息为基础构建模型。本章中的旅游扶贫适宜性评价更多的是对当地的经济、社会、环境和旅游资源条件进行评价，因此 3S 技术在本章中无法运用。模糊数学、人工神经网络、灰色关联分析等方法也常被运用到适宜性评价当中。模糊数学法能够利用较为简单的数学办法解决不确定性和判断模糊性问题，但存在计算复杂、主观性强、评价结果难以解释等不足；人工神经网络法具有非线性映射能力、自学习和自适应能力、泛化能力、容错能力等，但存在局部极小化、收敛速度慢、网络结构不唯一、与实际例子相矛盾、样本依赖性强等不足；灰色关联分析法具有计算简单、灵活性强、易于实现、不需要大样本等优点，但要求数据是时间序列，且只做相对评价。在当前的评价模型中，TOPSIS 模型（Technique for Order Preference by Similarity to an Ideal Solution，TOPSIS，优劣解距离法）能克服以上方法主观性过强、缺乏可比性、样本依赖性强等不足，并且有对评价效用函数要求低、对样本资料无特殊要求、能够较为充分地利用原始数据所包含的信息、可以对有限个待评价对象进行优劣排序等优点。因此，本章运用 TOPSIS 模型结合熵值赋权法进行评价，这有利于旅游扶贫定量与定性研究相结合的拓展与深入。

3. 改进的 TOPSIS 模型

TOPSIS 模型于 1981 年由 Yoon 和 Hwang 首次提出，此模型是根据有限个待评价对象与理想化目标的接近程度（通常是用距离）进行排序的方法，是对现有对象进行相对优劣比较的一种评价方式。理想化目标（Ideal Solution）有两个：

一个是肯定的理想化目标（Positive Ideal Solution），或称正理想目标；一个是否定的理想化目标（Negative Ideal Solution），或称负理想目标。评价最好的对象应该与最优目标距离最近，而与最劣目标距离最远，距离的计算可采用欧氏距离法。

TOPSIS 模型非常适合于多目标决策分析，通过它得到处理后数据的规范化矩阵，找出决策问题的最优目标和最劣目标（分别用正理想解和负理想解表示）。在实际的多目标决策中，最优目标和最劣目标存在的可能性很小。分别计算各待评价目标与正理想解和负理想解的距离，获得各目标与理想解的贴近度，按理想解贴近度的大小排序，以此作为评价目标优劣的依据。接近度取值在 0~1 之间，接近度越趋向 0，表示待评价目标的水平越接近负理想解；相反，接近度越趋向 1，表示待评价目标水平的越接近正理想解。该方法由于具有准确性、科学性和可操作性等优点，已经成功地应用到了很多领域，如物料选择评估、医疗卫生、项目投资、土地利用规划等，多目标决策分析效果明显提高。

TOPSIS 模型也有缺陷，如待评价对象可能出现与正理想解、负理想解的欧式距离同样接近的情况，此时若是按照欧式距离来排序则不能充分体现各方案的优劣程度。另外，有可能某两个方案的结果是这样的，即待评价对象趋近正理想解，同时也更趋向负理想解，这时以欧式距离作为评价度量就不适合了。针对这个缺陷，徐存东等（2013）提出了用"垂面距离"代替"欧式距离"的改进方案，避免了这个弊端，并且华小义、谭景信（2004）已经证明，与正理想解的"垂面距离"近的待评价对象与负理想解的"垂面距离"远。实践证明，改进的 TOPSIS 模型是可行的、有效的评价方法。

4.1.3 数据来源与整理

1. 数据来源

统计数据主要来自于滇桂黔石漠化片区人民政府官网及统计局、旅游局（原名）、扶贫办、环保局、交通局等部门的官网，还有历年来政府工作报告及各市县统计年鉴；复合型数据通过获取的数据计算得到（指标中使用的全部客观数据为各地 2014 年统计数据）；感知数据通过对有代表性的旅游扶贫景区、村落进行问卷调查获得；部分资料通过访谈获取。

2. 数据整理

在指标中，E_9~E_{12}、E_{14}、E_{15}~E_{20}、E_{31}~E_{38}等19个指标数据可以直接使用2014年数据，其他指标数据则需要计算处理后才能使用。

（1）旅游资源质量（E_1）。各地旅游资源都通过专家打分进行评价的可行性不高，而且各地旅游资源复杂多样，不易进行打分；由于有些资源已经获得很高的声誉，这也说明了这些资源的质量和价值得到了游客的认可。因此，参照李淑娟等（2014）、邸明慧（2015）对旅游资源的评价方法，在对各地旅游资源进行统计的基础上，对已有的不同等级的旅游资源进行赋分（赋分标准如表4-3所示），通过对各地旅游局人员的访谈，获得该地主要旅游资源的信息，然后通过对各大旅游网站进行数据挖掘，获得全部高品质、具有一定知名度的旅游资源并对其赋分。

表4-3 不同等级旅游资源赋分标准

等级	赋分
世界遗产、世界地质公园、世界生物圈保护区等世界级旅游资源	10分
国家5A级旅游景区、国家风景名胜区、国家旅游度假区等国家级优质旅游资源	9分
国家4A级旅游景区、国家休闲农业与乡村旅游示范点、国家工农业旅游示范点等国家级旅游资源	8分
国家地质公园、国家森林公园、国家自然保护区、国家湿地公园等国家级具有生态保护等功能的旅游资源	7分
国家3A级旅游景区、省级旅游度假区、省级休闲农业与乡村旅游示范点、省级风景名胜区等省级旅游资源	6分
省级地质公园、省级森林公园、省级自然保护区、省级湿地公园等省级具有生态保护等功能的旅游资源	5分
全国文物保护单位、国家历史文化名村、镇等全国性旅游资源	4分
省级文物保护单位、历史文化名村、镇、城等地方性旅游资源	3分
尚未评级的地方高品质旅游资源	1分

注：从旅游扶贫带动性考虑，地质公园、森林公园、自然保护区等限制开发的资源不能够进行高强度的旅游开发，这些地区的人口一般不是很多，因此该类旅游资源开发带动性不高，故对该类旅游资源的赋分比同等级资源低。

（2）高品质旅游资源数量（E_2）。在对旅游资源的质量进行评价的同时也要对旅游资源的数量进行评价，由于各等级旅游资源的单体规模、丰度差异比较大，而考虑到旅游扶贫的需要，这里只考虑品质较高且得到社会认可的旅游资源，即只统计得分在 3 分以上的旅游资源。

（3）目的地知名度（E_3）与适游期（E_4）。对目的地知名度采用赋分的方式进行比较，根据对当地旅游局人员的访谈获得该地主要的客源市场信息，以及通过网络查找，综合评判该地的知名度，并对国际知名、全国知名、地区知名、地方知名分别赋分为 100 分、80 分、60 分、40 分。适游期是指目的地一年之中可接待游客游览和使用的天数，由于旅游景点全年可观可赏（除自然灾害等带来的不可抗力造成无法游览外），因此按照此算法，适游期都为 100%，这样不具有可比性。由于片区处于亚热带地区，高温多雨天气较多，冬季又比较潮湿寒冷，这样的天气条件不太适宜旅游，因此从气候的角度来评价旅游舒适度，即旅游气候舒适度，从一县的气温、湿度、风速等方面综合评价旅游气候舒适度。这里参照向宝惠、任道龙、苏志等学者的研究成果。

（4）主要客源市场人均可支配收入（E_5）与客源市场吸引力半径（E_6）。通过对各地旅游局负责人的访谈，获得各地每年主要的客源市场，在其中选择前十的客源市场作为本次评价的参照标准，通过查阅各地 2014 年国民经济与社会发展公报获得各客源市场的人均可支配收入与人口数量，并从地图上直接量取各客源市场到案例地的直线距离，分别利用公式（4-1）和公式（4-2）计算得到 E_5 和 E_6 的分值。

$$\overline{I} = \frac{\sum I_n P_n}{\sum P_n} \quad (4\text{-}1)$$

式中：$\overline{I}$ 为主要客源市场人均可支配收入；I_n 为第 n 个客源市场的人均可支配收入；P_n 为第 n 个客源市场的人口数量。

$$\overline{d} = \frac{\sum d_n}{n} \quad (4\text{-}2)$$

式中：$\overline{d}$ 为客源市场吸引力半径；d_n 为第 n 个客源市场到目的地的直线距离（由于无法获得各地主要客源市场的游客量，因此无法将客源量作为权重计算吸引力半径，故取平均值）。

（5）旅游者人均消费（E_7）与游客增长率（E_8）。获取各地 2005—2014 年的旅游收入和接待游客数量，通过旅游收入与接待游客数量的比得到旅游者人均消费，将各地的游客数量代入公式（4-3）计算得到游客增长率。

$$m = [\sqrt[n-1]{B/A}\,] \times 100\% \qquad (4\text{-}3)$$

式中，m 是年均增长率；B 是第 n 年游客数量；A 是第一年游客数量。

（6）E_{13} 是指交通区位优势。该指标考量旅游景区的可进入性，即内外交通是否便利。本章利用区位熵的理念计算案例地的交通便利性，为简便起见，本章只计算交通区位在本地同一级内的聚集程度。首先通过地图直接测量各地距离当地最近的主要交通站（火车站、高速出口、高铁站、机场）点的直线距离，然后采用极值处理法对获得的数据进行标准化处理，由于该指标是极小型数据，因此采用极小型极值化公式

$$X_{ij} = \frac{M_j - x_{ij}}{M_j - m_j} \qquad (4\text{-}4)$$

式中，X_{ij} 为标准化后的数据；x_{ij} 为第 i 个县第 j 个交通站点距县城的直线距离，其中

$$M_j = \max_i \{x_{ij}\},\ m_j = \min_i \{x_{ij}\}$$

然后对各站点的权重进行赋值，火车站为 0.1，高速出口为 0.2，高铁站为 0.3，机场为 0.4，计 $u_j = \{0.1, 0.2, 0.3, 0.4\}$，最后求得区位熵 $LQ_i = \sum X_{ij} u_j$，即

$$LQ_i = \{0.4013,\ 0.3784,\ 0.6510,\ 0.5860,\ 0.5087,\ 0.8374\}$$

（7）政府对旅游扶贫开发的支持程度（E_{21}）。这里选取从各地旅游局和扶贫办获得的旅游扶贫的措施、工程、优惠政策及从上级部门获得的优惠措施等，将其加总构成 E_{21} 的评价数据。

（8）问卷数据。通过对旅游扶贫村寨景区发放电子调查问卷，获得感知数据。

问卷采用 7 级李克特量表（Likert Scale）形式，让居民对量表问题进行打分，然后通过 SPSS 软件进行分析。其中，居民对当地文化的认可度（E_{22}）、居民对外来文化的包容性（E_{23}）、妇女地位（E_{24}）、居民对旅游扶贫开发的认可度（E_{26}）、居民生态保护意识（E_{27}）、居民传统文化保护意识（E_{28}）属于量表数据，直接求各量表的平均值作为评价数据；对于居民对旅游扶贫开发的支持度（E_{25}），选项为非常支持、支持、无所谓、不支持、反对；对于愿意参与率（E_{29}），选项为愿意、看情况、不愿意。直接统计题项中支持旅游扶贫和愿意参与旅游扶贫的人数，求与被调查人数的比例得到指标数据。

4.1.4 贫困县旅游扶贫适宜性评价

1. 指标权重计算

1）熵值赋权法计算方式

在指标综合评价问题当中，有 m 个方案构成方案集 $M=(M_1, M_2, \cdots, M_m)$，有 n 个指标 $N=(N_1, N_2, \cdots, N_n)$，方案 M_i 在指标 N_j 下取值为 a_{ij}，从而得到原始数据矩阵

$$A = \begin{Bmatrix} a_{11} & \cdots & a_{1n} \\ \vdots & \ddots & \vdots \\ a_{m1} & \cdots & a_{mn} \end{Bmatrix}$$

对原始数据进行正向化和无量纲化，这样做的目的之一是为了使成本指标和收益指标的指向一致（为与 TOPSIS 模型一致，本章采用极值法对数据进行标准化），目的之二是为了除去各个指标之间因量纲不同而引起的对评价结果的影响。得到矩阵

$$B = \begin{Bmatrix} b_{11} & \cdots & b_{1n} \\ \vdots & \ddots & \vdots \\ b_{m1} & \cdots & b_{mn} \end{Bmatrix}$$

计算各个评价方案对指标的贡献率

$$f_{ij} = \frac{b_{ij}}{\sum_{i=1}^{m} b_{ij}} \qquad (4\text{-}5)$$

得到贡献率矩阵

$$F = \begin{Bmatrix} f_{11} & \cdots & f_{1n} \\ \vdots & \ddots & \vdots \\ f_{m1} & \cdots & f_{mn} \end{Bmatrix}$$

计算第 j 项指标的熵

$$H_j^i = k \left(\sum_{i=1}^{m} f_{ij} \ln f_{ij} \right) \qquad (4\text{-}6)$$

其中

$$k = -\frac{1}{\ln m} \qquad (4\text{-}7)$$

再计算各个评价指标的熵权

$$W_j = \frac{1 - H_j}{\sum_{j=1}^{n}(1 - H_j)} = \frac{1 - H_j}{n - \sum_{j=1}^{n} H_j} \qquad (4\text{-}8)$$

得到权向量 $W = (W_1, W_2, \cdots, W_n)$，显然，$\sum_{j=1}^{n} W_j = 1$。

在实践中，假定当 $f_{ij} = 0$ 时，令 $f_{ij} \ln f_{ij} = 0$；但是当 $f_{ij} = 1$ 时，也有 $f_{ij} \ln f_{ij} = 0$ 的结论。这与熵理论是相悖的，需要改进，只有使得原假设成立，才能继续计算。有学者对 F 矩阵的计算做了改进，避免了上面提到的悖论的出现，变换公式为

$$f_{ij} = \frac{1 + b_{ij}}{\sum_{i=1}^{m}(1 + b_{ij})} \qquad (4\text{-}9)$$

此方法是对数据做了平移，而没有对平移进行客观性论述和范围解释，过于

主观，是不具有一般意义的数据处理方法。下面讨论一般意义下的处理效果。首先是将公式（4-9）改成公式（4-10）

$$f_{ij}^* = \frac{u_i + b_{ij}}{\sum_{i=1}^{m}(u_i + b_{ij})} \quad (4-10)$$

通过讨论平移以后数据的影响，得到 u_i 的取值范围。在矩阵 B 中第 j 列为 $b_j = (b_{1j}, b_{2j}, \cdots, b_{mj})'$，$(b_{1j}, b_{2j}, \cdots, b_{mj})'$ 的和、期望、方差显然存在，分别设和为 Sum(b_j)、期望为 Eb_j、方差为 Var(b_j)。通过公式（4-5）计算得到贡献率矩阵，贡献率矩阵 F 的第 j 列 $f_j = (f_{1j}, f_{2j}, \cdots, f_{mj})'$ 的和为 Sum(f_j) $= \sum_{j=1}^{m} C_j = 1$、期望为 Ef_j $= \overline{f}_j = \frac{\text{Sum}(f_j)}{m} = \frac{\sum_{i=1}^{m} C_{ij}}{m} = \frac{1}{m}$、方差为 Var($f_j$) $= \frac{\text{Var}(b_i)}{\text{Sum}(b_i)}$，离散系数为 V_j。通过公式（4-10）的处理可以得到贡献率矩阵 F^* 的第 i 行 $f_j^* = (f_{1j}, f_{2j}, \cdots, f_{mj})'$ 的和为 Sum(f_j^*) $= \sum_{j=1}^{m} C_{ij} = 1$、期望为 E$f_j^*$ $= \overline{f}_j^* = \frac{\text{Sum}(f_j^*)}{m} = \frac{\sum_{i=1}^{m} C_{ij}^*}{m} = \frac{1}{m}$、方差为 Var($f_j^*$) $= \frac{\text{Var}(b_{ij})}{(\text{Sum}(b_i) + mu_j)^2}$，离散系数为 V_j^*。若是可以证明 $V_j^* < V_j$，则变换以后的贡献率矩阵的离散程度变小了。

$$\frac{V_j^*}{V_j} > 1 - \alpha$$

$$\Leftrightarrow \frac{\frac{\text{Var}(f_j^*)}{\overline{f}_j^*}}{\frac{\text{Var}(f_j)}{\overline{f}_j}} > 1 - \alpha$$

$$\Leftrightarrow \text{Var}(f_j^*) > (1-\alpha)\text{Var}(f_j)$$

$$\Leftrightarrow \text{Sum}^2(b_j) > (1-\alpha)(\text{Sum}(b_j) + mu_j)^2$$

$$\Leftrightarrow \alpha\text{Sum}^2(b_j) > 2(1-\alpha)\text{Sum}(b_j)mu_j + (1-\alpha)(mu_j)^2$$

$$\Leftrightarrow 0 < u_j < \frac{-2m(1-\alpha)\text{Sum}(b_j) + 2m\text{Sum}(b_j)\sqrt{1-\alpha}}{2(1-\alpha)m^2}$$

$$= \frac{-(1-\alpha)\text{Sum}(b_j) + \text{Sum}(b_j)\sqrt{1-\alpha}}{m(1-\alpha)}$$

证明：

B 矩阵是正向化处理以后得到的矩阵，显然上面的式子成立。即可得到公式（4-10）对数据进行了移动，没有改变贡献率的总和与期望，只是改变了离散程度。对于离散程度的变化，我们接受的变化率的范围为 α（0＜α＜1），则有

$$
\begin{aligned}
& V_j^* < V_j \\
\Leftrightarrow & \frac{\mathrm{Var}(f_j^*)}{\overline{f_j^*}} < \frac{\mathrm{Var}(f_j)}{\overline{f_j}} \\
\Leftrightarrow & \mathrm{Var}(f_j^*) < \mathrm{Var}(f_j) \\
\Leftrightarrow & \frac{\mathrm{Var}(b_j)}{(\mathrm{Sum}(b_j)+mu_j)^2} < \frac{\mathrm{Var}(b_j)}{\mathrm{Sum}^2(b_j)} \\
\Leftrightarrow & \mathrm{Sum}^2(b_j) < (\mathrm{Sum}(b_j)+mu_j)^2 \\
\Leftrightarrow & \mathrm{Sum}^2(b_j) < \mathrm{Sum}^2(b_j) + 2\mathrm{Sum}(b_j)mu_j + (mu_j)^2 \\
\Leftrightarrow & 0 < 2\mathrm{Sum}(b_j)nu_j + (mu_j)^2
\end{aligned}
$$

从上式可以看出，u_j 的取值范围与方案数 n、B 矩阵第 j 列的和 s、愿意接受的方差变化范围 a 有关。令 $s=\mathrm{Sum}(b_i)$，讨论 n、s、a 对 u_j 取值的影响。

$$u(n,s,a) = \frac{-(1-a)s + s\sqrt{1-a}}{n(1-a)} \qquad （4-11）$$

则 $\frac{\partial u}{\partial n} = \frac{s(1-a-\sqrt{1-a})}{n^2(1-a)}$ ＜0，有 s、a 不变，n 越大，u 的取值范围越小；$\frac{\partial u}{\partial s} = \frac{-(1-a)+\sqrt{1-a}}{n(1-a)}$ ＞0，有 n、a 不变，s 越大，u 的取值范围越大；$\frac{\partial u}{\partial a} = \frac{s}{2n\sqrt{(1-a)^3}}$ ＞0，有 s、n 不变，a 越大，u 的取值范围越大。

在实际应用中，经过正向化和无量纲化处理得到的矩阵 B 的第 j 列 $b_j = (b_{1j}, b_{2j}, \cdots, b_{mj})'$ 的和 $\mathrm{Sum}(b_i)$、期望 Eb_j、方差 $\mathrm{Var}(b_i)$ 都是常量，由此可知 u_i 的取值只与可接受的变化率 a 有关，a 的取值一般不宜过大。确定了 a，u_i 就可以计算出来，也就可以计算权重了，这里参照其他学者的研究成果，a 取 0.02。

由表 4-4 可知，在次级目标层中，旅游扶贫条件的权重大于旅游扶贫潜力的权重。在基准层中 C_2 权重最大，其次是 C_3，说明支撑环境的好坏与居民参与意识是影响综合适宜性评价的主要因素，C_1 和 C_4 权重较为接近，C_4 最小；在准则

层中，权重大于 0.1 的指标分别是 D_{11}、D_3、D_2、D_8、D_1。D_{11} 权重最大，这也佐证了前人关于效益转移机制的研究中，间接效益往往比直接效益大的研究成果，也说明在准则层中 D_{11} 是影响适宜性的主要因素；其次是 D_3，而 D_4、D_5、D_6 在准则层中权重都较小，说明经济条件是支撑旅游扶贫开发的关键因素，社会、生态、政府扶贫力度处于从属地位；而 D_6 权重又高于 D_4、D_5，说明旅游扶贫开发离不开政府的大力支持；D_1 权重在准则层中仅排在第五位，这和我们认为的旅游资源是旅游扶贫开发最重要的因素的惯常思维有异，表明一个地区是否适合旅游扶贫，旅游资源条件不是唯一的决定因素。D_9 在准则层中所占权重最小。在准则层生态环境（D_5）中，指标 E_{16} 权重最大（0.0296），E_{18} 权重最小（0.0235）。

表 4-4 石漠化片区旅游扶贫综合适宜性指标权重

次级目标层	权重	基准层	权重	准则层	权重	指标层	熵	权重
旅游扶贫条件（B_1）	0.5566	旅游开发条件（C_1）	0.2092	资源条件（D_1）	0.1018	旅游资源质量（E_1）	0.3483	0.0250
						高品质旅游资源数量（E_2）	0.3407	0.0253
						目的地知名度（E_3）	0.3522	0.0249
						适游期（E_4）	0.3044	0.0267
				市场条件（D_2）	0.1073	主要客源市场人均可支配收入（E_5）	0.3150	0.0263
						客源市场吸引力半径（E_6）	0.2877	0.0273
						旅游者人均消费（E_7）	0.2973	0.0270
						游客增长率（E_8）	0.3043	0.0267
		支撑环境（C_2）	0.3474	经济环境（D_3）	0.1098	人均GDP（E_9）	0.3018	0.0268
						固定资产投资额（E_{10}）	0.3087	0.0265
						星级饭店数量（E_{11}）	0.2596	0.0284
						星级农家乐数量（E_{12}）	0.2669	0.0281
				社会环境（D_4）	0.0785	交通区位优势（E_{13}）	0.3032	0.0267
						新农合参保率（E_{14}）	0.3191	0.0261
						年均教育投入额（E_{15}）	0.3326	0.0256
				生态环境（D_5）	0.0784	地表水水质（E_{16}）	0.2299	0.0296
						森林覆盖率（E_{17}）	0.3394	0.0254
						大气质量（E_{18}）	0.3880	0.0235
				政府扶贫力度（D_6）	0.0807	年均扶贫资金投入额（E_{19}）	0.2714	0.0280
						年均扶贫培训人次（E_{20}）	0.2997	0.0269
						政府对旅游扶贫开发的支持程度（E_{21}）	0.3252	0.0259

（续表）

次级目标层	权重	基准层	权重	准则层	权重	指标层	熵	权重
旅游扶贫潜力（B_2）	0.4434	居民参与意识（C_3）	0.2346	社区文化（D_7）	0.0778	居民对当地文化的认可度（E_{22}）	0.3484	0.0250
						居民对外来文化的包容性（E_{23}）	0.3029	0.0268
						妇女地位（E_{24}）	0.3207	0.0261
				居民对旅游扶贫的态度（D_8）	0.1058	居民对旅游扶贫开发的支持度（E_{25}）	0.3064	0.0266
						居民对旅游扶贫开发的认可度（E_{26}）	0.3172	0.0262
						居民生态保护意识（E_{27}）	0.3004	0.0268
						居民传统文化保护意识（E_{28}）	0.3202	0.0261
				居民参与意愿（D_9）	0.0510	愿意参与率（E_{29}）	0.3678	0.0243
						愿意参与程序（E_{30}）	0.3022	0.0268
		效益转移机制（C_4）	0.2088	直接效益转移机制（D_{10}）	0.0801	人均旅游收入（E_{31}）	0.2888	0.0273
						农民人均纯收入（E_{32}）	0.3171	0.0262
						贫困发生率（E_{33}）	0.3077	0.0266
				间接效益转移机制（D_{11}）	0.1287	九年义务教育巩固率（E_{34}）	0.3508	0.0249
						通村公路畅通率（E_{35}）	0.3692	0.0242
						三废处理率（E_{36}）	0.3422	0.0252
						每万人医生数（E_{37}）	0.2730	0.0279
						每万人床位数（E_{38}）	0.3116	0.0264

由表 4-5 可知，在旅游扶贫条件中，D_3 所占权重最大，其次是 D_2 和 D_1，说明资源和市场是旅游扶贫条件评价中很重要的两项条件。在 D_1 中，E_4 所占权重最大，说明在旅游扶贫条件中，适游期影响着旅游资源开发；在 D_2 中，E_6 所占权重最大，说明客源市场吸引力半径是市场条件的主要影响因素；在 D_3 中，E_{11} 与 E_{12} 所占比重较大，说明以星级饭店和星级农家乐为代表的经济性基础设施对支撑环境影响最大；在 D_4 中，E_{13} 所占权重最大，说明交通区位优势是社会环境的重要影响因素；在 D_5 中，E_{16} 所占比重最大，说明在石漠化地区的旅游扶贫中，水是关键因素；在 D_6 中，E_{19} 所占比重最大，说明政府扶贫力度的大小取决于扶贫资金的投入额。

表 4-5 石漠化片区旅游扶贫条件指标权重

基准层	权重	准则层	权重	指标层	熵	权重
旅游开发条件（C_1）	0.3711	资源条件（D_1）	0.1765	旅游资源质量（E_1）	0.5294	0.0426
				高品质旅游资源数量（E_2）	0.5170	0.0437
				目的地知名度（E_3）	0.5350	0.0421
				适游期（E_4）	0.4666	0.0482
		市场条件（D_2）	0.1946	主要客源市场人均可支配收入（E_5）	0.4816	0.0469
				客源市场吸引力半径（E_6）	0.4432	0.0504
				旅游者人均消费（E_7）	0.4575	0.0491
				游客增长率（E_8）	0.4666	0.0482
支撑环境（C_2）	0.6289	经济环境（D_3）	0.2031	人均GDP（E_9）	0.4638	0.0485
				固定资产投资额（E_{10}）	0.4713	0.0478
				星级饭店数量（E_{11}）	0.4047	0.0538
				星级农家乐数量（E_{12}）	0.4144	0.0530
		社会环境（D_4）	0.1392	交通区位优势（E_{13}）	0.4653	0.0484
				新农合参保率（E_{14}）	0.4876	0.0463
				年均教育投入额（E_{15}）	0.5076	0.0445
		生态环境（D_5）	0.1396	地表水水质（E_{16}）	0.3590	0.0580
				森林覆盖率（E_{17}）	0.5148	0.0439
				大气质量（E_{18}）	0.5831	0.0377
		政府扶贫力度（D_6）	0.1470	年均扶贫资金投入额（E_{19}）	0.4189	0.0526
				年均扶贫培训人次（E_{20}）	0.4599	0.0489
				政府对旅游扶贫开发的支持程度（E_{21}）	0.4958	0.0456

由表 4-6 可知，在旅游扶贫潜力中，D_{11} 所占比重最大，其次是 D_8，这与综合指标中的权重分配一致，说明间接效益转移机制与居民对旅游扶贫的态度是影响旅游扶贫适宜性的关键因素。在 D_7 中，E_{23} 所占比重最大，说明居民对外来文化的包容性是影响社区文化的重要因素；在 D_8 中，E_{27} 所占比重最大，这与石漠化地区生态保护的需求相一致；在 D_9 中，E_{30} 权重大于 E_{29}；在 D_{10} 中，人均旅游收入对直接效益转移机制有重要影响；在 D_{11} 中，医疗卫生情况对间接效益转移机制有重要影响。

表 4-6 石漠化片区旅游扶贫潜力指标权重

目标层	权重	准则层	权重	指标层	熵	权重
居民参与意识（C₃）	0.5285	社区文化（D₇）	0.1740	居民对当地文化的认可度（E₂₂）	0.5888	0.0532
				居民对外来文化的包容性（E₂₃）	0.5178	0.0624
				妇女地位（E₂₄）	0.5480	0.0585
		居民对旅游扶贫的态度（D₈）	0.2427	居民对旅游扶贫开发的支持度（E₂₅）	0.5247	0.0615
				居民对旅游扶贫开发的认可度（E₂₆）	0.5402	0.0595
				居民生态保护意识（E₂₇）	0.5133	0.0630
				居民传统文化保护意识（E₂₈）	0.5461	0.0587
		居民参与意愿（D₉）	0.1118	愿意参与率（E₂₉）	0.6185	0.0494
				愿意参与程度（E₃₀）	0.5173	0.0625
效益转移机制（C₄）	0.4715	直接效益转移机制（D₁₀）	0.1859	人均旅游收入（E₃₁）	0.4949	0.0653
				农民人均纯收入（E₃₂）	0.5412	0.0594
				贫困发生率（E₃₃）	0.5272	0.0612
		间接效益转移机制（D₁₁）	0.2856	九年义务教育巩固率（E₃₄）	0.5917	0.0528
				通村公路畅通率（E₃₅）	0.6191	0.0493
				三废处理率（E₃₆）	0.5812	0.0542
				每万人医生数（E₃₇）	0.4705	0.0685
				每万人床位数（E₃₈）	0.5302	0.0608

2. 旅游扶贫适宜性计算

第一步，得到原始数据组成的决策矩阵

$$A = \begin{Bmatrix} a_{11} & \cdots & a_{1n} \\ \vdots & \ddots & \vdots \\ a_{m1} & \cdots & a_{mn} \end{Bmatrix}$$

第二步，对矩阵 A 进行归一化处理，得到标准化的判断矩阵 $V = (v_{ij})_{m \times n}$。对于收益型指标，其取值当然是越大越好。

$$v_{ij} = \begin{cases} \dfrac{a_{ij} - a_{j\min}}{a_{j\max} - a_{j\min}} & a_{j\max} \neq a_{j\min} \\ 1 & a_{j\max} = a_{j\min} \end{cases} \quad (4\text{-}12)$$

对于成本型指标，其取值当然是越小越好。

$$v_{ij} = \begin{cases} \dfrac{a_{j\max} - a_{ij}}{a_{j\max} - a_{j\min}} & a_{j\max} \neq a_{j\min} \\ 1 & a_{j\max} = a_{j\min} \end{cases} \quad (4\text{-}13)$$

上面两个式子当中，$a_{j\max}$表示第j个评价指标在待评价对象中的最大值，$a_{j\min}$表示第j个评价指标在待评价对象中的最小值。

第三步，构建加权决策矩阵。利用熵值赋权法计算各个指标的加权数据，计算公式为：

$$R=(r_{ij})m \times n=(w_{ij})m \times n \quad (4\text{-}14)$$

第四步，计算正理想解S^+和负理想解S^-。

在第j项指标中正理想解为：

$$S_j^+ = \begin{cases} \min\limits_{1<i<m}\{r_{ij}\} & \text{成本型指标} \\ \max\limits_{1<i<m}\{r_{ij}\} & \text{效益型指标} \end{cases} \quad (4\text{-}15)$$

上面计算得到的是原始的正理想解，实践证明，将坐标原点移动到正理想解的位置可以简化计算。平移公式为：

$$P_{ij}=r_{ij}- S_j^+ \quad (4\text{-}16)$$

平移后的正理想解变为$(0，0，\cdots，0)_{1n}$，负理想解变为$(S_1^-,S_2^-,\cdots,S_n^-)$，其中$S_j^-$满足：

$$|S_j^+| \geqslant |P_{ij}|,\ 1 \leqslant i \leqslant m,\ 1 \leqslant j \leqslant m \quad (4\text{-}17)$$

第五步，计算"垂面距离"。

显然正理想解 S^+ 和负理想解 S^- 之间的距离是一个常数。华小义、谭景信（2004）证明了正交投影法的"垂面距离"扩大正数倍，不会改变综合评价结果。所以，只要计算各评价对象到正理想解之间的距离即可。徐存东等（2013）经过数学变换，得出计算各待评价对象到正理想解的"垂面距离"的简化公式，具体如下：

$$D_i = \sum_{j=1}^{n} S_j^- P_{ij} \tag{4-18}$$

将 D_i 由小到大排列就得到了各个待评价对象由优到劣的排序。

4.2 连片特困区旅游扶贫现状分析

4.2.1 总体状况

1. 滇桂黔石漠化集中连片特困区旅游开发现状

滇桂黔石漠化片区内旅游资源丰富，主要有以环江、乐业、荔波、施秉等为代表的自然生态旅游资源，以东兰、大化、靖西、黎平等为代表的红色旅游资源，以龙胜、三江、雷山、从江等为代表的民族旅游资源，以巴马为代表的养生旅游资源，以安顺等为代表的历史文化旅游资源，以罗平、兴仁等为代表的乡村旅游资源，这些构成了滇桂黔石漠化片区旅游扶贫的资源环境。前文滇桂黔石漠化片区旅游扶贫适宜性评价结果显示，旅游扶贫适宜性由旅游扶贫条件和旅游扶贫潜力两项指标共同决定在《滇桂黔石漠化片区（贵州省）区域发展与扶贫攻坚实施规划》中，贵州省明确提出构建两个特色旅游主题，重点打造"100个旅游景区"、十二条精品线路、五个旅游组团；云南石漠化片区内旅游资源较少，但部分地区依托自然生态和乡村旅游资源，同样开展了旅游扶贫，广西石漠化片区大部分也都在开展旅游扶贫。石漠化片区旅游扶贫以当地旅游资源为基础，以周边大城市为市场依托，既有一定的效果，也存在一定的问题。

2. 滇桂黔石漠化集中连片特困区扶贫开发现状

随着国家扶贫工作的大力开展，滇桂黔石漠化片区的经济状况显著提高，贫困状况得到明显改善，但相比于我国整体发展水平，尤其是中东部发达地区，该片区的经济水平仍存在很大差距。下面从滇桂黔石漠化片区的贫困面积、贫困程度、石漠化问题、资源开发利用等方面，综合考察该区域的扶贫开发现状。

第一，贫困面积广。滇桂黔石漠化片区是我国14个集中连片特困地区之一，是国家开展扶贫攻坚的主战场。由2014年国务院扶贫开发小组发布的《国家扶贫开发工作重点县名单》调整数据可知，截至2012年，我国贫困县总数为592个，在国家扶贫开发工作重点县中，广西、贵州、云南三省（区）分别有28个、50个、73个。在省级行政单位（23个省、5个自治区、4个直辖市）贫困县拥有个数排行中，云南省、贵州省分别位居第一、第三，广西壮族自治区也位居前十。其中，广西、贵州、云南三地国家扶贫工作重点县位于滇桂黔石漠化片区的分别有28个、33个、9个，共计70个，平均占有比例高达87.5%。

第二，贫困程度深。截至2015年年底，滇桂黔石漠化片区拥有贫困人口484万人，贫困户142万户，建档立卡贫困村6305个，其中建档立卡贫困人口占全国建档立卡贫困人口的9%。该片区是14个集中连片特困地区拥有贫困人口数量最多的片区，贫困发生率不但比14个集中连片特困区的平均水平高1.2个百分点，而且比全国高9.4个百分点。2015年，全国平均人均可支配收入是21966元，全国农村居民人均纯收入为10772元，而滇桂黔石漠化片区农村居民人均纯收入是6978元，由后者与前两者相比可知，片区农村居民收入明显偏低，占全国平均人均可支配收入的31.8%、全国农村居民人均纯收入的64.8%。另外，片区部分贫困群众出现住房困难问题，例如，贫困人口住房中像杈杈房、茅草房、土坯房这样简陋的住房所占比例仍旧较高，甚至出现严重的人畜混居现象。这些数据和现象表明片区人民生活贫困程度较深，贫困问题非常突出。

第三，石漠化问题严重。石漠化问题不仅关系到当地的环境状况，而且与该地经济发展水平、贫困状况紧密相关。在滇桂黔石漠化片区，石漠化问题一直是阻碍当地经济发展，导致人民生活水平低下，使贫困面积广、贫困程度深的主要根源之一。滇桂黔石漠化片区拥有喀斯特面积共 11.1 万平方千米，占片区国土总面积的 48.7%。石漠化面积 4.9 万平方千米，其中，中度以上石漠化面积达 3.3 万平方千米，是全国石漠化现象最严重的地区。该地区人均耕地面积仅为 660 平方米，耕地面积少，再加上土壤贫瘠、资源环境承载力低等问题，干旱、洪涝等自然灾害频繁发生，生态条件脆弱、石漠化严重等是滇桂黔石漠化片区面临的重大问题，而且生态环境破坏与社会贫困出现相互交织、互为因果的关系。恶劣的生态环境直接导致当地开发能力不足，发展水平低下，贫困问题突出；反过来，由于贫困状况严重，人们肆意开垦，又导致当地生态环境持续恶化。

第四，资源开发利用不足。根据大卫·李嘉图提出的比较优势理论和亚当·斯密提出的绝对优势理论，与资源贫乏地区相比，资源富集地区具有资源贫乏地区无法比拟的先天发展优势。滇桂黔石漠化片区处于我国低纬度地区，光、热、水条件充足，动植物资源丰富；同时，该地区受地质地形等因素的影响，形成了奇特的喀斯特地貌及美丽的丹霞地貌。广西、贵州、云南三省（区）少数民族人口数量分别位居全国第二、第四、第三，该片区是我国少数民族最为集中的地区，不同的民族形态孕育出不一样的民族文化。除此之外，滇桂黔石漠化片区还是我国红色文化发源地之一。尽管有如此丰富的旅游资源，但是该片区在实际开发中，由于经济基础薄弱，资源开发利用水平较低。首先，滇桂黔石漠化片区由于受经济发展水平、产业开发水平、基础设施建设等多种因素影响，当地资源就地开发能力薄弱、资源转化率低，缺乏农产品、特色资源深度加工，产业状况不佳。矿产、生物、植物、民风民俗、特色文化等众多优势旅游资源没能得以展示，资源转化率较低。其次，产业基础薄弱又进一步制约了当地市场化水平的提高。

第五，饮水安全问题突出。交通不畅和水利建设滞后严重制约了当地群众生活水平的提高。滇桂黔石漠化片区大多是亚热带季风气候，年降水量较大，局部地区可达 2000 毫米左右，但是由于喀斯特地貌的影响，地表渗透严重，再加上石漠化问题突出，植被破坏、水土流失严重及自然灾害频发，故水资源锐减。不仅如此，该片区水利工程建设滞后，骨干水利工程及其配套设施明显不足，小微型水利设施严重缺乏，因而工程性缺水问题、居民饮水安全问题特别突出。

为了顺利推进滇桂黔石漠化集中连片特困区的扶贫攻坚工作，促进当地经济快速发展，改善和提高当地居民的生活水平，帮助当地居民早日脱贫奔小康，各级党政机关高度重视片区扶贫开发工作，运用产业带动、科技驱动、金融推动等多种激励手段将区域发展与精准扶贫有机结合。"十二五"期间，在各方共同努力下，片区完成扶贫项目1.04万个，其中10项重点工作完成投资5428亿元，累计完成投资1.15万亿元。而且，在2015年，国务院扶贫办安排三省（区）中央财政专项扶贫资金113.6亿元，同比增长10.6%，高于全国平均水平；截至2015年年底，片区内贫困人口五年内减少了418万人，农村贫困发生率从2011年的31.5%下降到2015年的15.1%。根据上述数据和资料可知，片区贫困状况得到了明显改善。

4.2.2 案例地选取依据

石漠化片区旅游扶贫案例地选择需要遵守以下基本条件。①有可以进行开发的丰富的旅游资源。旅游资源是旅游扶贫赖以进行的资源基础，高品质旅游资源的市场吸引力大，对当地经济发展的带动作用大，同时旅游资源又必须能够进行开发，游客环境承载力大，否则旅游扶贫开发的效果将是有限的。②有贫困人口参与。旅游扶贫开发的对象是贫困人口，贫困人口通过参与旅游而受益，因此在贫困地区有贫困人口参与的旅游开发才能称为旅游扶贫。③旅游市场潜力大。巨大的潜在市场是旅游扶贫开发成功的关键。旅游的消费与服务具有同步性的特点，这决定了旅游开发想要获得收益必须吸引游客来此旅游，旅游扶贫开发同样如此，旅游资源品级再高，旅游设施建设得再好，如果没有游客，同样无法使贫困人口受益，因此在旅游扶贫开发时要考虑市场因素。同时，案例地的选择也考虑了以下四个因素：①案例地旅游扶贫开发具有代表性；②案例地之间的旅游资源具有多样性；③案例地之间的旅游开发周期具有差异性；④案例地资料的获取具有可能性。基于这些条件和因素，本书选择了广西壮族自治区桂林市龙胜各族自治县、柳州市三江侗族自治县和河池市巴马瑶族自治县，贵州省黔南布依族苗族自治州荔波县和黔东南苗族侗族自治州雷山县、黎平县、镇远县，以及云南省曲靖市罗平县、红河哈尼族彝族自治州泸西县和文山壮族苗族自治州丘北县10个案例地。

前文通过对80个县进行适宜性评价，筛选出了云南、广西、贵州三省（区）中综合适宜性、旅游扶贫条件与旅游扶贫潜力都属于优良等级的县（区）。在这10个案例地中，除贵州省镇远县旅游扶贫潜力属于中等外，云南省的泸西县、罗平县、丘北县，广西壮族自治区的龙胜县、三江县、巴马县，贵州省的雷山县、荔波县、黎平县皆属于优良等级。本书以上述10个县为案例地，选取广西壮族自治区龙胜县平安壮寨、黄洛瑶寨、大瑶寨，三江县程阳八寨、平岩村，巴马县坡月村；贵州省雷山县西江千户苗寨，荔波县瑶山村，黎平县肇兴村，镇远县报京村；云南省泸西县城子古村、瓦窑村，罗平县罗斯村，丘北县仙人洞村、普者黑村共15个民族村寨作为田野调查案例地。这10个县的民族村寨发展旅游的历程不一，目前所处的阶段也并不一致，各案例地旅游开发情况见表4-7。

表4-7 案例地旅游开发情况

类别	龙胜县	三江县	巴马县	荔波县	雷山县
核心旅游资源	龙脊梯田、龙胜温泉、花坪国家自然保护区	程阳八寨、丹洲景区	盘阳河风景区	漳江国家风景名胜区、茂兰国家自然保护区	西江千户苗寨、朗德寨、雷公山森林公园
旅游资源特征	民族文化（壮、瑶）、乡村旅游、自然风光	民族文化（侗）、乡村旅游	长寿养生文化、乡村旅游、民族文化（瑶）	自然风光、民族文化（布依）	民族文化（苗）、自然风光
整体发展阶段	巩固/停滞	停滞/衰落	停滞	巩固	衰落/复兴
区位条件（这里的距离是指公路里程）	距桂林市87千米，距两江国际机场84.5千米	距柳州市191.7千米，县内有三江南站	距河池市182.6千米，距百色巴马机场81千米	距都匀市140千米，县内设有荔波机场	距凯里市42千米，距凯里黄平机场113千米
主要客源市场	全国各地，国际游客	两广等周边省市为主，全国各地	全国各地，国际游客	贵州省内及周边两广、重庆、四川客为主	省内游客为主及周边四川、重庆、广西、湖南客
旅游相关属性	全国休闲农业与乡村旅游示范县、中国十大国际旅游目的地、中国最佳文化生态旅游目的地	"美丽中国"十佳旅游县、广西特色旅游名县	世界长寿之乡、全国休闲农业与乡村旅游示范县、中国王牌旅游目的地	国际人与生物圈保护网络、世界自然遗产地、国际王牌旅游目的地、国家级生态示范区	国际王牌旅游目的地、全国休闲农业与乡村旅游示范县、中国王牌旅游目的地
年接待游客量（万人次）	273.5	302.98	319	636.8	488.36
旅游收入（万元）	303165.31	195600	361700	549000	363600

（续表）

类别	罗平县	丘北县	泸西县	镇远县	黎平县
核心旅游资源	多依河—鲁布革省级风景名胜区、133平方千米连片天然油菜花海	普者黑省级风景名胜区、普者黑喀斯特国家湿地公园	城子古村、明代昂土司府遗址、白水塘水库	舞阳河风景区、镇远城、青龙洞古建筑群	黎平国家森林公园、黎平侗乡风景区、黎平会议会址、两湖会馆、德凤镇、翘街古城
旅游资源特征	自然风光	民族文化（汉、壮、苗、彝、瑶、白、回7个民族）、自然风光	民族文化（彝、苗、壮）	历史文化、民族文化（侗）	民族文化（侗）、自然风光、历史文化
整体发展阶段	探查/参与	巩固	—	探查/参与	探查/参与
区位条件（这里的距离是指公路里程）	距昆明市207千米，北距曲靖市120千米，东至贵州省兴义市86千米，南距广西壮族自治区西林县156千米	距昆明市280千米，距文山州府114千米	—	距离凯里市190千米，是贵州省的东大门	距凯里市249千米，县内设有黎平机场、黎平火车站
主要客源市场	州内周边县市为主及省内游客	省内游客为主及周边省份游客	州内周边县市为主及省内游客	州内周边县市为主及省内游客	州内周边县市为主及省内游客
旅游相关属性	全国旅游百强县、全国烟叶生产第一大县、首批全国农业旅游示范点	中国辣椒之乡、云南省林业重点县、优质生态烟叶种植基地县	城子古村被誉为省级历史文化名村、云南省旅游特色村、亚洲民俗摄影之乡	国家重点历史文化名城	中国生态魅力县、2014年度中国西部最美茶乡
年接待游客量（万人次）	161.14	302.98	219	236.8	213.86
旅游收入（万元）	147667	195600	161700	149000	134800

资料来源：2014年各个县政府门户网站及政府部门提供的数据，并根据2014年网站数据和结合实地调研整理得到。

4.2.3 典型案例地调查

1. 广西壮族自治区龙胜各族自治县

1）旅游开发现状

①案例地概况

龙胜各族自治县位于广西壮族自治区东北部，越城岭山脉西南麓，东北与湖南相邻。县城龙胜镇距桂林市的直线距离为63千米，公路里程为87千米，距首府南宁市的直线距离为371千米，公路里程为531千米。交通方面，广州—成都国道G321线、泉南高速G72贯穿全境，是湖南、贵州与四川进入广西的交通咽喉与主要物资集散地。龙脊民族村寨位于桂林市西北部的龙胜各族自治县龙脊镇境内，总面积70.1平方千米，主要由以古壮寨、平安壮寨、金竹壮寨为核心的白衣壮及以金坑瑶寨、黄洛瑶寨为核心的红瑶组成，其中白衣壮聚居的民族村寨是广西壮族服饰、建筑保持最完整的地区之一。龙脊民族村寨以社区为背景建立起龙脊梯田风景名胜区，社区内居民日常活动仍在原有基础上进行，社区、景区一体化发展，独特的梯田景观美学价值、生态科普价值、壮族文化区丰富的物质遗产及瑶族文化区古朴奇特的歌舞礼俗交相辉映、相得益彰。2018年，平安壮寨约有190户700多人，居住在龙胜县龙脊梯田景区内，其中95%的村民为廖姓壮族；黄洛寨共有82户328人，居住在龙胜县和平乡金竹村，其中78户为潘姓瑶族，其中还有少量壮族、侗族和汉族；大寨村有246户21460人，居住在桂林市龙胜县和平乡，其中98%的村民为潘、余两姓瑶族，其中潘姓居多。

②案例地旅游资源概述

龙胜各族自治县的旅游资源丰富，旅游资源种类繁多，本书将分不同的旅游资源类型来一一概述该地的旅游资源状况。

a. **红色旅游资源**。龙胜红色旅游资源丰富，它是红军长征经过的第一个少数民族聚落，在这片土地上，党的民族政策成功地由理论转化为实践。这里的许多建筑都曾见证过中国共产党的关键性、历史性时刻，如红军楼、红军桥等，现已成为自治区重点文物保护单位。题写有"红色"标语的红军岩、红军曾驻扎及活动的地方等现都已成为境内典型的红色旅游资源。

b. **梯田景观**。龙脊梯田建于元朝,是世界少有的稻作文化景观。梯田分布如链似带,从山脚一直延伸到山顶,造型各式各样,小山似螺,大山如塔,层层叠叠,错落有致,给人一种磅礴、壮美的感觉,堪称天下一绝。平安壮族梯田观景区、金坑红瑶梯田观景区是目前已经开发、构建较为完善的两个主要梯田景区。梯田的景色一年四季各不相同,春天好似层层叠叠的银带,夏天如翻腾的绿浪,秋天如垒起的层层金阶,冬天如盘卧的苍龙。虽然梯田一年四季的景色宜人,但其最佳观赏时机是在芒种和中秋两个节令前后。

c. **民族民居建筑景观**。壮族典型的干栏式建筑,又称干栏、麻栏,墙体地板都是全木材料,屋顶则是传统的瓦片,楼上住人,楼下储藏及圈养牲畜。这种结构的建筑可利用空间大、结构坚固、抵御风寒的能力强。龙胜各族自治县瑶族人民按照民族内部差异又分为红瑶、花瑶、盘瑶。红瑶的建筑大都依山而建,把山体劈开作为房屋的后基,前边则利用粗壮的柱子作为支撑,把房间悬空,铺上楼板和后基平齐,构成红瑶特有的"半边楼"建筑。花瑶和盘瑶则一般选择沿河或半山等较为平坦的地区作为房屋地基,相对于红瑶的"半边楼",此种建筑称为"全楼"。四合院是在较平坦的地面上连接修建四幢"全楼"合成的房屋,中间有一块方形空地庭院,四合院仅为沿河一带的红瑶富裕人家居住。龙胜各族自治县地处典型的喀斯特地貌区域,山体较多,水体资源丰富,因此当地的各种建筑大多依山傍水,寨子的建筑随坡地逐级而上,错落有致,给人一种整体的建筑美感。风雨桥和鼓楼是侗族人民集体智慧的结晶,是侗族建筑的精华之作,中外闻名。

d. **民族服饰**。龙胜各族自治县妇女的上衣是斜襟或对襟,有白、红、青、绿、蓝五色花边,下衣是宽口裤,镶有红、绿、蓝三条裤筒绣花边,头戴花头巾。瑶族中的红瑶、盘瑶、花瑶在服装、头饰、脚饰等方面均有明显的不同。例如,红瑶妇女上装为无领对襟,盘瑶妇女上装为无领对襟青衣。另外,侗族素有种棉、纺纱、织布、印染的传统,侗族男女的服饰皆不一样;苗族男子穿长至膝盖的青衣布衫,下衣穿围布而非裤子,妇女上衣是花领长青布衣,下衣是青布短裤,腿胫包有花布,头髻挽在额前,髻上插有银簪,耳朵佩戴大银圈,脖颈佩戴项圈,男女都赤足,苗族女子身上的银饰是其一大特色。

e. **民俗民间艺术**。龙胜各族自治县多种少数民族聚集,因此会聚了形式丰富的民俗民间艺术(见表4-8)。

表 4-8 龙胜各族自治县民俗民间艺术归纳

民俗民间艺术	民族类别	细分种类	特点
山歌	壮族山歌	古歌	整齐严谨、结构短小、朗朗上口、辞藻优美、韵味和谐、内容丰富、形式多样、易歌易记、一挥而就、出口成章、流传方便
		酒歌	
		坪歌	
		农事歌	
		叙事歌	
		盘歌	
	侗族山歌	侗族大歌	多声部、无指挥、无伴奏
		琵琶歌	穿插说白、曲调含蓄轻柔、多用小嗓演唱
		多耶	拉腔较长、部分重唱一次、部分重唱句尾三字
	瑶族山歌	红瑶山歌	柔和婉转、优美动听
		盘瑶山歌	高亢清悦、豪迈奔放
		花瑶山歌	曲调高亢、真假声结合、节奏自然、音调悠长
	苗族山歌	百花子	音域宽阔、音调悠扬开朗、曲调高亢、豪迈奔放、余音绕梁、不用乐器伴奏
		卡头	
		排话	
		花话	
		酒歌	
		拦门歌	
		哭嫁歌	
舞蹈	壮族舞蹈	铜鼓舞	击鼓节奏复杂、动作稳健多变、场面壮观
		师公舞	边唱边跳、曲调活泼、节奏鲜明、舞蹈动作朴实粗犷
		扁担舞	模拟农事活动等姿势动作
	侗族舞蹈	芦笙舞	娴雅端庄、柔和潇洒
		侗戏	汉、侗生活剧目，民族风格独特
	瑶族舞蹈	大长鼓舞	四人合舞、双人对舞、锣鼓伴奏
		中长鼓舞	时而腾空跳跃、时而下蹲盘行
		小长鼓舞	轻歌曼舞，唢呐、锣鼓伴奏
		陶鼓舞	栩栩如生、生动活泼
	苗族舞蹈	跳香舞	人声演唱、结合舞蹈、锣鼓和牛角伴奏
		鼓舞	边击鼓边跳舞

f.**民族传统节日**。每逢节日到来，少数民族群众都会身着本民族的特色服饰欢聚在一起，唱歌、跳舞或进行民族体育赛事，通宵达旦，尽兴而归。尤其要说的是，近年来，在龙胜县政府的组织下，瑶族红衣节已经变成了龙胜各民族共同的传统节日。龙胜各族自治县典型民族传统节日如表 4-9 所示。

表 4-9 龙胜各族自治县典型民族传统节日

序号	节庆	时间	地点	活动
1	花炮节	农历二月十五	广西侗族、壮族、仫佬族聚集的地方	各村寨组织抢花炮，已有数百年历史
2	歌圩节	农历三月初三	广西壮族聚集的地方	山歌比赛、千人竹竿舞、民族体育大赛、招商推介会等
3	红衣节	农历三月十五	龙胜镇泗水街	身着节日盛装、对山歌、跳长鼓舞、开展体育竞赛、比长发、评寨花
4	牛王节	农历四月初八	布依族聚集的地方	"祭牛王"，唱歌、跳舞庆贺五谷丰登、六畜兴旺、丰衣足食，赞美牛无私奉献
5	半年节	农历七月十四	广西龙胜红瑶聚集的地方	用红曲、米粉做成半年丸，祀神祭祖后全家聚食，祈求事事如意圆满
6	尝新节	农历七月初七	仫佬族、苗族、布依族、白族、壮族聚集的地方	放土炮、鞭炮进行扫寨，演傩戏，唱山歌，耍武术，仫佬人还要举行放生活动
7	罢谷节	农历九月	苗族聚集的地方	杀猪、打粑粑、做糯米酒、祭祀祖先，开怀畅饮，欢庆丰收

③案例地旅游开发情况

游客自发地到龙胜平安壮寨观光摄影，拉开了龙胜龙脊梯田旅游开发的序幕。之后村民开始自发地开发梯田景区并开设农家旅馆，龙胜龙脊梯田景区雏形初步形成。而后政府参与、引领当地居民开发景区，随后招商引资，扩大景区，丰富景点内容，并设立专门的组织机构来规范利益主体的旅游开发活动，为其他村落旅游的发展起到了先锋带头作用。龙胜各族自治县旅游开发状况见表4-10。

表 4-10 龙胜各族自治县旅游开发状况

地点	年份	主要事件	特点
龙胜县	1992	游客到龙胜平安壮寨观光摄影	自发
	1993—1997	村民开发龙脊梯田为景区	自发
	1993—1998	村民开设少家农家旅馆等接待设施	自发
	1998	龙脊梯田风景名胜区成立	龙胜县旅游局管理，旅游产品以梯田观光为主，辅之以旅游工艺品、土特产等
	1999	龙胜至平安壮寨的公路建成通车	平安壮寨的旅游开始步入迅速发展阶段
	2001	桂林龙脊温泉旅游有限责任公司成立	龙胜旅游总公司与桂林旅游发展有限公司双方以4:6的比例共同出资2500万元，并由龙胜县旅游局管理，两个公司负责经营事务
	2007	龙脊有97家旅馆，2515个床位，接待游客达到31.7万人次	外地投资者进入景区进行旅游经营
	2007	龙脊风景名胜区管理局成立	平衡各利益主体，更好地管理景区各方面事务

（续表）

地点	年份	主要事件	特点
黄洛瑶寨	1998	龙胜旅游总公司在黄洛瑶寨投资开发旅游	黄洛瑶寨旅游发展较为缓慢
	2005	黄洛瑶寨游客数量出现大幅增长	黄洛瑶寨旅游情况好转
	2006	景区开发公司与黄洛瑶寨签订了《旅游合作协议》	公司负责村寨促销、日常旅游管理及基础设施建设，村民则配合进行打油茶、歌舞表演及长发表演等活动，并遵守旅游秩序、保持景区民族特色
	2007	黄洛瑶寨的歌舞表演共接待游客5.35万人次	实现直接经济收入132.23万元，旅游产品以红瑶歌舞表演为主，辅之以餐饮、旅游、手工艺品等
大寨村	2002年以前	摄影爱好者来大寨摄影	大寨的旅游一直处于自发阶段，当地没有接待设施，主要由村干部接待
	2002	二龙桥至大寨村的公路修通，已具备停车场、厕所等旅游基础设施	具备旅游目的地的基本条件
	2003	在政府引导下大寨村与旅游公司共同开发梯田，开始大规模接待游客	主要的旅游产品有梯田观光、红瑶歌舞表演等
	2003	成立大寨村农业生态旅游协会	由村委会领导，负责协调全寨旅游工作
	2004	大寨村与桂林龙脊温泉旅游有限责任公司签订协议	公司支付一定的门票提成给大寨村，作为获得梯田景观经营权所支付的"租金"
	2007	村民有15万元的门票分成	村内旅游事务由龙脊风景名胜区管理局管理，经营事务由龙脊公司管理，村民提供住宿、餐饮接待、抬轿子、背行李等旅游服务并售卖旅游工艺品
白面瑶寨	1990	当地政府对寨子进行旅游开发	红色旅游资源丰富，瑶族文化浓郁
	2010年前后	修建红瑶博物馆、旅游步行道、停车场，以及污水处理、村寨亮化等设施	作为少数民族特色村寨保护与开发项目实施点，对寨中的古民居房屋进行特色保护与改造
	2014	被命名为全国首批"中国少数民族特色村寨"	景区内村民家庭收入90%以上来自旅游产业，旅游业成为当地贫困群众脱贫奔小康的助推器

随着全域旅游概念的提出，各景区之间的关联度需要不断加强，龙胜旅游资源的开发在这方面还有所欠缺。最近几年"厕所革命"非常火，统计数据显示，龙胜景区的平安村厕所改造率由2009年的70%提高到2014年的100%，这充分说明龙胜景区在这一方面做得比较好。对于龙胜景区而言，目前资源开发情况与互联网的结合是重要的考虑因素，在人才培养机制方面也需要加强。

2）扶贫开发现状

广西龙胜作为国家扶贫工作重点县，其扶贫工作和旅游是分不开的。结合生态文明建设，大力保护与发展多样化、特色化的少数民族文化，是摆脱贫困、提高人民生活水平的重要手段,并且在扶贫攻坚阶段取得了明显的成就。根据精准识别建档立卡数据统计,2015年年底龙胜各族自治县共有贫困户7517户,扶贫中对不同类型的贫困户给予了不同的帮扶措施,其中对4541户实施生产扶持、对676户实施转移就业扶持、对2300户实施金融扶持。该县扶贫涉及农林牧渔人社等多个部门,以村屯为区域,以贫困户为单位,由点到面,从局部到整体实现了无缝式精准扶贫(见表4-11)。特别值得 提的是,银行发放贷款为龙胜旅游资源的开发及基础设施的建设提供了资金上的便利。2015年年底,龙胜被定为国家级休闲农业与乡村旅游示范县。此后,龙胜紧抓旅游业,并积极拓展其他产业,结合生态环境保护,高效利用乡村旅游发展专项资金,打造龙胜旅游强县。对于实现自主和自助脱贫、工作突出的个人或单位,积极鼓励奖励,由此形成示范作用。如今,龙胜旅游扶贫事业得到了全民支持。

表4-11 龙胜各族自治县旅游扶贫内容概要

年份	扶贫手段	扶贫内容
2008	中国农业银行龙胜县支行发放贷款250万元	帮助50户瑶家开办农家乐、种植观赏作物、购置文化用品等,还配合政府完成了村寨房屋立面改造,以及游客中心、红瑶博物馆、购物长廊、休息长廊、观景亭、寨门、停车场、旅游步行道等20多个建设项目
2015	农行龙胜支行在全县设有惠农通服务点148个,其中梯田景区惠农通服务点26个	最大限度地扩大了金融服务的覆盖面
2016	龙胜围绕脱贫攻坚目标任务制定了21个扶贫配套文件,召开脱贫攻坚精准帮扶工作部署会议,明确该县整体脱贫时间为2018年	有效整合了各部门的扶贫政策,涉及交通、危房改造、产业扶贫、小额信贷、移民搬迁等
2016	拟订具体脱贫计划	2016年脱贫15个村,脱贫8000人;2017年、2018年每年脱贫22个村,脱贫1.1万人

2.广西壮族自治区三江侗族自治县

1)旅游开发现状

①案例地概况

三江侗族自治县隶属于广西壮族自治区北部的柳州市,湘、桂、黔三省(区)相交于此。东部毗邻融安县、龙胜县,西部连接融水县、贵州省从江县,北部邻近贵州省黎平县、湖南省通道县,总面积2454平方千米。县城古宜镇距离柳州市 203 千米，距桂林市 167 千米。在经济上，2013 年三江侗族自治县 GDP 达 37.26 亿元，较 2012 年增长 8.1%。在人口上，2010 年三江侗族自治县调查统计人口达 36.7707 万人，其中包含了侗、汉、壮、苗、瑶等民族。在交通上，依靠独特的地理优势，2014 年建成的贵广高铁经过三江，从三江到贵阳用时 1.5 小时，到广州南用时 3.5 小时。

②案例地旅游资源概述

a.**自然旅游资源**。三江侗族自治县地处亚热带湿润气候区和山地谷地气候区，拥有丰富多样的自然旅游资源，不同的海拔生长着不同的植被，具体见表 4-12。此外，还种植有人工植被，主要是可带来经济效益的油茶林和具有使用价值的杉树林、竹林等。荒山也长有许多植被，如纤毛鸭咀草、野古草等禾草群丛，还有胡枝子和继木灌丛。

表 4-12 三江侗族自治县植被海拔分布情况

海拔	森林类型	物种
500米以下	常绿阔叶林	经济林、油茶林为主
500~800米	针叶阔叶林	栲类、栎类、酸枣、拟赤扬、楠木、枫香、光皮桦等
800米以上	水源林和灌木丛为主	原生植被为阔叶林，主要树种有山毛榉、青岗栎、麻栎、荷木、枫木、山槐等，山顶为苔藓短曲林带
800~1000米	阔叶林	阔叶林遭受破坏后，生长着马尾松、盐肤木、野漆、杜鹃、白栗、毛茅等，林下植物以蕨类的黑白科为主，间有小竹类分布

三江侗族自治县的名称来源于县内的三条江流，它们分别是榕江、浔江和苗江，具体见表 4-13。此外，县内还有七十一条纵横交错的大小河流，与三条主要江流一样都属于珠江上游西江水系。三江侗族自治县的自然旅游资源还有三江鼓楼、马胖景区、良口景区、独峒大塘坳区、孟寨景区、岜团桥等。

表 4-13 三江侗族自治县主要江流概况

江流名称	县内长（千米）	年径流量（亿立方米）	支流名称
榕江	91	102.5	苗江、大地河、晒江河、小宾河、高露河、大年河、八洛江、西江河
浔江	6	5.8	斗江、林溪河、漾口河、八江河、洒里河、燕茶河
苗江	91	102.5	西坡河、板江、田寨河

b.**民族文化**。三江侗族自治县的社会旅游资源非常丰富,是当地劳动人民智慧的结晶。其中,最著名的是多耶文化和萨文化,体现了对民族团结、国泰民安的祝福,以及对和平、平等、自由、大同生活的向往。三江侗族自治县号称"百节之乡",开展的各种活动主要围绕民族性,将当地文化、特色与精神有机地融入其中(见表4-14)。此外,当地的民族服装色彩斑斓,全县共有十三个乡镇和三条主要河流,游客可以在这里充分领略到风格不同的侗族服饰文化。

表4-14 三江侗族自治县民族文化概况

民族文化	细分类别	时间	特点
节庆	婚礼	春节期间	程阳旅游景区的八个寨子都是在正月初二举行婚宴,正月初三送新娘回门
	百家宴	年初到年尾	全村各户自备拿手酒菜饭,一起到鼓楼坪摆开长桌,吃百家"转转"菜、喝百家"转转"酒、享百家福气
	斗牛节	正月十五	斗牛、放炮、歌舞表演
	花炮节	三月初三	抢花炮、对歌、斗鸡、侗戏、舞狮
	乌饭节	四月初八	同乐乡吃黑饭、斗牛、斗鸟、对歌、侗戏
	龙舟节	五月初五	赛龙船、斗鸟
	赶坡会	八月十五	赛芦笙、对歌、桂戏、侗戏
	新禾节	九月初九	着节日盛装,跳芦笙舞、唱歌、斗牛等
	冬节	十一月二十二	祭拜祖先,吃汤圆、糍粑
饮食	酸鱼、鸭、猪肉、蔬菜	全年	久负盛名,具有酸辣甜的特点,肉鲜味美,十分开胃
	油茶	全年	咸香可口,味道鲜美,营养丰富
歌舞	侗族大歌	全年	多声部、无指挥、无伴奏
	侗琵琶	全年	主要用于侗族小歌的伴奏,表演时常与牛腿琴(侗族民间的弓弦乐器)协同伴奏
	芦笙舞	三月初三	形式可分为笙伴舞、笙领舞与笙自舞等
文化	多耶文化	全年	村寨之间集体走访中的集体歌舞活动,男女分队,围成圆圈,载歌载舞
	萨文化	全年	全寨男女身穿盛装,在萨坛前踩歌堂,吟唱《萨之歌》,歌颂萨的功德,冀求萨的保佑

c.**民族建筑景观**。三江侗族自治县作为广西唯一的侗族县,民族风情浓郁,历史文化底蕴深厚,人文景观独特。因地势、气候原因,当地多木制吊脚楼、风雨桥、鼓楼等建筑。精湛的手艺实现了非凡的成就,三江侗族自治县的特色建筑

吸引了无数中外游客慕名而来。目前，县内共有108座风雨桥、159座鼓楼，吊脚楼更是当地居民日常生活的地方，这些共同构成侗族特色民居建筑群落。

③案例地旅游开发情况

程阳八寨是三江侗族自治县最著名的景点，对它的旅游开发始于1987年，由三江旅游开发总公司和柳州某房地产公司投资，目前由程阳桥旅游开发有限责任公司管理。三江侗族自治县的旅游开发状况见表4-15。通过开发旅游，可以带动当地经济发展，增加社会就业，传承民族文化精神，促进当地旅游产品更新及文化产业发展，打造三江旅游特色名县。

表4-15 三江侗族自治县旅游开发状况

地点	年份	主要事件	特点
程阳八寨	1987	旅游开发	旅游发展缓慢
	1998	旅游接待人数为0.6万人次，收入90万元	旅游发展缓慢
	2000	三江侗族自治县政府委托广西壮族自治区旅游事业局与海口市城市设计有限公司编制旅游规划	对该村的旅游发展起到了良好的促进作用
	2003	旅游规划顺利实施	旅游发展迅速
	2003	景区成立了程阳桥景区管理处	专门从事景区旅游资源的规划、开发和保护工作
	2007	旅游接待人次达到了16万	旅游发展势头良好，主要旅游产品有村落观光、侗族歌舞表演等
	2014	三江侗族自治县与广西旅游发展集团有限公司就旅游景区景点投资签署战略合作协议，意向投资10亿元	实现广西旅发集团资本、人力、管理资源与三江旅游优势资源的有机整合
	2015	三江侗族自治县共接待游客309.6万人次，旅游总收入19.6亿元，同比分别增长91.3%和86.5%	旅游进入快速发展期

2）扶贫开发现状

三江县的贫困村主要集中在溶江片区及西北部片区。2010年，农民人均纯收入3552元，相当于全区平均水平的78.18%。按照2300元的国家贫困线划分标准，全县贫困人口达173782人。其中，1274元以下的深度贫困人口60824人，占贫困人口总数的35%；1274~2000元的中度贫困人口达83415人，占48%；2000~2300元的轻度贫困人口达29543人，占17%。贫困发生率46.3%，高于全区22.7个百分点。目前，全县共有43个贫困村，占行政村总数的26%。由于地处大石山区、边境地区等自然条件恶劣的地区，这些贫困村基础建设不足、交通不发达、文化教育落后、信息流通性差，贫困情况严重。2013年，三江县政府出台了相应的扶贫政策并成立专项基金用于旅游发展，鼓励村民建设旅馆、参与景区开发。这些举措为三江县旅游业的发展打下了坚实的基础。通过实地考察和现场访问，该景区当地居民从事旅游业的占比高达95%以上，居民参与度较高，该地的农家旅店、酒店设施比较齐全，旅游接待容纳能力已经较强，但是在服务方面要有所加强。2013年7月，三江侗族自治县被确定为全区重点扶持的首批广西特色旅游名县，并提出"千年侗寨·梦萦三江"是三江县今后旅游发展的方向。

3. 广西壮族自治区巴马瑶族自治县

1）旅游开发现状

①案例地概况

巴马瑶族自治县位于广西西北部的河池市，与百色、田阳、田东、平果、大化、东兰、凤山、凌云等市县毗邻，总面积为1971平方千米，县城面积为8平方千米。巴马境内山多地少，地势西高东低，土地尤其是耕地显得特别珍贵，因此有"八山一水一分田"的说法。2018年末，巴马县户籍总人口29.71万人，常住人口23.64万人，其中城镇人口6.83万人，有着瑶、壮、汉等12个民族，形成了异彩纷呈的多民族文化。当地空气中高含量的负氧离子及富含矿物质的山泉水，孕育出了长寿的巴马人民。连续四次的全国人口普查发现，巴马百岁以上人口数量居世界五个长寿区之首。巴马还盛产香猪，有"中国香猪之乡"的美称，2005年香猪成为国家地理标志保护产品。

②案例地旅游资源概述

a. **长寿之乡旅游资源**。巴马瑶族自治县的一个小村子——巴盘屯，人口515人，过百岁的老人有7人，远超联合国评定长寿之乡标准，被称为"长寿圣殿"。相比于世界其他四大长寿之乡，巴马是百岁人口数量占比最多的地区，因而又被称为世界长寿之乡、中国的人瑞圣地。坡月、甲篆等地与巴盘气候相近，是休闲、养生的宝地。近年来，随着巴马长寿旅游的发展，这些地方也吸引了不少中外游客慕名而来，他们像候鸟一样，每年都会在特定的时间来此居住。

b. **红色旅游景观**。巴马作为革命老区，红色旅游资源非常丰富。巴马孕育出了不畏牺牲、勇于奉献、勤劳智慧的巴马人民，西山曾是20世纪20～30年代右江革命指挥中心，有"广西井冈山"之称。目前，巴马已被列入国家规划的"百色风雷，两江红旗"的红色旅游线路中。

c. **地质旅游景观**。大自然的鬼斧神工赋予了巴马独特的地形地貌。巴马最经典的探秘游名列广西精品旅游产品前十位。陶渊明笔下的"桃花源"在巴马的盘阳河也可以见到，那里风光旖旎，让人流连忘返。堪称天下第一洞的百魔洞，集天下石灰岩洞之美于一身，早在1987年就让英国皇家探险队叹为观止。巴马岩洞资源丰富，有"祈寿宫""水晶宫"等如梦如幻般的艺术宫殿。巴马弄友村的原始森林、天然八卦让人震撼，种类繁多的树木、饱经岁月洗礼的古树都在诉说着发生在这里的故事。此外，巴马还有媲美西湖风光的赐福湖，以及地下长廊、天坑等自然资源景观。

d. **民族文化**。巴马境内居住着瑶、壮、仫佬、毛南等12个民族的人民，民风淳朴，艺术文化内容丰富多彩，素有"有瑶无处不有鼓，有鼓无处不有舞"的说法。不同支系的瑶族，其民族文化活动各不相同，具体见表4-16。

表4-16 巴马瑶族自治县民族文化概况

民族	细分民族	民族节日	时间	活动
瑶族	番瑶	祝著节	农历五月二十九	家家户户杀猪宰羊，宴请宾客，同时还举行铜鼓舞、斗画眉、赛弓箭、赛马等文娱活动
		歌节	农历三月初三	青年男女带五色饭和红绿鸡蛋，成群结队赶歌圩
	蓝靛瑶	盘王节	农历十月十六	祭祀祖先盘古、盘庚、盘瓠
		祝著节	农历五月二十九	家家户户杀猪宰羊，宴请宾客，同时还举行铜鼓舞、斗画眉、赛弓箭、赛马等文娱活动
	土瑶	祝著节	农历五月二十九	家家户户杀猪宰羊，宴请宾客，同时还举行铜鼓舞、斗画眉、赛弓箭、赛马、打陀螺等文娱活动

③案例地旅游开发情况

广西壮族自治区依托得天独厚的资源优势,打造专属旅游品牌,大力开发长寿养生产业,引导群众脱贫致富。巴马县的旅游开发情况见表4-17。

表4-17 巴马瑶族自治县旅游开发情况

年份	主要事件	特点
1987	中国和英国的喀斯特地质专家联合考察百魔洞	百魔洞集天下岩洞之美于一身,号称"天下第一洞"
1991	中国台湾团首次来巴马访问	前来旅游的人数逐年增加,主要是中国台湾团和国外团
2006	旅游接待12万人次	巴马旅游开始兴盛
2008	旅游人数急速上升,"候鸟人"达8万人次	巴马旅游火热进行,80%的"候鸟人"逗留时间在1～3个月
2010	仅1～5月,巴马县共接待国内外游客31.76万人次,实现旅游收入1.83亿元,同比分别增长49%、42%	"候鸟人"现象逐渐出现,休闲养生旅游已成为群众脱贫致富的主导产业
2012	创建全国旅游标准化省级示范县、全国休闲农业与乡村旅游示范县	旅游业发展过快,弊端日益凸显
2014	旅游接待319万人次	创造了广西旅游发展史上的"巴马现象"

巴马旅游业的急速发展,使很多弊端瞬间涌现。例如,首先是交通设施严重落后,满足不了游客出行的需求;其次是旅游商品开发种类少、层次不高,旅游商品加工业欠缺;再次是景区基础服务设施不足,景区从业人员素质不高,旅游整体服务落后;最后是旅游开发扶贫任务艰巨复杂。截至2014年,巴马县仍有7万多贫困人口,社会保障、教育、交通、卫生等基础设施得不到保障,扶持资金短缺,这些问题都严重制约了巴马旅游资源的开发。

2)扶贫开发现状

巴马依托丰富的长寿资源,紧紧围绕65个贫困及"老、少、边、山、库"乡村,立足县情,结合当地具体情况,完善贫困地区的电、水、路、网等基础设施建设,加快推进教育、文化、卫生、医疗、科技等社会事业的进步,改善贫困地区恶劣的自然环境，带动滞后的社会事业，加强薄弱的基础设施建设。通过实施科技创新带动产业扶贫、改造贫困地茅草房及危房、重建革命老区、综合治理 25 个大石山区、实施信贷扶贫等项目措施，贫困地区的经济状况有了较大的改观，贫困人口的生产生活条件也有了明显的改善。巴马经过努力，取得了举世瞩目的成就，在文体方面，被誉为"中国书法之乡"；在旅游休憩方面，被誉为"中国王牌"旅游目的地和旅游景区；在旅居适应性方面，被誉为中国最美和最适宜居住的小城。在巴马政府的带领下，以及巴马各族人民的共同努力下，巴马获得了优秀、平安、文化、先进、科学、进步、经济的自治区级荣誉称号。

巴马结合扶贫开发工作，努力建设世界级的长寿养生度假疗养中心，打造全国优秀城市旅游目的地，建设全国生态文明示范区，生产推广巴马天然的矿泉水、绿色长寿的食品。同时，政府转变工作作风，严格审批各种发展项目，最终撤销不合格项目，并开展"一站式"审批服务，有效地简化了项目审核流程，很大程度上缩短了项目的实施操作时间，高效地促进了当地旅游业的发展。政府进行了专项拨款，加上招商引资，为完善巴马长寿食品生产工业园区基础设施及促进新产品研发。巴马的绿色长寿品牌是其发展旅游业的核心竞争力，民营企业可以依靠该力量大力发展食品加工业，努力把家乡打造成为全国长寿养生度假疗养中心、长寿食品产地、国家地理标志产品产地。

4. 贵州省黎平县

1）旅游开发现状

①案例地概况

黎平县地跨东经 108°37′～109°31′，北纬 25°44′～26°31′，位于贵州省黔东南苗族侗族自治州南部，地处滇、桂、黔三省（区）交界及云贵高原向江南丘陵过渡地区，属中亚热带季风湿润气候。东部与湖南省靖州苗族侗族自治县、通道侗族自治县相邻，南部与广西壮族自治区三江侗族自治县、融安县接壤，西连榕江县、从江县，北部与锦屏县、剑河县相邻。全县面积为 4441 平方千米，是黔东南苗族侗族自治州人口最多、面积最大的县。黎平县是一个以侗族人口为主（侗族约占全县总人口71%），侗、汉、苗、瑶、水等多民族杂居的县份。该县是我国侗族人数最多的地方，也是我国侗族文化的主要发祥地，因而有"侗乡之都"的美称。该县是省级历史文化名城，有中国名茶之乡、侗族大歌之乡、鼓楼之乡、杉海粮仓油壶等称号。"黎平山珍，芳名千里"是古代文人对黎平古邑的赞美（见图4-2）。

图4-2 黎平风光

②案例地旅游资源概述

黎平县全年四季分明，冬无严寒，夏无酷暑，年平均气温15～25℃，雨量充足，山清水秀，拥有丰富的旅游资源。黎平县现有2个特级旅游景点，25个一级景点、37个二级景点、9个三级景点，共计73个旅游景点。黎平县是侗族人口第一大县、侗族区域中心、侗族文化主要发祥地和保留地，有世界非物质文化遗产1项，国家级非物质文化遗产8项，省级非物质文化遗产21项，中国历史文化名村2个，中国少数民族特色村寨3个，中国传统村落90个，而且还有有着600余年历史的古城翘街和以黎平会议会址为代表的诸多革命遗址。黎平县森林覆盖率达74.6%，是国家湿地公园、国家森林公园，有着南方植物良种基因库的称号。该县民族特色旅游资源、历史文化旅游资源、红色旅游资源、自然旅游资源等旅游资源十分丰富，归纳如表4-18所示。

表 4-18 黎平县主要旅游资源

类别	主要旅游吸引物
民族特色旅游资源	①黎平县侗族文化底蕴深厚，民俗民风古朴浓郁，是中国侗族文化的中心，有着"侗都黎平"之美誉 ②黎平县是侗族女神"萨"的诞生和取义成仁之地，是侗族大歌的主要发祥地 ③服饰文化：侗族服饰多以紫色为底，无论男女，服装都极有特色，多彩多姿，花团锦簇，有高贵华丽的盛装，也有风姿绰约的简装；侗族服饰都是由经年累月描绘制作的图案、绣片、银饰组成，令人赞不绝口、爱不释手 ④少数民族节日：侗年、花炮节、赶歌会、斗牛节、玩山节、芦笙会、粽粑节、茶歌节等 ⑤文学艺术：侗族文学有自己独特的表现形式，这在侗族的民间文学上表现得尤为突出，如歌、款词、白话、侗戏等。歌是侗族人民生活中不可缺少的部分，侗族人认为"饭养身、歌养心"，在生活中许多场合都唱歌，从而形成了多种形式的歌，如大歌、情歌、酒歌、山歌、伴嫁歌、拦路歌、踩堂歌等 ⑥少数民族建筑景观：侗族建筑多以青色为基本色，以石头、木材为主要材料，屋顶多覆盖青瓦或涂青色。每个村寨都有风雨桥、鼓楼、戏台等公共建筑，它们是侗族人民千百年来的智慧结晶，堪称"中国建筑艺术的瑰宝"。肇兴侗寨被称为"侗乡第一寨"，距今已有800多年历史，寨中传统村落布局保存完整，河两岸的干栏式吊脚楼错落有致
历史文化旅游资源	①黎平县是一座历史文化名城，明朝始建府制，东门翘街明清古建筑群至今保存完整 ②有省文物保护单位——两湖会馆 ③众多的文物古迹：东城门洞和南城门洞等古城墙、何公祠、十万坪古战场等
红色旅游资源	①革命老区，红军长征三过黎平，还在此召开著名的黎平会议，因此拥有被列为全国红色旅游经典景区的黎平会议会址 ②著名的红色历史遗迹——红军桥 ③长征历史文化街区——红色翘街 ④因遗留有丰富的长征文化资源而被列入全国红色旅游精品线路名录
自然旅游资源	①黎平自然风光秀丽，有南泉山、五龙山、弄相山、老山界等，山峰奇秀，寺庙巍峨，景中有景，原始森林遮天蔽日 ②八舟河景区自然风光旖旎，喀斯特地貌奇特，仙人岩、桂花台、鸬鹚架等地风景宜人 ③飞龙洞、烟霞洞、仙人洞、十二湾、地扪洞等地底溶洞巧夺天工 ④高屯天生桥，桥宽130米，拱高30余米，巨岩飞跨120余米，连接两岸峭壁，已被列入吉尼斯世界纪录

③案例地旅游开发情况

分析黎平县概况和旅游资源，可知当地拥有发展旅游业的优势，但是受区位条件和交通条件的制约，黎平旅游业发展起步晚。近些年来，该地旅游资源的开发与利用受到当地政府的高度重视。该县大力提倡"旅游兴县"，确立了以旅游产业为主导、以侗族文化为龙头、以专业化的国际旅游城市为平台，打造侗乡之都的发展战略，并推行相应的政策措施，大力发展旅游业。该县旅游开发情况如下。第一，旅游客源市场不断扩展，前来黎平旅游的有国际旅游者、国内短途旅游者、国内长途旅游者，他们以观赏自然风光和休闲娱乐为主。2015年黎平接待旅游者共263万人次，与2011年的128.39万人次相比，增幅明显。第二，旅游业经济效益逐渐增大。该县以丰富的旅游资源为依托，大力发展旅游业，与过去的贫困状况相比，人民的生活水平得到明显改善，年度旅游总收入由2011年的7.33亿元增长到2015年的16.7亿元，五年内增长了1倍多，旅游带来的经济效应显著。第三，政府大力支持，从业人员增加，旅游企业等组织机构蓬勃发展。政府大力投资基础设施建设，颁布相应的政策法规，为旅游资源的开发创造了基本的硬件条件，奠定了政策法律基础；当地的居民也积极地参与到旅游活动中来，如开办旅馆、民宿、餐馆等，旅游企业与政府合作，共同致力于打造黎平旅游发展名片。总之，黎平人共同致力于办好传统节日、推出精品路线、打造旅游目的地，大力发展国际、国内旅游，把黎平侗乡建设成为"侗族文化与生态旅游中心"，建设成为国际旅游精品区和旅游目的地。"青山绿水，田园人家，胜景天成，原始古朴，侗族人歌、鼓楼、花桥更是让人叹为观止！"这是中外游客对黎平旅游资源开发利用现状的描述。

2）扶贫开发现状

1992年，黎平县被列为省级贫困县，在《国家八七扶贫攻坚计划（1994—2000年）》中，黎平县被列入扶贫攻坚县，后来该县又被列入国家级贫困县。全县共有25个乡镇，截至2015年，该县扶贫开发重点乡镇仍有17个（一类1个，二类12个，三类4个），占全县乡镇总数的68%，仍有扶贫开发重点村249个，该县的扶贫攻坚工作任重而道远。通过查阅相关资料、问卷调查、现场实地访谈、座谈讨论等方式，我们对黎平县的扶贫开发现状有了一定了解，主要归纳为如下几点。第一，扶贫开发取得成效。首先就贫困人口来说，截至2015年，该县贫困发生率下降到16.7%，农村居民人均可支配收入达到7246元，比2011年多3397元；其次就基础设施来说，"十二五"期间，该县大力投次建设基础设施，贵广、黎洛、三黎高速公路相继建成通车，交通通达性不断提高，全县实现100%的通电率，网络基本实现村村通，农村人居环境不断优化。第二，扶贫产业稳步推进。近些年，黎平县努力用好民族文化和生态环境两个优势，坚定不移地实施"文化引领"主战略，持续推进"产业突破"发展工程，将旅游产业作为一切工作的重中之重来抓，走出了一条文化引领、社会经济统筹发展的新路，进而充分利用旅游业的发展来达到扶贫的目的。例如，打造以民族工艺品为主的特色旅游产品，赢得了广大旅游者的青睐，为旅游创收增添了一大优势；种植业、油茶业、养殖业等的发展为当地农民增加了创收渠道。第三，随着国家精准扶贫政策的提出，黎平县开始对每个贫困户、每个贫困村建档立卡，建设扶贫信息网络，以实现精准扶贫。另外，农民返贫、扶贫开发缺乏资金、思想观念落后等都是在扶贫过程中必须注意的问题。

5. 贵州省雷山县

1）旅游开发现状

①案例地概况

雷山县位于东经107°55′～108°22′，北纬26°02′～26°34′，处于贵州省黔东南苗族侗族自治州西南部，地势东北高，西南低。东部与台江县、剑河县、榕江县毗邻，西连丹寨县，南邻三都水族自治县，北与凯里市相接。总面积1218.5平方千米，雷山县下辖5个镇、2个乡、1个民族乡。2014年年末，全县总人口154528人，少数民族人口占91.74%，其中，苗族人口占84.2%，故而称作苗族之乡。该县属中亚热带季风湿润气候，年均气温在14～15℃，无霜期240～250天，年均日照1225小时，年均降水量1375毫米。该县有大小溪流216条，年均径流量5.3亿立方米，流域面积1218平方千米，可开发水能资源1.56万千瓦，故而水资源十分丰富。

②案例地旅游资源概述

雷山县生态环境良好，资源丰富，集古朴的民族风情和优美的生态环境于一体，呈"一山（雷公山）两寨（郎德上寨、西江千户苗寨）一线（巴拉河一丝）"的布局。目前，该县森林覆盖率达约70%，空气中负氧离子含量高；拥有生物物种高达2000余种，其中有50余种国家珍稀保护动植物资源；县内有麝羊、黑熊等23种二级保护动物和天麻、杜仲等200多种名贵野生中药材，被称为"天然绿色聚宝盆"。"苗疆圣地，悠然雷山"，雷山县历史悠久，文化灿烂。这里有以苗族为主的民族风情，有气势磅礴、错落有致的吊脚楼群等少数民族建筑景观，有色彩斑斓的民族服饰，有巧夺天工的民族工艺品等，旅游资源十分丰富，被誉为苗族的民族文化中心（见图 4-3）。雷山县主要旅游资源如表 4-19 所示。

图 4-3 雷山县鸟瞰图

表 4-19 雷山县主要旅游资源

类别	主要旅游吸引物
民族风情旅游资源	①苗族文化博大精深，雷山苗族同胞大分散、小集中聚居，生活在大山里的苗族同胞热情、纯朴、勤劳、智慧，"一家客来百家邀，杀鸡捕鱼待来人"的古风犹存 ②苗族三大舞：铜鼓舞、木鼓舞、芦笙舞 ③苗族三大节：爬坡节、吃新节、苗年节（鼓藏节） ④苗族三大歌：飞歌、酒歌、游方歌 ⑤苗族三大赛：斗牛赛、斗鸟赛、斗鸡赛 ⑥特色饮食：以酸为主，酸汤、酸菜、酸辣子、酸番茄等，以酒示敬，以酒传情，不同时间、地点、不同的对象，饮酒的礼俗也有所不同，如拦路酒、进门酒、双杯酒、交杯酒，不一而足
民族建筑类旅游资源	①主要以苗族建筑为主，大部分是穿斗式歇山顶结构的木质吊脚楼。分平地吊脚楼和斜坡吊脚楼两大类，一般为三层的四榀三间或五榀四间结构 ②千户苗寨共居一堂，壮观的是民居建筑与自然生态的和谐统一。民居多采用木楼青瓦盖顶的传统建筑模式，外墙则用本色动植物和几何纹图案包装，形成分布于斜坡之上、田园河谷之间，天下独一无二的青瓦盖顶吊脚木楼庞大建筑群 ③郎德上寨古建筑群系明清（元末创建）苗寨古建筑群，有天然民族民俗博物馆之称
民族工艺旅游资源	①苗族银饰：西江千户苗寨苗族银饰是中国民族文化之一绝。苗家善制银器，能设计制造有极高艺术价值的饰物。苗家女子着装必然佩有银饰——头戴银簪、银梳、三五束银桐花、数朵垫头巾的银花牌、两朵银花鬓夹。此外，还须有银耳坠、银项圈、银手镯、银披肩、银戒指，种种银饰多达六十余种 ②蜡染：苗族的蜡染用途很广，除用于传统式样的上衣、长裙、围裙、背孩子的背带等之外，还广泛用于床单、门帘、包片上。蜡染的图案是苗族历史的述说，记录着苗族的历史、图腾、民俗、故事等，例如，谷粒纹与谷神崇拜有关，鱼骨纹来源于鱼图腾，水波纹与水崇拜有关，螺旋纹与蛇崇拜有关，龙纹来源于龙图腾等，是研究苗族历史不可多得的资料

（续表）

类别	主要旅游吸引物
民族服饰旅游资源	①千户苗寨的苗族服饰是黔东南苗族服饰的典型代表 ②银饰工艺巧夺天工，有银冠、银珈、项圈、披肩、项链、牙签、髻簪、耳环、手镯、戒指等 ③从内容上看，服饰图案大多取材于日常生活中各种活生生的物象，有表意和识别族类、支系及语言的重要作用，这些形象记录被专家学者称为"穿在身上的史诗" ④从造型上看，采用中国传统的线描式或近乎线描式的、以单线为纹样轮廓的造型手法 ⑤从制作技艺上看，采用服饰发展史上的五种型制，即编制型、织制型、缝制型、拼合型和剪裁型 ⑥从用色上看，善于选用多种强烈的对比色彩，努力追求颜色的浓郁和厚重的艳丽感，一般为红、黑、白、黄、蓝五种 ⑦从构图上看，它并不强调突出主题，只注重服装的整体感

③案例地旅游开发情况

雷山县拥有丰富的民族文化旅游资源，有特色的民族村寨建筑群。近几年，雷山县不断加强民族村寨的保护和开发工作，着力打造"苗族文化中心"和"雷公山自然与人文生态旅游区"旅游品牌。自 2003 年开始，该县将旅游业作为重点打造的三大产业之一，并且大力倡导"旅游兴县"战略，旅游业自此快速发展，取得了较大的进步。首先，就该地的旅游人数、旅游收入来说，2015 年旅游收入达到 45.16 亿元，同比增长 24.2%，旅游人数达到 248 万人，这些数据表明该地旅游发展态势总体良好。其次，就旅游服务来说，该县本着让游客满意的原则，加大旅游基础设施建设和旅游市场整治力度；加强旅游服务行业标准化建设；进一步完善旅游"吃、住、行、游、购、娱"六大要素，使其融为一体；利用网络媒体发布旅游信息，这样既方便了旅游者，又为旅游营销提供了便利性。各景点也纷纷推出节庆活动，增加了旅游的内容。再次，"十二五"期间，该县的旅游产业结构实现了优化调整，文化旅游产业快速发展，累计投入 16.4 亿元，实施西江国家 5A 级景区创建、郎德二次开发、雷公山景区景点打造等。最后，该县围绕富、学、乐、美（富在农家增收入、学在农家长本领、美在农家爽精神、乐在农家展新貌）的"四在农家·美丽乡村"和农业园区的建设为抓手，充分利用资源禀赋，大力发展生态旅游和乡村旅游。但是还要注意，雷山县的旅游资源开发也存在一些问题，如旅游从业人员素质整体不高、旅游产品单一、旅游营销与互联网结合明显不足等。

2）扶贫开发现状

雷山县属于滇桂黔石漠化集中连片特困地区，是国家扶贫开发重点县，也是全省首批乡村旅游扶贫重点县和扶贫攻坚示范县。全县8个乡镇中，贫困乡镇就有7个。2015年全县贫困人口减少10236人，贫困发生率下降到26%，扶贫效果明显。雷山县扶贫开发现状如下。第一，雷山县积极发挥政府主导作用，努力整合旅游资源，优化配置旅游要素，奋力开拓旅游市场，多举措推进乡村旅游扶贫开发工作。通过乡村旅游扶贫项目的实施，推动了全县农业产业化发展，促进了就业，增加了农民收入，促进了农民素质的提高和乡风文明的建设，改善了居住环境。第二，雷山县从事银饰、刺绣、芦笙等民族工艺品加工销售的农户逐渐增多，年产值越来越高，农户年均收入可观，旅游已经成为农民收入的主要来源。第三，贵州省《关于大力实施乡村旅游扶贫倍增计划的意见》指出，要加大对民族特色文化村寨的民族文化元素建设的投入。第四，不断完善扶贫建档立卡系统的信息，确保信息的完善和准确；加强扶贫资金的监管，确保资金安全，使其发挥应有的作用；积极推进精准扶贫工作。但是在扶贫开发过程中也存在一定的问题，如破坏当地的生态环境、损害当地的民族文化、民族地区的发展过度商业化等。

6.贵州省荔波县

1）旅游开发现状

①案例地概况

荔波县位于北纬25°7′～25°9′、东经107°37′～108°18′，地处贵州最南端及云贵高原向广西丘陵过渡的地带，也是大西南面向大华南、大岭南的交通咽喉。该县隶属于黔南布依族苗族自治州，北与三都水族自治县交界，西与独山县相连，并且该地为低山、中低山丘陵喀斯特地貌，总面积2431.8平方千米。该县辖5镇2乡（其中1个水族乡、1个瑶族乡）1街道，主要由水族、布依族、汉族、瑶族、苗族等18个民族组成，少数民族人口占92%以上，水族、布依族、瑶族、苗族的民族风情最具特色。荔波县属中亚热带季风湿润气候，气候宜人，夏天不热，冬天不冷，年平均气温在18.3℃左右，年均降雨量约1268.8毫米，无霜期在317天以上。该县还有"地球绿宝石"之称，被称为"地球之花、山水天堂"。就交通而言，该县交通通达性好，荔波机场建在县城东，距县城仅13千米。全县公路通车里程1001千米，麻驾高速公路起于独山县麻尾镇，止于荔波县驾欧乡。该县还有广西金城江至荔波立化镇的专线铁路。目前，该县形成了"陆空互动、内优外快"的立体交通运输体系。

②案例地旅游资源概述

荔波县自然资源丰富，民风古朴，文化底蕴深厚，优美的风景、特色的民族风情、红色革命历史文化完美结合，构成了独特而丰富的旅游资源。该县有77处主要景点，包括35处二级景点、17处一级景点，被誉为"全球最美喀斯特"地区。该县有茂兰国家级自然保护区和樟江国家重点风景名胜区，其中茂兰国家级自然保护区1996年被联合国纳入人与生物圈保护网络。荔波大部分的旅游景区风光秀丽、空气清新、自然景色优美，具有很好的生态价值以及旅游价值。该县的主要旅游资源如表4-20所示。

表4-20 荔波县主要旅游资源

类别	主要旅游吸引物
民族文化旅游资源	①布依族是荔波县的主要民族之一，语言属汉藏语系壮侗语族壮傣语支，文字是以拉丁字母为基础的布依族拼音文字，其民间口头文学内容丰富，分为诗歌、故事、说唱、戏曲四大类，充分展示了本民族的智慧。传统节日有大年、小年、二月二、清明、四月八、端午、六月六、七月半、中秋节、九月重阳等；主要活动有满月酒、祭神扫寨扫家、龙舟赛、斗牛等；舞蹈有刷把舞、龙狮舞、松鹤舞、蚌壳舞等；乐器有皮鼓、唢呐、箫、笛子、二胡、姊妹箫、笔管等；工艺美术有织土花布、织锦、扎染、蜡染、刺绣、竹编等 ②水族是荔波县世居的主要民族之一，语言属汉藏语系壮侗语族侗水语支。民间口头文学分为三类：一是散文形式的传说故事；二是能说能唱的诗歌；三是成语、谚语、格言。民间乐器主要有芦笙、唢呐、大皮鼓等；民间工艺美术有刺绣、挑花、染色、石刻、编织等；传统节日有借卯、借额、借端等。无领长衫、青布长裤、彩色围腰，以及银项圈、银耳环、银头饰等展示了少数民族服饰的内涵，石棺墓、抢亲、神山祭祖等习俗既繁多，又神秘 ③苗族主要居住在月亮山脚下，民风淳朴、民情浓厚。民族工艺主要有刺绣、蜡染、织锦、银饰等；民间文学有丰富的文化基础，有完整的古歌传说体系；舞蹈主要有芦笙舞、板凳舞等 ④瑶族是最早开拓荔波县的民族之一，分为白裤瑶、长衫瑶、青裤瑶三支。瑶族语言属汉藏语系苗瑶语族苗语支荔波方言组。民间故事相当丰富，有神话故事、斗争传说、人物传说、动植物故事等；诗歌有历史传说歌、酒歌、情歌等；谚语精炼形象，寓意深刻；乐器有铜鼓、皮鼓、独弦胡、飘里列等；舞蹈以打猎舞、铜鼓舞、猴鼓舞最为原始、粗犷、豪迈，别具民族风格。瑶族绚丽多彩的服饰和独具特色的生活习惯反映了瑶族与众不同的精神面貌和传统习俗，其悬棺洞葬、凿壁谈婚、图腾柱等给考古学家和各地游客带来了无穷的遐想

（续表）

类别	主要旅游吸引物
红色旅游资源	①荔波县是中共一大代表邓恩铭的故乡，也是革命老区，曾养育出蒙九龄、杨家骝、全正熹等一大批爱国英雄人物 ②现有邓恩铭故居及其祖居老宅、板寨红七军会师旧址、黎明关遗址等全国革命遗址12个，还有永康穿洞抗日遗址、洞塘蒙家坳抗日遗址及其他遗址4个 ③革命先烈邓恩铭故居现已被列入省级文物保护单位和省级爱国主义教育基地
自然旅游资源	①自然植被景观：最具代表性的是佳荣镇沙罗林、黎明关水族乡梅园 ②水域风光：全县较大的河流水系有打狗河水系（包括樟江干流和方村支流）、三岔河水系和甲料河水系。东北面的坤地峡谷，南面的捞村河景区，西北面的黄江景区和方村河景区，以及水春和景区、漳江景观带、大小七孔景区构成了东北—西南走向的旅游景观带 ③地质景观：荔波县地质结构特殊，形成了特色的喀斯特地质景观。西北的观景峰，东北的月亮山，东南的茂兰喀斯特景区，构成了荔波县的地质景观"铁三角"

③案例地旅游开发情况

荔波县借助"山清水秀生态美"的优势，充分利用世界自然遗产，大力发展旅游业，使旅游业成为荔波县经济发展和生态文明建设的生力军。2016年，荔波县接待游客1108万人次，旅游总收入110.96亿元，旅游增加值占GDP的比重达42%，旅游业由观光旅游向休闲、度假、旅居、体验等复合型旅游转变。第一，景区发展不断优化升级，主要目标景区有大小七孔景区、邓恩铭故居、野猪林、龟背山、天钟洞、联山湾等；第二，紧跟"互联网+"的发展趋势，大力发展智慧旅游，抓住大数据战略的机遇；第三，樟江景区顺利完成了创建国家级4A景区的目标，启动了茂兰保护区旅游线的建设，荔波县旅游的知名度和品牌影响力不断增强。然而，在旅游开发过程中也出现了不少问题，如缺乏整体规划、管理人才不足、产品单一没有特色等。

2）扶贫开发现状

荔波县属于国家扶贫开发工作重点贫困县、石漠化片区县、10个取消GDP考核县，贫困程度深、扶贫任务重，而到目前，不可否认的是该县的旅游扶贫取得了一定的成效。2018年，实现减贫99户309人，贫困发生率下降至4.7%，全面小康实现程度达93.8%。第一，2015年，该县积极采用扶贫开发与农业产业、素质提升、生态移民、电子商务相结合的方式，加快"减贫摘帽"步伐。第二，2016年以来，政府共投入3.08亿元实施1375户5140人的易地扶贫搬迁工程，建成佳荣、捞村等7个安置点。第三，近年来，荔波县采取公司带协会、合作社带村组、大户带农户、农户自动跟进的"三带一跟进"模式，引进龙头企业发展特色农业、观光果园等。通过将乡村旅游融入扶贫攻坚战略，已成功开发了15个乡村旅游景点，发展了239家"农家乐"等，直接和间接带动2.3万人脱贫。

第四，在扶贫开发过程中存在人口素质不高、自我发展能力不足、返贫、扶贫项目与贫困人口脱节等问题。

7. 贵州省镇远县

1）旅游开发现状

①案例地概况

镇远县隶属于黔东南苗族侗族自治州，坐落在群山环绕的贵州省东部一带。镇远县是少数民族较多的地区，苗族、侗族、土家族等少数民族在这里聚居。根据统计局的相关资料，镇远县总人口有15.9万人之多，其中，少数民族人口所占比例为38.22%。镇远县的东面与美丽的新晃侗族自治县相接，西面与物产丰富的施秉县相连，南面与具有古老文化的剑河县相邻，北面与四季如画的石阡县接壤。镇远县属于亚热带湿润气候，气候宜人，特别适合旅游和人类长期居住。

②案例地旅游资源概述

镇远县有着悠久的历史，集自然资源与传统文化于一身。该县自然景色迷人，群山环水，水中映月；文化底蕴深厚，有许许多多的人文遗迹和独具特色的民族风情。当地居民的民族舞与当地的人文气息相得益彰。

a. **自然景观**。镇远县山清水秀，风景宜人，是著名的山水城，其中，舞阳河三峡景区的山水风景可与桂林山水相媲美。舞阳河风景区包括一系列旅游景点，如驰名中外的历史文化名城镇远、美丽富饶的旧州古镇，以及雄伟壮丽的云台山等。舞阳河在县城内，河流贯穿整个镇远县城，由西向东缓缓流动，镇远县城内的山将水的流向变得弯弯曲曲的，形成一个"S"形走向，山伴着水，水倒映着山，山山水水构成一幅独特的太极阴阳图，是中国东方文明的象征。这里的铁溪风景区特别美，媲美人间仙境九寨沟，令人流连忘返。镇远的二十奇景也非常出名，奇景之所以奇，与当地众多的怪石密不可分。

b. **历史文化景观**。镇远县的历史文化资源丰富。2000多年以前，这里就有人类生活的足迹，可见其文化底蕴非同一般。古城内名胜古迹达到200多处，包括赫赫有名的八大会馆，使人心旷神怡的四洞、九庙、古时遗留下来的古全井和古戏楼等，以及160余处保持明清风貌的古民居、古巷道、古码头等省、县级文物古迹。

c. **特色建筑景观**。镇远县的建筑景观有其独有的特征。镇远县的建筑原型来源于传统的大中原的四合院，后来被当地人根据本地独有的地势、地貌，设计改造成山屋、吊脚楼、回廊等多种形式的山庄式院落。建筑多为木石结构，建筑风格为青砖黛瓦、高封火墙、飞檐翘角、雕梁画栋。民居建筑中最绝的就是"歪门邪道"——庭院大门绝不与小巷平行或垂直，小巷与大厅不正对，而是稍稍地将门偏移一点，这也是镇远的一大奇观。

d. **民俗文化**。民俗文化主要体现在民族服饰、特色文化、传统工艺、民族节日、民俗歌舞表演等方面，主要特征见表4-21。

表4-21 镇远县民俗文化景观主要特征

民俗文化	主要代表	主要特征
民族服饰	报京村的特色服饰	在民族服饰中值得一提的是镇远县报京的特色服饰，与其他任何地方的侗族都不同，报京村的服饰主要以黑色、青色和蓝色为基础，分便装和盛装两种，便装用于日常生活，盛装则穿金戴银，佩有侗家姑娘们精心刺绣的、有花鸟虫鱼精美图案的腰带、花鞋、绣花围腰，用于重大节日与走亲戚。男装相对要短些，而且工艺相对粗糙和朴素，女装却精致得多
特色文化	中原文化、荆楚文化、巴蜀文化、吴越文化、闽粤文化、土著文化与城外文化	镇远是一个多元文化融合的古城，汉民族与侗族等20多个少数民族和睦相处，中原文化、荆楚文化、巴蜀文化、吴越文化、闽粤文化、土著文化与城外文化的融会，使镇远成为多民族、多宗教、多社会的博物馆，专家称其为"世界文化保护圈"
传统工艺	刺绣	刺绣是镇远县最为出色的传统工艺，其特色绣品主要有围腰、绣花鞋、头巾、化边、枕巾等，所绣的图案有民间故事传说，如梁山伯与祝英台，有象征富贵吉祥的牡丹花、龙凤，有孔雀、鸳鸯，有十二生肖等。刺绣手法有平绣和挑纱绣两种，绣品手工细腻，惟妙惟肖，活灵活现，色彩斑斓。侗族绣品由于图案优美，质地精良，早在清朝乾隆年间就是进贡皇室的珍品。近年来，报京乡党委、政府积极帮助侗民发展民族刺绣业，刺绣产品远销国内外
民族节日	"三月三"、吃新节、吃公酒、牯藏节、十月婚庆月、十一月过苗年	当地节日众多，除了和本地汉族、苗族群众一样过大年、元宵节、二月二、端午节、四月八、六月六、七月半、中秋节、九月重阳等节日外，还有很多带有明显报京烙印的诸如"三月三"、吃新节、吃公酒、牯藏节、十月婚庆月、十一月过苗年等节日，其中最为隆重的要数"三月三"，又称为报京情人节。另外，这些节日背后还隐藏着许多动人的故事

（续表）

民俗文化	主要代表	主要特征
民俗歌舞表演	芦笙舞、鼓舞、山歌、酒歌、伴嫁歌	芦笙舞和鼓舞在表演时可以单独表演，也可以两种结合在一起表演，侗族大歌有山歌、酒歌、伴嫁歌等，山歌唱出了当地人的喜悦之情，融入了当地人的纯真

③案例地旅游开发情况

镇远县自然景观优美，历史文化悠久灿烂，名胜古迹众多，素有"滇楚锁钥、黔东门户"之称，现已形成国家级旅游品牌。镇远交通便利，区位优越，有高速公路、铁路穿境而过。国家和政府出台了一系列政策以加快镇远县旅游产业发展，促进当地经济繁荣。迄今为止，镇远县拥有7个国家级旅游景点。改革开放以来镇远县旅游开发情况见表4-22。

表4-22 镇远县旅游开发情况

时间	旅游开发情况
1986年	国务院批准镇远县为中国历史文化名城
1988年8月	舞阳河风景区列为国家级风景名胜区
2006年	镇远县大力实施"文化旅游兴县"战略，坚持"政府主导、市场运作、企业跟进、群众参与"的原则，把旅游业作为全县经济发展的主导产业进行培育，突出文化，注重特色，按照优秀旅游城市标准，打造休闲度假旅游目的地
2009年3月6日	镇远县荣获"中国最美的十大古城"称号，位居第五
2012年12月	贵州旅游资源开发有限责任公司通过引进大型央企及境外资本，斥资30亿元保护性开发镇远古城等6大旅游项目
2014年	在镇远县舞阳镇和涌溪乡境内的舞阳河沿岸开发镇远小火车旅游综合项目，总投资约5亿元
2015年	镇远县接待游客580万人次，实现旅游综合收入41.08亿元，同比分别增长20.8%和24.9%，分别是2010年的4.3倍和12.4倍
2016年	上半年镇远县接待游客达330万人次，实现旅游综合收入30.25亿元，同比分别增长43.34%和53.94%。镇远县各类旅游服务企业达1100多家，旅游直接和间接从业人员达2.5万人。登记注册旅游餐饮店524家，宾馆、旅社、民居客栈432家

2）扶贫开发现状

镇远县政府为了积极响应党中央的扶贫政策，出台了一系列扶贫措施，取得了显著的效果。在整个"十二五"规划期间，镇远县的贫困人口逐渐下降，从2010年的72222人下降到2015年的32700人，贫困乡镇下降到2个，贫困发生率也由31.39%降至12.39%，可见，镇远县扶贫政策落实比较到位，老百姓也真正从中获得了财富。2016年，镇远县出台一系列政策，实现了乡村旅游与扶贫政策的结合，如将农村的一些房屋建筑改建成农家乐。2016年，政府总投入8000多万元，用于建设四里桥到黄桑天的基础旅游公路、农村的一些旅游公共厕所，以及对旅游从业者进行一些基础的民族特色舞蹈培训等。2016年3月，黔东南州政府及镇远县政府与中铁集团、中金集团合作，共同开发当地旅游资源，获得旅游文化项目投资金额100亿元；舞阳河十八湾项目开发获得50亿元的投资，舞阳河十八湾是镇远县旅游度假景区之一，集旅游、休闲、娱乐于一体；为了在青溪打造著名的温泉小镇，总投资约8亿元。到2016年7月底，政府建设农家乐共投资70万元左右，农家乐也在短时间内有了很大的发展。至2016年8月，全县的农家乐共发展了114户，农村就业人员增加了1200人左右，增加了2亿多元的旅游收入，给乡村人民提供了许多的就业机会和致富之道。2017年，镇远县9个贫困乡镇全面脱贫，农村人均可支配收入再上新高，增加到8000元以上。2018年，镇远县的扶贫工作是重点，要实现2020年全面脱贫，需要国家、当地政府及当地居民的共同努力。

8. 云南省泸西县

1）旅游开发现状

①案例地概况

泸西县地处云南省东南部，属于红河哈尼族彝族自治州，与红河市、文山市、昆明市、曲靖市接壤。泸西县的东北方是师宗县，东南方是丘北县，西南方是弥勒县，西北面有路南、陆良二县，面积1674平方千米。生活在泸西县的少数民族主要有彝、回、苗、壮、傣5个，占人口总数的13.3%。部分村落还有新老村之分，新老村落之间的区别一目了然。全县共有56517.52公顷的可耕田地，由于有一部分田地属于山地，所以当地人就使用梯田的耕种模式。当地的土壤属于沙土地，水土极易流失，所以种植一些经济果树是不错的选择。

②案例地旅游资源概述

泸西县的旅游资源相当丰富，不仅有着优美的自然景色，而且还有流传千年的历史文化旅游资源。这里属于喀斯特地貌结构，有非常大的溶洞奇观。当地古老的村落也具有很强的观赏价值。

a. **溶洞景观**。溶洞是泸西县独有的景观，这里的溶洞规模非常大，不仅是中国的奇观，也是世界的一大奇观异景。阿庐古洞是一系列溶洞的主洞，主洞体由泸源洞、玉柱洞、碧玉洞、玉笋河组成，三洞一河全长3000余米，是规模宏大的溶群，约成型于2亿年前，是典型的喀斯特景观，洞景具有古、奇、绝的特点，具有极高的观赏价值。

b. **古村建筑景观**。泸西县古村落建筑丰富。古村落中的代表村寨为城子古村，地处200多米高的凤飞坡上。城子古村与县城相隔25千米，是一个集自然景观与少数民族建筑景观于一身的旅游地。这里的古村落建筑有长达600多年的历史，有"彝族土掌房"1000多间，直到现在仍保存完好，具有独特的民族建筑特点，是中国少有的民族建筑群落。其中，李将军第、姐妹墙等一些著名的建筑，是黎族祖先智慧的结晶，不仅具有极高的观赏与游玩价值，而且还有较高的科学文化价值。城子古村的建筑风格符合中国传统建筑习惯，古村周边有山有水，远远看去就好像凤饮水的画面，非常美观。

c. **养生旅游资源**。养生旅游是泸西县重点发展的旅游方向。泸西县的养生旅游资源主要集中在吉湾村附近，这里有成片的中草药种植基地，吉湾村也因此获得了"生态之乡"等称号。为了使养生旅游得到更快的发展，吉湾村以养生为主要突破点，将当地的乡村旅游融合到养生旅游中，开发新的产品、新的品牌，以期给游客带来新的体验；并将旅游饭店、旅游交通及旅游配套设施与养生旅游相结合，提升顾客满意度。

d. **遗址遗迹景观**。泸西县的武庙，也称关岳庙，是泸西县八大寺庙之一，规模庞大。武庙的门、大殿、庙两边的耳房都保存得比较完好。大门的形状及框架都较为特殊，寺庙的房间有两扇门的，也有五扇门的。寺庙大门面宽20米，进深6米，高8米多。进入寺庙之后，中间是庭院，宽敞明亮，大殿与庭院紧紧相连，大殿前有专门的戏台，建在2米多高的石墩上。

e. **自然旅游资源**。泸西县得天独厚的地势及地貌造就了其丰富多彩的自然环境，因此自然公园众多，如有九溪山森林公园、钟秀公园等许多供游客及当地人休息和游览的场所。泸西县有"世外桃源"之称的吾者温泉，位于阿庐古洞景区以东18千米，交通非常方便，自然风光宜人，给前去泡温泉的人一种心旷神怡的感觉。这里温泉水的温度比别处的要稍高些，具有一定的医疗保健价值。泡温泉时，不仅能够欣赏当地的美景，还能品尝到当地的美食。吾者水库与温泉紧密相连，水库的水清澈见底，夕阳下景色极美。当三五好友乘坐小船游玩时，依山傍水的环境会给人一种纯真的感觉。

③案例地旅游开发情况

为了加快泸西县的旅游发展，当地政府积极推出一些有利于旅游发展的政策，同时也投入了大量的资金。当地政府还专门请有关专家对当地资源进行了调研，将泸西县的旅游发展纳入政府的主要工作内容中。在当地政府及当地人民的不懈努力下，泸西县已经成功地开发了50多个景区。泸西县旅游开发情况见表4-23。

表4-23 泸西县旅游开发情况

年份	旅游开发情况
2007	云南省政府将城子村确立为"省级历史文化名村"
2009	城子村旅游业起步，卫生、交通、通信等各项事业得到发展，农村面貌日益改善
2010	被评为云南省旅游特色村，被确定为"云南省文联文学艺术创作基地"，荣获"亚洲民俗摄影之乡"称号
2011	被评为"红河州工农业旅游示范点"
2015	在2014年240万元的基础上，按20%的比例逐年递增，纳入年初财政预算，重点用于旅游景区项目建设、旅游基础设施建设、旅游规划编制、经费配套、旅游商品生产扶持、对优秀旅游人才和对直接招徕海外游客及国内游客增幅较大的旅行社的奖励等

2）扶贫开发现状

伴随着政府一系列扶贫政策的出台，泸西县的贫困人口逐渐减少。当地政府充分运用国家政策，将扶贫政策落实到具体事务上。泸西县准确定位到具体的贫困人员，他们精准建档立卡；在数量众多的产业中，选择具有发展前景的朝阳产业进行补贴；将扶贫作为政府工作的重点，协调好上下级关系，共同实施具体的扶贫工作。政府工作人员将自己的工作做好，做到公平公正，确保真正的贫困人员能够得到国家的补助。2015年，贫困地当地居民的人均可支配收入为2855元，实际的贫困户核实过程是依据泸西县具体的情况以及参考国家所实施的一些具体指标。当地政府必须将具体的工作落实到位，并且对一些重要的关键环节进行严格把关。对于政府双认定的贫困人员，要认真填写"双认定表"，坚持脱贫人员、负责验收人员及帮助其脱贫人员三方都签字才有效，将建档立卡的工作做得更加程序化。建档立卡的工作也必须得到群众的认可，政府工作人员应充分尊重群众的意愿，让群众参与到这个过程中，如充分发挥群众的主观能动性，召开村民大会让群众自己评选最需要补助的贫困人员，让他们充分认识到建档立卡是与他们相关的。

产业培植和精准到户是脱贫攻坚的核心之策与取胜之法。一是项目安排到位。根据一系列政策要求，政府广泛收集各个方面的信息，进行深度调研，立足实际情况进行分析，实施积极有效的创新，为贫困户定制一些有利于脱贫的产业，适合种植的就让其进行种植，适合养殖的就让其进行养殖，为贫困人员提供一些就业机会，让他们实现全方位、多方面的创收，并最终摆脱贫困。二是职责和任务明晰。积极认真地将州政府制定的精准扶贫政策落实下去，必须具体明确政府的职责和任务，真真正正地将扶贫资金用到贫困人员身上。挂包单位、村、村干部及贫困人员之间必须签订多方协议，具体明确不同部门、不同人员的职责和任务，实现一对一帮扶，增加群众的自主意识，增强群众的脱贫信念，使其真正地摆脱贫困。三是创新先行。增加一些创新意识，积极地实施一些创新点子。积极尝试一些前景比较好的扶贫项目和扶贫产业，探索出新的方法、新的途径，帮助当地贫困人员脱贫，将扶贫工作做到位。

9.云南省罗平县

1）旅游开发现状

①案例地概况

云南省罗平县属于曲靖市，县域东西长为75千米，南北长为99千米，所管辖总面积为3025平方千米。罗平县交通非常便利，距离省会城市昆明市207

千米，与曲靖市间隔 120 千米，与东面的兴义市相隔 86 千米，南面是西林县。324 国道从罗平县穿过，南昆铁路也经过此地。罗平县管辖 3 个街区和 10 个乡镇。2010 年，罗平县常住人口 54 万人，GDP 达到 135 亿元，在云南省排名第 22 位。罗平县的旅游及粮食生产都比较好，在云南省的表现也比较突出，获得过许多荣誉。

②案例地旅游资源概述

罗平县属于典型的喀斯特地貌结构，旅游资源非常丰富。这里有大片金黄的油菜花，还有著名的瀑布群，以及质朴的田园风景和美丽的峡谷景色。罗平县自然风景优美，再加上独有的历史文化资源，使得罗平县成为外地游客选择的重要旅游目的地之一。

a. **生态农业景观**。罗平县独有的地势及自然气候特点，使其形成了非常独特的生态农业景观。每年开春时节，成片的油菜花在罗平竞相开放，金黄的花海有十几千米，凡观赏过罗平县油菜花的游客都会感觉到身心愉悦，无比满足。每一年的油菜花旅游季，许多养蜂人都会将自己的蜜蜂放养在油菜花中。蜜蜂大口大口吸吮着花蜜，不仅自己饱餐了一顿，也传播了花粉。如此美丽的景色自然而然会吸引无数的海内外游客前来观赏，顺便品尝花蜜。罗平县以油菜花的生态农业景观的发展过程见表 4-24。

表 4-24 罗平县生态农业发展过程

年份	发展过程
2002	万亩油菜花海被上海大世界吉尼斯总部授予"世界最大的自然天成花园（油菜种植园）"称号
2004	景区被国家旅游局评为"首批全国农业旅游示范点"
2005	罗平金鸡峰林被中国地理学会评为"中国最美的峰林"
2006	罗平油菜花文化旅游节在第三届中国会展（节事）产业年度评选活动中被评为"2005中国节庆50强"

b. **瀑布群景观**。九龙瀑布群是云南知名的省级旅游名胜区，距离罗平县 22 千米，属于罗平县 10 个知名的景区之一。神龙瀑是九龙瀑布群中最大最高的一个瀑布，其高度可达 56 米，宽度约 112 米。罗平县九龙瀑布旅游发展大事记如表 4-25 所示。

表 4-25 罗平县九龙瀑布旅游发展大事记

年份	发展大事记
2001	中国保护消费者基金会、中国风景名胜区协会授予景区"全国保护旅游消费者权益示范单位"称号
2004	景区被国家旅游局评为国家4A级旅游景区
2005	景区被中国地理学会评为"中国最美的瀑布"六大瀑布之一
2007	景区被评为"中国县域旅游品牌百强景区",并荣获"中国县域旅游品牌景区十强提名奖"

c. **多依河—鲁布革风景名胜区**。地处贵州、云南、广西三省交汇处的多依河—鲁布革风景名胜区,具有独特的喀斯特地貌结构,位于一条斜坡带上。这里拥有一系列景观,是一条景观带,纯自然的景观有200多个,经过人工修饰的人文特色景观有100多处,整个景区面积足有144.7平方千米。早在1995年,景区就被列入了省级旅游名胜区,之后申请了国家级名胜区。

d. **长源温泉旅游资源**。处于云南、广西、贵州三省接壤处的长源温泉,距罗平县城29千米。该温泉地有324国道和南昆高速公路经过,与九龙瀑布相接,与金鸡峰林及多个景点相连,是一条长长的旅游风景带。长源温泉水温较高,源于其较高的水热能作用;其温泉水的储藏量非常大,每日可以采出高达5021吨的水量;水中含有许多有利于身体健康的微量元素及天然物质。现在,整个温泉景区以温泉为主要的旅游资源,将休闲、娱乐、购物等融为一体。在这里,游客不仅能够体验到温泉的舒适,还能够享受更多的服务。

③案例地旅游开发情况

罗平县积极响应中央的旅游政策,紧紧围绕旅游这一全县发展战略,建设了一些旅游基础设施和一些重要的旅游景点。由于政府积极响应,罗平县的旅游业实现了转型,2015年的前10个月旅游收入达到了16.16亿元。2016年以后,政府共投入3亿元用于建设乡村旅游的配套设施,投入500多万元用于景区的修建及完善工作。2016年,罗平县共有328家宾馆酒店,新注册餐饮企业54家,个体企业1000多家。政府紧接着着手建设智慧旅游城市,投入9000多万元在基础通信工程上,建立基础站177座,为完成一期智慧数字旅游,又投入 1300 多万元，使 Wi-Fi 信号能够覆盖到九龙瀑布、罗平全县及一些比较重要的旅游景点。在高速公路建设方面，政府投入 40 亿元用于扩建罗平县的高速公路；在农村道路建设上投入 4.18 亿元，其中：1.2 亿元用于新路段的开发，如新发村到九龙瀑布段；投入 3.24 亿元用于对之前建设的老城区及云贵路段进行改造和翻修。在整个县域范围内，将绿色生态化建设作为重点，在一些比较重要的城市结合点和重要的地方种植一些绿色植物用于改善环境，如政府投入 1300 多万元用于九龙大道等一些公园的绿色植被修复工作。努力将罗平县建设成为国际化城市，打造集旅游、文化、生态于一体的城市旅游综合项目。通过与宁波一家公司合作开发一些旅游公交车专线和风景园林，罗平县的发展得到了足够的资金支撑。以上这些项目及基础设施的建设全力推动了罗平县旅游业的跨越式发展。

2）扶贫开发现状

自从 1998 年罗平县确定通过旅游带动各行各业发展以来，罗平县制定了一系列政策，并通过许多方法、途径促进旅游扶贫开发，能够就业的安排其就业，能够创业的给予创业平台和资金扶持。2015 年 11 月，罗平县政府制定了用于扶持乡村旅游的财政政策，计划用 3 年时间实现贫困人员脱贫，准备总投入资金 4.68 亿元，每年计划用于贫困人员的资金投入为 600 万元，对于贫困人员的贷款补贴投入为 3000 万元，对于贫困地区的基础建设投入为 3.6 亿元。在这 3 年期间，为了保证资金能够准确及时到位，当地政府向中国农业银行申请了 8 亿元贷款，2016 年已有 5 亿元用于县城的基础建设。政府实施的金融政策使贫困资金能够及时到达贫困人员手中，积极地帮助贫困人员开展旅游创业活动。县政府每年为贫困农户提供的贷款有 5 亿元以上，帮助他们发展种植业、农家乐等一些挣钱的行业。从 2015 年起，政府计划 3 年投入 30 亿元用于安排新农村建设，计划完成 2000 个家庭、超过 10 万人的新居，并且同时推出一些有利于解决贫困人员就业问题的项目，真正有效地帮助贫困农户解决上学难、交通难等一些顽固问题。政府用 2 年时间巩固新建设的村落，真正使贫困人员能够留在新村发家致富，当然，从贫困地区搬迁出来的居民还可以享受到一些特殊的政策，即非贫困居民每个家庭不少于 2 万元的补贴、贫困户不少于 4 万元的补贴，若有条件购买城镇的商品房可以获得 6 万元的补助，参与建设旅游示范区的农民享受 8 万元的补助，除此之外，搬迁户还可以享受最高 10 万元的无抵押贷款。

2016 年是罗平县全面实施精准扶贫的第一年，政府以全面脱贫为主要方向，开展全方位、多角度的扶贫工作，准备投入 41.9 亿元用于精准扶贫，使 10705 名贫困人员脱贫，贫困发生率逐步下降。政府努力帮贫困群众解决住房问题，让 9275 户贫困居民搬离原有的居住地，实施农村危房改造计划。对于交通比较困难的贫困地，政府着重实施村村铺上水泥路的工程。对于饮水困难的贫困地，增加饮水安全设施，用于保障 16.2 万人的饮用水过滤。对于贫困地居民增收难问题，政府积极地帮助农户增加一些创收项目，帮助农民增收 8037.2 万元。对于就业比较困难的贫困户，组织青壮年人员参加培训，增加其就业机会。对于上学困难的贫困人员，政府全面改造学校，不仅实施义务教育，而且给予吃饭、上大学补助。针对就医困难的贫困人员，改造当地的诊所，将贫困人员的大病费用全部给予保险报销，小病使用新农合给予一定的补贴。对于一些贫困计划没有覆盖到的贫困地区，实施一些基础电力及通信设施的改造。总体而言，罗平县产业扶贫效果明显，易地扶贫搬迁得到强力推进，基础设施得到夯实，农村人居环境全面改善。2016 年，罗平县 10705 人的人均收入达到 3050 元以上，实现脱贫。

10. 云南省丘北县

1）旅游开发现状

①案例地概况

云南省丘比县属于丘陵地区，其地势西南高、东北低。丘北山脉主要来源于暮冶山。丘北县地处文山州北部，其东面是一条长长的清水江，与广南县紧密相连；南面是砚山县和开远县；西面与弥勒县、泸西县隔南盘江相望；北面是师宗县和西林县。丘北县管辖面积 5038 平方千米，东西宽 100 千米，南北长 705 千米，共有可耕田 1213 平方千米。丘比县下辖 12 个乡镇，少数民族数量众多，包括壮族、苗族等，少数民族人口远超汉族，占人口总数的 62.31%，因而民族文化非常丰富。丘北县境内海拔最高的山 2501.8 米，与最低的相差

1000多米，县区海拔普遍在1500米左右，可见，丘北县不同的地区具有不同的海拔高度。丘北县区位交通非常特别，与昆明市相隔280千米，距文山市108千米，距离文山普者黑630千米，丘北县内通过省道240和311，普者黑也将建立一等公路，云桂铁路已在丘北设立站点，是文山市通向云南、贵州、广西壮族自治区、广东的交通要道。

②案例地旅游资源概述

a.**普者黑旅游景区**。作为国家4A级景区的普者黑，其名称源于彝族方言的音译，汉语意思为一个池塘里都是鱼和虾。普者黑风景区是国家湿地公园中的一景，也是比较知名的国家级风景名胜区。在云南省内，普者黑也是较好的旅游胜地，属于省级湿地，是云南省九大度假胜地之一。普者黑旅游景区由普者黑（县城东11公里处）、温浏（县城西56公里处）和冲头（县城西80公里处）三个片区及革雷（县城东53公里处）、歹马（县城北70余公里处）两条瀑布组成，总面积983.7平方公里。整个普者黑有256个景点，每一个景点都截然不同。密密麻麻的360座孤峰围绕着整个普者黑，数不清的溶湖姿态万千，其中50多个湖相互连通，近20平方千米的荷花种植在湖中，水质清澈。另外，还有13千米的大峡谷景观和古朴的茶马古道，以及喀斯特地貌所独有的湿地。普者黑景区以湿地著名，湖泊众多，许多国内外知名专家和学者到这里展开研究，评价其为中国唯一一个喀斯特地貌的山水美景。外国知名学者称普者黑的喀斯特地貌结构不仅是中国的财富，更是世界的财富。

b.**普者黑喀斯特国家湿地公园**。普者黑是国家级湿地公园，丘北县政府对其进行了保护和建设，近年来，共完成湖水边上8.1千米的安全带建设及湖边植被的修复工作，恢复湖边植物109公顷，利用水源重新恢复了超过87公顷的植物，在山上种植了约170公顷的植被。现在已基本完成了湿地公园的建设，采取了还原湿地的措施，对湖水进行源头治理。政府对湿地公园进行监控，一旦有异常情况能够及时进行处理。由于湿地公园保存得比较完好且采取了较好的修复手段，地质水质量提升到了三类水平，并且又增加了9类鸟。表4-26为普者黑喀斯特国家湿地公园发展大事记。

表 4-26 普者黑喀斯特国家湿地公园发展大事记

年份	普者黑喀斯特国家湿地公园发展大事记
2011	经国家林业局批准开展试点建设
2015	被国家林业局列为全国22处重点建设的国家湿地公园之一，也是云南省唯一入选的湿地公园，公园规划建设期为8年（2012—2019年）

c.**民俗文化**。丘北县有壮族、苗族、白族等6个少数民族。每个民族在历史发展进程中都保存了自身的历史文化遗迹，其悠久的文化传统和古老的祭祀活动及一些民族舞蹈、服饰都深深地留在了少数民族居民的记忆中。表 4-27 为丘北县主要的民俗景观。

表 4-27 丘北县主要的民俗景观

主要民俗	具体的内容
节庆日	壮族的祭龙节，彝族的抹花脸、火把节、摔跤节，苗族的采花山等众多民族节庆
滇戏	独具特色的丘北花灯《放羊调》《小小扁担》等
民族传统曲艺	《天体歌》（瑶族）、《三胡说唱》（彝族撒尼人）、《唱芦笙》（苗族）等
舞蹈	《霸王鞭舞》《脚恋舞》等

d.**自然景观**。丘北县有着丰富的自然景观，拥有许多国家级旅游景区及省级旅游胜地。县内的溶洞具有极高的研究价值，吸引着全世界研究溶洞地理结构的人士。

e.**溶洞景观**。丘北县的溶洞是全世界的瑰宝，其中，凤尾洞是最典型的代表。凤尾洞位于丘北县戈寒乡平龙村西 2.5 千米处的凤尾村后山，位于平坦村公所附近的暗河属于凤尾河的一个支流，暗流大约流过 1500 米后便在后山脚出现，这就是当地人所说的凤尾水洞。凤尾水洞之上半山腰处有两个大约 5 米宽的洞口，当地人称为凤尾干洞。干洞和水洞之间是相连的，在干洞的周边能够清楚地听见那条暗渠的流水声，想要进入洞口必须踏水过去。凤尾洞由两个一大一小的洞口组成，宽度分别为 3 米和 4 米，高度分别为 5 米和 6 米。从洞口进入，干洞和水洞便交汇了。洞里的路非常难走，也非常险峻，个别地方需要搭建桥梁才能通过。其中有几处非常狭窄，即便是一人通过也比较困难，但是洞内的大部分地方都比较宽阔,有些地方甚至能够容纳成百上千人。溶洞内有许多形状各异的钟乳石,也有成片成片的峡谷。

③案例地旅游开发情况

丘北旅游经济保持强劲的发展势头,丘北县2015年旅游收入有17亿元之多,旅游接待人数有300万人次。2016年,丘北县接待海内外游客345.1万人次,旅游综合收入19.9亿元。2017年接待国内外游客425万人次,实现综合收入29.4亿元。丘北县政府积极把握机会,根据其独有的自然环境和人文资源,用项目促进旅游业的发展。一是文艺创作紧扣旅游发展主题。当地目前已经建立了比较完善的文化产业库,政府组织创作了许多相关文化节目,并且得到省级部门的支持。二是民族节庆与旅游文化紧紧结合。当地一些少数民族节日,如彝族"花脸节"、苗族"花山节"等的节日活动非常丰富,每个民族对自己的节日都有自己的诠释,他们将旅游与节庆活动紧紧联系在一起。当地政府准备设立由政府带头、以民族文化为主要内容的项目,以文化产业带动整个旅游业的发展。

仙人洞村属于少数民族村寨,它的发展与丘北其他少数民族村寨的发展有许多相似之处。根据相关资料记载,大约在400年以前,他们的祖先由于逃避婚姻而集体迁移到此。他们受到社会、政治等一些因素的影响,至今还还保留着许多民族风俗及民族习惯。普者黑还没有开发旅游时,仙人洞村的村民有一半的时间生活在水上,他们的生存来源是渔业,农作物耕种比较简单。自从仙人洞村发展旅游业之后,当地人开始自主地发展农家乐,改造房屋,但由于没有正规的改造模式,当地的房子修建得相当乱,其建筑风格不符合当今的发展形势,严重阻碍了旅游业的良性发展。为了较快地发展当地的旅游业,政府建议将原有的建筑推倒,重新建设符合现代旅游发展要求的房屋。然而,很多当地人并不同意。后来,村委会终于说服了村民,由县政府重新规划当地的建筑。仙人洞村一边开发旅游相关产业,一边注重民族文化的传播及保护,积极主动地将自己的民俗文化传承下来。当地人对其原先的文化进行编排,整理改编了50多个具有民族特色的歌曲和舞蹈,吸引了大量游客前来观赏。如今,一般来普者黑游玩的游客都会去仙人洞村住上一晚,感受一下当地少数民族独特的文化。表4-28为丘北县仙人洞村旅游开发大事记。

表 4-28 丘北县仙人洞村旅游开发大事记

年份	旅游开发大事记
1992	开始开发旅游
2013	人均年收入为10000元左右
2014	仙人洞村启动"彝族撒尼人村落"建设，村小组出资10万余元，组织村民赴大理、楚雄等地考察，最后决定建设自己的特色民居，采用斜瓦屋面、土胚砖支砌、红墙土瓦的建筑风格，同时对层高进行严格控制，以两层为主、局部三层为辅，实现"一户一设计"
2015	全村196户中122户民居已经完成改造，向游客开放，游客进入彝族文化生态村可领略到原汁原味的民族歌舞、石崇拜文化、民族风情等

2）扶贫开发现状

丘北县的脱贫工作依赖于旅游和扶贫。丘北县政府努力保证当地农村扶贫开发的一些具体目标得以实现，从而使贫困人员脱离贫困。在普者黑景点还没有进行旅游开发的时候，仙人洞村非常贫困。自从仙人洞村开发旅游以后，2015年实现了3000多万元的收入，人均收入是之前的数倍，仙人洞村也成了云南非常突出的以旅游带动致富的少数民族村寨。仙人洞村依靠乡村旅游的发展来脱贫，将扶贫的资金发放到农民手中。根据相关项目的要求，丘北县沿着火车、客车、飞机等的交通站点设计了旅游路线，从而增加了交通服务的内容，建设了比较合理的交通系统及多格局的客运交通。2016年，云南、广西壮族自治区的铁路已经开始运行，丘北县的机场目前还在建设之中。

丘北县政府为了实现当地旅游产业平稳快速的发展，出台了一系列政策。针对当地建筑的改建工程，政府进行了详细的预算和评估，以确保当地居民的财产不受损失，为此政府积极地帮助当地农民协调贷款项目，帮助他们脱贫致富。仙人洞村是典型的以旅游实现脱贫的民族村寨，当地人积极发展旅游产业，将最新的科学技术应用到旅游产业中。勤劳的村民积极主动地学习互联网技术，将自己的旅游产品放在互联网上进行销售。随着互联网的广泛应用，仙人洞村居民的收入也大幅度提高。为了提高当地旅游的发展水平，村寨还改善了原有的通信网络，将 Wi-Fi 引入村子，方便了与外界的联系。仙人洞村为治理卫生，专门招聘清洁工打扫卫生。旅游业的不断发展不仅使村民获得了就业机会，而且也使他们基本摆脱了贫困。

4.3 连片特困区旅游扶贫问题分析

旅游扶贫问题既是一个中观问题，也是一个微观问题。在滇桂黔石漠化集中连片特困区的旅游扶贫过程中，由于贫困村寨所处的旅游扶贫发展阶段不同，存在的问题也不尽相同。但通过实地调研分析，普遍存在的问题主要有中观层面的旅游漏损，微观层面的贫困人口受益不均，以及政府、旅游组织与村民等利益相关者之间的矛盾冲突等。

4.3.1 中观问题

中观问题主要涉及旅游开发和区域发展、扶贫开发的一致性，这个层次要解决的问题主要有两个方面：效益最大化和成本最小化。具体分析以下问题：第一，分析旅游产业与区域发展和扶贫开发是否存在"脱嵌"的情况；第二，分析旅游扶贫的效益和成本问题，看是否达到了效益最大化和成本最小化；第三，我国的旅游扶贫项目安排具有公共服务的性质，要分析在这个过程中资金安排和使用是否存在漏出的问题；第四，目前我国的扶贫工作存在瞄准的多维性，从区域上来讲还是以县为主，要分析在这个过程中旅游扶贫资金的瞄准使用是否存在问题，包括旅游扶贫资金占比、结构及使用去向等是否存在问题。根据这四个要点，针对滇桂黔石漠化集中连片特困区效益和成本的实际情况，经分析，具体提出以下两个问题。

1. 旅游产业发展与扶贫开发存在"脱嵌"的情况

在旅游扶贫过程中，旅游扶贫项目大多属于政府引导政策支持型项目，承接主体以政府承接或合作社、企业承接为主。通过实地调研发现，旅游产业发展与农户增收，特别是贫困农户增收之间的关系并不大。通过发展旅游业帮助贫困人口脱贫，是旅游扶贫的真正目的，但是，在旅游扶贫发展的过程中，各个利益相关主体出现了不同程度的"脱嵌"行为。旅游组织由于自身的不足，无法承担联结扶贫产业与贫困户的重任；政府干部存在利益截留和理念曲解；大户和公司或龙头企业存在理念困境和自我逐利现象，导致其难以兼顾社会责任或产生消极扶贫现象；而贫困农户由于自身弱势地位突出，所以主导参与不足，被旅游扶贫边缘化。旅游产业扶贫方式明显"脱嵌"于社会基础，追求 GDP 提升的政绩目标扭曲了旅游扶贫的本质，导致村庄共同体分裂。另外，从旅游扶贫产业本身来讲，旅游扶贫项目存在诸多不足，导致旅游扶贫效果不显著。例如，科技含量低，结构模式单一；产业链条短，规模效应不强；适应能力弱，抗风险能力不强；产业集聚不够，竞争力较低；产业发展关联度不高，旅游产业发展与农民增收不匹配；旅游扶贫项目雷同；产业化知识相关培训不足；经济发展方式以粗放型为主；等等。解决这些问题的关键是要切实考虑将贫困村寨作为一个利益共同体，对旅游扶贫项目落地的嵌入性平台加以整合，建立多元参与机制和利益共赢的联结机制，提升村庄内生能力，重构贫困户资产。

2. 旅游扶贫开发严重漏损

旅游漏损在旅游开发过程中是难以避免的，但在调研的案例地中，旅游漏损现象比较明显。由于区域旅游产业与当地经济联系薄弱，贫困地区缺乏资金和技术，而贫困人口又没有能力经营旅游活动，旅游经营者一半以上为外来开发商，当地居民只从事简单的旅游商品销售、餐饮服务等工作，收入普遍偏低，使得旅游收入多数被外来商户或旅游开发商收入囊中，造成高的旅游漏损率。这就要求政府和景区在进行旅游扶贫开发时做好旅游经营规划，防止和减少旅游漏损，同时要严格控制外来投资者的进入，改为扶持当地居民参与旅游开发，在当地居民和投资者合作时，要严格把关，使得合作对当地居民有利。

4.3.2　微观问题

微观层面上，主要分析旅游扶贫是否让贫困人口受益的问题。滇桂黔石漠化集中连片特困区旅游扶贫问题主要表现在三个方面。第一，社会排斥现象。旅游扶贫中存在哪些排斥现象，有哪些是不可避免的，如资源排斥；有哪些是制度缺陷造成的，如识别排斥等；有哪些是软环境造成的，软环境包括文化、村规民约、商业竞争。第二，精英捕获现象，即扶强不扶弱。在政治、经济上占有优势的人群是否在旅游扶贫资金、项目、经营收益分配上更占优势，并获得了更多收益。第三，利益联结的问题。利益相关者在其中的话语权、决策参与程度及获益情况如何，政府的定位和作用是什么，贫困人口与非贫困人口的关系怎样，中间的利益联结机制是否合理，存在哪些问题。根据这三个要点，针对滇桂黔石漠化集中连片特困区贫困人口受益的实际情况，经分析，具体提出以下三个问题。

1. 获益居民对旅游开发的满意度不高

通过对案例地的实际调研发现，无论是参与旅游开发并从中获取收益的居民，还是没有参与旅游亦没有受益于旅游的居民，对旅游开发的满意度都不高。通过调查发现，居民对旅游开发的满意度不高在于以下几方面：①政府缺位、越位、错位，政策不执行，导致居民对政府不满意；②景区开发不平衡，居民受益不均，分红太少，景区信息不对称；③景区管理措施不当，对居民生活或经营造成影响；④居民自身素质较低，对旅游扶贫开发期望太高、太多，希望获取更多的利益，而未考虑景区的现状和长远利益。

2. 居民与景区之间信息不对称，居民对利益分配有意见

在景区与居民的利益分配上，根据之前签订的协议，最终发到居民手中的钱很少。例如，有的景区居民一年只分到几十块钱或几百块钱不等，这使得居民对于景区的利益分配机制有意见，但从景区方面了解到的信息是，景区拿出部分收益做基础设施工程，诸如景区道路和排污设施建设、景观修复、设施维护等，但是景区并没有将这些花费公布出来，使得居民认为旅游业的大部分收益被景区公司占有，居民与景区之间信息不对称，使得景区与居民之间产生了矛盾。然而，从公用设施的外部性来看，社区内的设施应当由居民使用，而游客使用需要付费或缴税。由于景区公司所做的这些基础设施建设主要是为了满足其经营需要，其次才是为居民服务，因此不应该从居民分红中出，而是应该从景区收益中拿出一定的比例作为景区发展基金，专门进行基础设施建设与维护。而景区在社区建设的这些公共设施属于政府应该做的工作，政府应该给予景区公司一定的补偿，而不是任由景区公司将成本转嫁到居民身上。因此，从这个角度来看,景区公司抱怨在基础设施或景区建设上投入资金过大是不应该的。

3. 社区居民缺乏话语权和决策权

旅游扶贫普遍存在社区居民对于村寨发展参与度低,有问题、有意见难以申诉并得到改善的现象。在面对一些旅游扶贫重要发展决策时,多数村民认为自己文化水平不高或者认为这是政府部门的事,没有参与决策的意识。社区居民缺乏话语权和决策权,不利于旅游扶贫的可持续发展,也不利于贫困人口真正实现脱贫。旅游扶贫要切实瞄准的对象是贫困居民,为此必须让贫困人口能够大胆提意见、谈想法,有参与意识。因此,在旅游扶贫过程中,要开通社区居民申诉渠道,建立制度保障机制,让其参与旅游扶贫决策,提升贫困人口的话语权和决策权。

4.3.3　贫困治理问题

从贫困治理的角度,要分析政府在滇桂黔石漠化集中连片特困区旅游扶贫工作中的作用是否已经得到体现;"互联网+"、大数据、智慧旅游等新技术的作用是否已经体现;贫困人口的动态识别、帮扶、管理和退出机制是否实现;等等。针对滇桂黔石漠化集中连片特困区贫困治理的实际情况,经分析,具体提出以下三个问题。

1. 政府未充分发挥作用,导致居民和政府关系不融洽

通过调研发现,案例地普遍存在着政府越位、错位和缺位三种情况,政府不作为是缺位,但更可怕的是越位和错位的乱作为。改建补偿承诺不兑现和文件不落实,是缺位;实行地方保护主义,对外来商户与本地商户进行不一致的管理叫错位;政府包办旅游开发叫越位。这要求政府一方面要尽快制定旅游扶贫地的总体规划和扶贫政策,另一方面要严格执行规划和政策,从案例地扶贫发展的总体利益出发,从贫困现状与贫困需求出发,加快政策执行速度。

2. 互联网等新技术尚未普遍应用

在"互联网+"逐渐深入发展的时代背景下，旅游扶贫与计算机、大数据、生物技术、新能源等要建立联系，以提升旅游扶贫效率和绩效。在滇桂黔石漠化片区，互联网等新技术尚未广泛应用，贫困区域网络覆盖率、新能源普及率等仍旧较低，计算机在大多数贫困家庭依然是陌生的词汇。Wi-Fi等网络主要覆盖景区周边的农家乐等旅游住宿、餐饮区域，沼气、天然气等新能源发展比较落后，村民做饭使用较多的仍然是传统的柴、煤或者煤气等。

3. 旅游扶贫覆盖面有限

旅游活动边缘地区的贫困人口的收入与核心景区的贫困人口的收入差距较大；能够经营旅游活动的贫困人口与不经营旅游活动的贫困人口收入差距大；一些边缘地区的人群或没有能力经营旅游的人群无法获取旅游开发带来的好处，而当地政府对于这样的人群又没有特殊的照顾。

4.4 连片特困区旅游扶贫 PEST 分析

滇桂黔石漠化集中连片特困区各地致贫原因多样、复杂，自然环境、经济社会等各方面的因素都可能是引发贫困的原因。再者由于片区内扶贫开发周期较长，因此，采用常规扶贫手段帮助片区内贫困人口脱贫难以达到预期效果，旅游扶贫是相对更优、更适合区域内大部分地区的扶贫方式。为了选择符合区域实际情况的旅游扶贫模式，真正意义上实现贫困人口的脱贫致富，需要全面、系统地分析该片区所处的宏观环境，更加准确、深刻地认识滇桂黔石漠化集中连片特困区发展旅游所面临的外部机遇和挑战。本节借助 PEST 模型，从政策（Politics）环境、经济（Economic）环境、社会（Society）环境、技术（Technology）环境四个方面分析滇桂黔石漠化片区的宏观环境，为后续的旅游扶贫 SWOT 外部因素分析及旅游扶贫战略选择奠定基础。在运用 PEST 模型分析滇桂黔石漠化集中连片特困区所处的宏观环境时，应把握三个原则：第一，抓住特困区旅游扶贫的共性，根据滇桂黔石漠化集中连片特困区的实际情况，着重强调其宏观环境区别于其他特困区的个性；第二，系统全面且客观科学地分析滇桂黔石漠化片区旅游扶贫的宏观环境状况；第三，所提及的每一个环境影响要素都对该片区的旅游扶贫有重要影响。

4.4.1 政策环境

1. 国家相关扶贫政策的助力推动

自 1994 年的八七攻坚规划起，国家针对扶贫工作出台了诸多文件政策，涵盖各个层面，涉及教育、经济、金融、城镇化、旅游等方面。其中，国家扶贫攻坚系列政策主要有三个，即 1994 年颁布的《国家八七扶贫攻坚计划（1994—2000 年）》，2001 年颁布的《中国农村扶贫开发纲要（2001—2010 年）》，以及 2011 年颁布的《中国农村扶贫开发纲要（2011—2020 年）》（以下简称《纲要》）。另外，其他方面的重要文件或会议也对扶贫攻坚工作给予了指导。目前，逐步完善的政策支撑和政策保障体系，为滇桂黔石漠化片区开展旅游扶贫工作创造了有利且可靠的政策环境。

（1）《纲要》等国家重要扶贫政策的导向作用

如何扶贫是关键。当前的扶贫形势和扶贫任务都发生了变化，前者由绝对贫困变为转型性贫困，后者不再是解决温饱这单一目标，而是出现了"两不愁三保障"的多元目标。另外，以扶贫开发和农村最低生活保障制度有效衔接的扶贫方针为指导，相应产生了多样化的扶贫方式。无论是国家扶贫的专项政策，还是其他重大政策，都或多或少地明确提出了扶贫方式和扶贫对策措施。对国家扶贫政策进行梳理并归纳总结，有利于明晰国内的扶贫进展。表 4-29 主要对《纲要》等国家重要扶贫政策的内容进行了总结归纳。

表 4-29 《纲要》等国家重要扶贫政策内容归纳

发布时间	文件名称	相关政策关于扶贫的核心关键词
2011年12月1日	《中国农村扶贫开发纲要（2011—2020年）》	专项扶贫——易地扶贫搬迁、整村推进、以工代赈、产业扶贫、就业促进、扶贫试点、革命老区建设 行业扶贫——明确部门职责、发展特色产业、开展科技扶贫、完善基础设施、发展教育文化事业、改善公共卫生和人口服务管理、完善社会保障制度、重视能源和生态环境建设等 社会扶贫——定点扶贫、东西部扶贫协作、发挥军队和武警部队的作用、动员企业和社会各界参与扶贫 国际合作——开展国际交流合作 政策保障——政策体系、财税支持、投资倾斜、金融服务、产业扶持、土地使用、生态建设、人才保障、重点群体 组织领导——强化扶贫开发责任、加强基层组织建设、加强扶贫机构队伍建设、加强扶贫资金使用管理、加强扶贫研究和宣传工作、加强扶贫统计与贫困监测、加强法制化建设
2014年3月16日	《国家新型城镇化（2014—2020年）》	有序推进农业转移人口市民化、优化城镇化布局和形态、提高城市可持续发展能力、推动城乡发展一体化、改革完善城镇化发展体制机制
2016年3月17日	《中华人民共和国国民经济和社会发展第十三个五年（2015—2020年）规划纲要》	脱贫攻坚——特色产业扶贫、劳务输出扶贫、易地扶贫搬迁、交通扶贫、生态保护扶贫、教育培训、健康扶贫、社保兜底脱贫和金融扶贫等

（2）习近平的重要讲话对扶贫工作的强力指导和推动

领导视察及讲话等对扶贫工作的开展同样具有重要影响，习近平在广西、贵州及中央等扶贫工作会议或论坛上多次发表关于扶贫工作的重要讲话，对扶贫工作开展起到强力指导引领和推动助力。

2.滇桂黔石漠化集中连片特困区及各省（区）的相关扶贫政策

在国家扶贫政策的指导下，各省（区）响应国家号召，针对本省（区）的实际情况颁布了一系列符合自身发展的扶贫政策，涉及经济、金融、城镇化、教育、旅游等各个方面。滇桂黔石漠化集中连片特困区主要的区域扶贫政策是《滇桂黔石漠化片区扶贫攻坚规划（2011—2020年）》（以下简称《规划》），其公布时间是 2012 年,联合颁发机构是国务院扶贫开发领导小组办公室与国家发展和改革委员会。该政策对滇桂黔石漠化集中连片特困区的扶贫工作进行了针对性的规划,其中关于旅游业发展及旅游扶贫有重点阐述,对滇桂黔石漠化片区开展旅游扶贫给予了重要指导。云南省、贵州省、广西壮族自治区在国家扶贫政策的指导下,根据各自的实际情况颁布了多个政策文件。

3. 国家促进旅游发展的相关政策

1979 年至今,国家制定了一系列促进旅游发展的政策,这些政策文件专门针对旅游扶贫的并不多,其中针对性较强的文件是《关于乡村旅游扶贫工程行动方案的通知》(以下简称《通知》),它是 2016 年由国家旅游局等 12 部门共同制定的。《通知》提出,"十三五"期间要通过乡村旅游扶贫带动全国 25 个省(区、市)、2.26 万个建档立卡贫困村、230 万贫困户、747 万贫困人口实现脱贫。另外,提出乡村旅游扶贫工程的五大主要任务和八大行动,前者涵盖乡村旅游扶贫规划、旅游基础设施、乡村旅游产品、旅游宣传营销、乡村旅游扶贫人才等方面,后者包含乡村环境综合整治、旅游规划扶贫公益、乡村旅游后备箱和旅游电商推进、万企万村帮扶、百万乡村旅游创客、金融支持旅游扶贫、扶贫模式创新推广、旅游扶贫人才素质提升八个专项行动。

4. 政策落实情况

(1)滇桂黔石漠化片区

滇桂黔石漠化集中连片特困区扶贫攻坚取得了显著效果,广西扶贫信息网的相关数据显示,"十二五"期间该片区的农村脱贫人数达 418 万人,治理石漠化面积近 27 万平方千米,截至 2015 年,贫困人口总数为 398 万人[1]。

---

[1] 资料来源:广西扶贫信息网,《中国石漠化地区扶贫攻坚成效明显》。

（2）广西壮族自治区

2016年，广西壮族自治区印发了《广西易地扶贫搬迁"十三五"规划》并实施计划，完成了"十三五"时期全区易地扶贫搬迁100万建档立卡搬迁对象到户到人工作。另外，为了推进扶贫搬迁工程顺利完成，自治区出台了《脱贫攻坚移民搬迁实施方案》，包含项目资金筹措、建设用地等5个专项方案，而且成立了广西农投集团，这是全国第一个省级投融资主体，它采取"统贷统还"的融资模式，在2016年，完成了105亿元承接转借长期贴息贷款和30亿元地方债以及15亿元专项建设基金。同时，广西壮族自治区还整合了水库移民工作管理局的职能，让其统一管理易地扶贫搬迁工作，市、县两级相关政府机构各自建立了高规格的工作体系，促使工作格局基本稳定且工作力量得到加强。另外，根据各项目县的工作进度，自治区设置红黑榜，按照完成度和质量等对其综合排名，并在全区范围内进行通报，促进了广西扶贫工作的顺利推进。

（3）贵州省

"十二五"期间，贵州省承担了脱贫攻坚的重要任务，取得了显著的效果。另外，在"十二五"期间，贵州省取消了重点生态功能区10个贫困县的GDP考核；投入305亿元财政扶贫资金；完成66万人的易地扶贫搬迁工作；实现35个贫困县和744个贫困乡镇脱贫摘帽，将贫困发生率降低到14.3%。2016年，贵州省实现130万人脱贫，完成20万人的易地扶贫搬迁工作；"十件民生实事"全面落实，完成963亿元的投资，帮助72.7万城镇居民就业，城镇人均可支配收入增长率达9%，农村居民达到10.7%[1]。

（4）云南省

2015年，云南省圆满完成扶贫工作的各项目标任务，帮助100万以上贫困人口脱贫，实现了"十二五"的完美收官。

2015年，云南省投入61.12亿元省级以上财政专项扶贫资金，州县各级财政专项扶贫资金投入额突破10亿元；金融扶贫投入达到385亿元（含易地），是

---

[1] 数据来源：https://www.gxrd.gov.cn/html/art160942.html，2018-03-27/2019-11-18.

"十二五"前4年总和的1.6倍；行业部门投入3230.25亿元，用于四个集中连片特困地区。

4.4.2 经济环境

1. 经济发展总体概况

经济发展整体水平滞后，但经济发展速度加快。滇桂黔石漠化片区经济发展落后，贫困人口集中，农村贫困发生率高出全国平均水平十余个百分点，农民人均纯收入和人均可支配收入远低于全国平均水平。21世纪以来，滇桂黔石漠化片区的多项经济指标都大幅度提升，包括地区生产总值、城镇化率、城镇居民人均可支配收入和农村居民人均纯收入等，但与国家平均水平及东部经济发达地区相比，经济发展依旧存在明显差距。另外，区域内一、二、三产业的结构逐渐得到优化调整，二、三产业发展迅速，占比增加且超过第一产业，不再是单单依靠农业支撑经济发展，同时，旅游产业在第三产业中发挥着重要作用。

2. 居民收入

居民收入来源单一，但居民人均纯收入维持平稳增长。受石漠化集中连片特困区经济条件限制，居民收入来源单一，多数依靠农牧业和外出务工，同时个人能力差异和知识教育等多方面的原因，造成居民收入分配不均，贫富差距明显。但对比居民收入的往年同期增长情况，整体而言，片区内城镇、农村居民的人均纯收入年均增长率都稳健增长，人民生活水平正在逐步改善。

3. 产业结构

（1）资源开发利用水平低

滇桂黔石漠化片区自然资源丰富，但是资源的开发利用水平低，就地转化程度和精深加工能力都较薄弱，未能充分发挥能源、矿产、生物、旅游等资源的优势并将其转化为产业优势。再者，区域里缺乏具有带动力的大企业，大基地和产业集群也寥寥无几，而且片区内没有完整的产业链，市场体系不够完善且相关配套设施滞后，目前仍没有支柱产业能够有效拉动经济发展，并推进滇桂黔石漠化片区的扶贫开发。

（2）二、三产业发展缓慢

滇桂黔石漠化片区县域经济薄弱，产业结构失衡，严重制约该片区经济发展。人均地区生产总值与全国平均水平，相比仍旧相差甚远，人均地方一般财政预算收入也亟待提升。片区内三产业结构发展不均衡，与国家平均水平相比仍有较大差距，虽然第一产业占比超过全国平均水平，但二、三产业发展较为迟缓，其比重远远低于全国平均水平。

（3）初步实现多产业协调发展

经过多年的工业发展及把旅游业作为促进经济发展的重要抓手的战略工作转移，各级政府对经济结构不断进行优化调整，强调在发展第一产业的同时，逐渐扩大二、三产业的比重，促进三产业协同共进。依托当地特色资源，滇桂黔石漠化片区已经初步形成以农产品加工产业、金属产业、旅游服务产业为骨干的多产业协调促进的局面。

4. 生态能源环境

（1）石漠化问题严重

滇桂黔石漠化片区是全国石漠化问题最严重的区域，喀斯特面积10万余平方千米，占该片区总面积的近一半，其中，石漠化面积占到喀斯特面积的44.1%，石漠化程度达到中度以上的也有3.3万平方千米。同时，片区内适宜耕种的土地稀少，人均耕地面积不足667平方米，而且由于土壤贫瘠和资源环境承载力低下，区域内旱涝等自然灾害频繁发生，生态条件异常脆弱。

（2）水能、矿产、生物等资源存量富裕

滇桂黔石漠化片区内水系丰盈，大小河流纵横交错，不仅珠江、长江和红河流域从中穿过，还有红水河、左江、右江、融江、清水江等河流在此汇集，为区域贮藏了巨大的水能量。同时，区域内矿产资源富集，锰、铝土、锑、锡、铅锌、磷、煤炭、重晶石、黄金等矿物储藏量大。另外，该片区森林覆盖面积将近过半，生物资源丰富多样，被视为珠江和长江流域重要的生态功能区。

5. 旅游发展环境

(1) 旅游资源丰富

滇桂黔石漠化片区内的自然、人文资源丰富多彩，旅游发展潜能巨大，开发前景广阔。有以环江、乐业、荔波、施秉等县为代表的自然生态旅游资源，以东兰、大化、靖西、黎平等县为代表的红色旅游资源，以龙胜、三江、雷山、从江等县为代表的民族旅游资源，以巴马县为代表的养生旅游资源，以安顺天龙屯堡、镇远古城等为代表的历史文化旅游资源，以罗平、兴仁等县为代表的乡村旅游资源，它们构成了石漠化片区旅游扶贫的资源环境。同时，该片区少数民族众多，久远的历史孕育出了深厚独特的民族文化和缤纷浓郁的民俗风情，更有精湛奇特的民间工艺，而且色彩斑斓的非物质文化遗产也是一大旅游亮点，如侗族大歌、壮锦、苗族古歌、布依族八音坐唱等。

(2) 旅游扶贫正逐步展开

滇桂黔石漠化片区的旅游扶贫正在稳步进行中，各省（区）已有旅游扶贫效果显著的典型案例。

4.4.3 社会环境

1. 人口环境

(1) 少数民族众多

滇桂黔石漠化片区具有少数民族特色鲜明的显著特征，区域内世居少数民族达14个，有壮、苗、布依、瑶、侗等，少数民族人口在片区总人口中占比超过六成。同时，各民族和睦相处，民族交往、交流、交融不断加深。但由于经济、交通、教育等发展落后，少数民族语言及文化各异，对外交流沟通存在阻碍。

（2）老龄化及外出务工影响突出

当前，中国人口结构的主要问题正从人口数量问题转变为人口质量问题。由于老年人口数量急剧增加，生育率持续偏低，所以老龄化问题日益突出，进而很大程度上影响了经济发展，改变了旅游市场格局，扩大了老年旅游市场的发展空间。而该片区由于自然环境优越，长寿老人居多，人口老龄化现象更加突出，加之年轻人外出务工者较多，造成留守儿童、空巢老人现象严重。

2. 贫困面广、程度深

滇桂黔石漠化集中连片特困区贫困发生率不仅高于国家平均水平，而且还远高于西部地区的平均水平，同时贫困人口覆盖面广，是国家重点关注的贫困地带。该片区贫困程度深，部分贫困人口仍然面临住房困难这样的低层次生存问题，杈权房和茅草房的使用率仍旧居高，甚至人畜混居的现象也并不少见。随着各级政府扶贫工作的广泛开展，近年来，区域经济发展水平和人民生活水平有所改善，农村居民人均纯收入基本实现翻倍增长。"十二五"期间，该片区农村脱贫人数达418万人，农村贫困发生率降低了16.4%，扶贫工作取得了显著成效。在扶贫攻坚的冲刺阶段，滇桂黔石漠化片区要选择合适的扶贫方式，力争尽早完成完全脱贫的艰巨任务。

3. 公共服务及基础设施环境

（1）医疗水平和教育普及率逐步提升

滇桂黔石漠化片区的医疗条件正在逐步改善，卫生院在各个乡镇实现了普及，村寨设置卫生室的比例和新型农村合作医疗参保率增幅明显，而且新型农村养老保险在各个县域得到了广泛推行，同时农村低保也基本实现了应保尽保。另外，受经济等各方面因素的限制，区域整体的教育水平相对滞后，但是通过国家政策的执行和扶贫工作的开展，区域内教育普及率得到稳步提升，大幅度降低了青壮年的文盲率，适龄儿童基本实现全部入学，居民受教育的平均年限得以延长。

（2）交通体系

滇桂黔石漠化片区的交通体系亟待完善，区域交通网络不完善导致该片区可进入性较差，进而影响社会经济发展。片区省际、县际等各级交通条件都面临诸多问题，省际交通发展瓶颈突出，县际公路连通性差，且公路等级低、质量差，少数乡镇和大部分行政村仍未开通沥青公路，甚至有个别行政村尚未修建公路。然而，在科技信息化快速发展的社会背景下，高铁、航空等新型交通形式融入社会经济发展，该片区已初步构筑了内外交通运输骨架网络。目前，广西、云南、贵州各省（区）的铁路、高速公路、航空交通等交通体系的建设正逐步推进，沪昆、广昆、汕昆、兰海、厦蓉等国家高速公路贯穿本区域，同时，铁路轨道将湖南、贵州、云南、广西等地互相连接，而且已建成的百色、兴义、六盘水、文山等机场让区域间交通更加便捷。

（3）水利环境

水资源、水利工程及配套设施匮乏。该片区地处喀斯特地貌区，喀斯特面积宽广，地表渗透严重，再加上石漠化问题突出、植被破坏、水土流失严重及自然灾害频发，因此水资源锐减。另外，水利工程建设滞后，骨干水利工程及其配套设施明显不足，小微型水利设施严重缺乏，工程性缺水问题、居民饮水安全问题特别突出。

4.4.4　技术环境

1. "互联网+"的智能化环境

当今是互联网科技信息化时代，云计算、物联网、大数据和移动融合通信等信息技术推进了社会智能化发展，"互联网+"促进了产业智能化融合创新，并不断生成兼具广泛性和创新性的经济发展新业态。同时，新一代的信息技术突破了互联网的局限性，不仅可以优化生产要素配置，还能发挥产业集成作用，将旅游业与互联网融合在一起，在旅游产品设计、旅游市场营销、旅游基础设施建设等方面推进新技术的产生，例如，利用微信、微博、QQ等社交平台促使营销手段丰富化，为片区的旅游扶贫塑造一个智能化发展环境，提供新的机遇。

2. 高铁技术促进同城化

2010年以来，京津冀、长三角、珠三角等区域都完成了两小时交通圈建设，开启了中国的高铁时代。高铁技术催生了区域一体化和同城化，在城市与城市之间构建了一条条快速通道。2014年，中东部地区省际同城交通圈基本实现，乘坐高铁逐渐常态化。据铁路部门统计，2015年春运高铁运客量首次超过普铁，占整个春运人数的55%。交通运输在旅游业发展中占据支柱地位，高铁出行的常态为化旅游发展带来了新机遇。

3. 以贵州为中心的大数据优势

"十三五"期间，贵州最大的发展战略是"大扶贫，大数据"。在不到五年的时间里，贵州在大数据领域经历了由最初的冷漠旁观到快速崛起的过程。现今，贵州已不再是工业时代的跟随者，通过建设数据中心、呼叫中心和大数据交易中心，以及开展"云上贵州"和大数据博览会，加之全国首个国家级大数据综合试验区已经批复建设，贵州已成为大数据时代的同行者甚至领跑者。数据中心具有高耗能的特点，考虑到贵州气温适宜、电力资源丰富和价格优势明显，又地处中国南方，所以被视为最适合建设数据中心的地方。目前，中国移动、联通、电信三大运营商的南方数据中心，蚂蚁金服、华为、富士康等的客服中心，都选择建立在贵州。而且贵州省还将大数据应用于政府工作，如在公安网上，国内首个省级交通大数据云平台得以运行，即贵州公安交警云，它通过动态监管运输或租赁企业、驾驶人和车辆等，提高了工作效率和监管力度。同时，贵州省移动网络等科技还进入了居民生活，全省乡镇及高速公路和高速铁路沿线正逐渐实现移动网络全覆盖。以贵州省为大数据中心带动广西和云南的科技发展，为滇桂黔石漠化片区的旅游扶贫工作提供了良好的技术环境，进而推动区域的社会经济发展。

4. 生物科技、新能源等其他技术发展

（1）壮、瑶等少数民族生物医药技术

滇桂黔石漠化片区少数民族众多，壮、瑶等民族医药资源丰富，加之国家及

地区出台了多个民族医药发展文件，对民族医药技术的发展给予了政策支持，打造了施展的平台。随着养生旅游的兴起，民族医药技术有了更大的可塑性，旅游与民族医药的融合将为石漠化片区添加一项强有力的形象标签。以民族医药技术为旅游资源，开发系列养生健康类旅游产品，不仅可以吸引大量中老年群体，而且能够得到整日处于生活工作压力下的青年群体的青睐。总而言之，民族医药技术将会成为片区一个重要且独具民族特色的旅游资源，推动旅游扶贫的发展，帮助民族地区的贫困人口尽早脱离贫困。

（2）风能、太阳能、水能等新能源开发

滇桂黔石漠化片区水、矿产、生物等资源存量丰富，而且日照时间普遍较长，具备风能、太阳能、水能等新能源开发的基础。将新能源技术运用到旅游发展中，不仅有利于环保旅游、低碳发展，而且可以推动区域旅游基础设施建设，解决旅游发展中的用水用电等问题。

4.5　连片特困区旅游扶贫战略选择

4.5.1　连片特困区旅游扶贫 SWOT 分析

为更加顺利地开展滇桂黔石漠化集中连片特困区的旅游扶贫工作，在从片区自身内部优势（Strength）与劣势（Weakness）和面临的外部机遇（Opportunity）与威胁（Threat）综合剖析，进行旅游扶贫 SWOT 分析。其中，后者是对该片区旅游扶贫的宏观环境展开深入分析，从政策、经济、社会和技术四个方面探讨，即将 PEST（政策环境 Politics、经济环境 Economic、社会环境 Society 和技术环境 Tecnology）嵌入 SWOT 模型（见表 4-30），综合剖析该片区外部环境带来的机遇和挑战，使得其条理更加清晰，也更具说服力。这一系统的综合性评价分析，有利于从旅游扶贫的宏观大环境下科学地辨别出影响滇桂黔石漠化片区旅游扶贫发展的关键因素，进而帮助片区做出更加准确合适的战略性决策。

第4章 滇桂黔石漠化集中连片特困区旅游扶贫现状

表 4-30 滇桂黔石漠化集中连片特困区旅游扶贫 SWOT-PEST 分析

SWOT-PEST矩阵			滇桂黔石漠化集中连片特困区旅游扶贫SWOT分析
内部因素	S优势 Strength		①滇桂黔石漠化片区政府、农民积极配合旅游扶贫发展，落实扶贫相关政策；②片区贫困人口逐渐纳新思想、新技术、新方式的扶贫，发展旅游业符合农民利益，石漠化片区人民迫切需要走出贫困，积极主动发展旅游业；③旅游生态环境和气候条件优越，传统民族文化、风俗习惯等民族旅游资源丰富多彩且保存完好；④能源、矿产、生物、旅游等资源优势明显，依托当地特色资源，石漠化片区已初步形成以农产品加工业、金属产业、旅游服务产业为骨干的多产业协调促进的局面；⑤第一产业比重高于全国平均水平；⑥民风纯朴，村民热情，多数村寨原真性较强，少数民族人口居多，各民族和睦相处，民族交往、交流、交融不断加深；⑦公共服务水平稳步改善；⑧贵州从数据中心、呼叫中心、大数据交易中心、"云上贵州"、大数据博览会发展到全国首个国家级大数据综合试验区等，在大数据领域拥有强大优势和领先地位；⑨滇桂黔石漠化片区壮、瑶等少数民族生物医药技术发展具有明显优势
	W劣势 Weakness		①国家政策使用能力欠缺，政策落实效果与预期有差距，各省、县等对于扶贫的监管力度不够，而且专项旅游扶贫的政策文件不多、不够精准；②石漠化片区思想观念落后，对旅游扶贫方式缺乏认识，村民自我发展能力不足，自主脱贫意识薄弱，同时，干部群众市场意识淡薄，劳动力素质整体偏低，农户生产经营方式落后；③政府不作为现象导致政府与居民关系紧张；④经济基础薄弱，贫困面广、程度深，农民收入来源单一，农民人均纯收入远低于国家平均水平；⑤资源开发利用水平低，县域经济薄弱，资源优势未转化为产业优势，产业亟待优化升级；⑥缺少带动力强的大企业、大基地和产业集群，产业链条和市场体系不完整，配套设施落后，同时，产业结构失衡严重制约经济发展；⑦少数民族语言和文化各异，与外界沟通困难；⑧城镇化进程滞后，城镇化率远低于全国平均水平；⑨义务教育质量差，职业技能教育水平低；⑩医疗卫生条件差，基层卫生服务能力不足；⑪石漠化问题严重，土地贫瘠，资源环境承载力低，干旱、洪涝等灾害频发，生态条件脆弱；⑫交通闭塞，对外交流形成阻碍，交通主干网络不完善，县际公路连通性差，县乡公路等级低、质量差；⑬科技对经济发展贡献率低，基础设施落后，交通与水利瓶颈制约突出，骨干水利工程及其配套设施明显不足，小微型水利设施严重缺乏，工程性缺水问题特别突出
外部因素	O机会 Opportunity	P政策 Politics	①党中央、国务院高度重视区域协调发展和全面建设小康社会，就加大扶贫开发力度、深入推进西部大开发做出了一系列战略部署，为加快区域发展提供了根本保证 ②国务院先后出台《关于进一步促进广西经济社会发展的若干意见》《关于支持云南省加快建设面向西南开放重要桥头堡的意见》和《关于进一步促进贵州经济社会又好又快发展的若干意见》，为增强这些地区的自我发展能力创造了条件 ③滇桂黔石漠化片区作为国家扶贫的重点，国家领导多次视察，做出了重要指示 ④国家及地区对于贫困县、贫困人口的优惠政策多，切实帮扶脱贫，推动滇桂黔旅游扶贫工作 ⑤各市、县级领导对扶贫工作极为重视，加大了旅游扶贫力度 ⑥美丽乡村、新型城镇化、少数民族等多方面政策为贫困地区发展提供了支持 ⑦上至国家下至村屯，年度脱贫任务艰巨，扶贫攻坚势在必行

157

滇桂黔石漠化集中连片特困区旅游扶贫模式研究

（续表）

SWOT-PEST矩阵		滇桂黔石漠化集中连片特困区旅游扶贫SWOT分析
外部因素	O机会 Opportunity / E经济 Economic	①国内人均GDP超过5000美元，全民进入"休闲时代"，为旅游发展带来机遇 ②国民旅游消费提升，旅游需求日益增加 ③国家扩大扶贫财政支持，为贫困县旅游扶贫提供经济力量 ④北部湾经济区、黔中经济区和滇中经济区的加速发展为该区域发展提供了良好的周边环境 ⑤中国–东盟自由贸易区的深入建设和泛珠三角区域经济合作的有效推进，为加强对内对外开放与合作、推进生产力布局调整、促进特色优势产业发展提供了重大机遇 ⑥旅游扶贫将切实帮扶贫困户，增加居民收入，改善其生活水平 ⑦旅游扶贫将有利于提升地区GDP，加速经济增长 ⑧旅游发展带动相关产业发展，加快脱贫致富的步伐
O机会 Opportunity	S社会 Society	①社会老龄化，有助于老年旅游市场发展，形成旅游扶贫的养生趋势 ②旅游发展增加就业机会，将缓解空巢老人、留守儿童等问题 ③生活方式变化，旅游增加居民与外界沟通交流的机会
	T技术 Technology	①"互联网+"、大数据时代的推进，为旅游扶贫提供了技术支持 ②自媒体营销时代，微信、微博等平台的普及，降低了旅游扶贫的营销难度 ③移动技术的发展大大改变了旅行预订方式和旅游组织方式 ④高铁技术推进同城化，增加了旅游的便捷性，减少了路程消耗的时间
外部因素	P政策 Politics	①政府将扶贫重点放在地区总体利益上，忽视贫困人口的受益程度 ②政府不放权，旅游组织和社区居民难以施展拳脚，参与度较低 ③政府过度依赖国家政策、财政等支持，不利于长期发展
T威胁 Threat	E经济 Economic	①旅游扶贫过程中容易出现旅游飞地、旅游漏损等负效应 ②政府、旅游组织、村民三者利益分配不均 ③旅游发展可能造成管理无序、治安恶化等问题
	S社会 Society	①村民话语权受限，贫困居民被旅游扶贫边缘化 ②政府和村民因土地等问题发生矛盾冲突 ③旅游发展可能会破坏村落的传统文化，改变村民原有生活方式 ④旅游带来的外来文化使传统民族文化同质化
	T技术 Technology	①网络营销快速发展，可能会导致激烈的竞争 ②网络的便捷性要求旅游扶贫必须正面化，否则负面事件的传播必将影响长久生存 ③移动技术预订和评价系统要求高质量的旅游服务

4.5.2 综合结论

通过对滇桂黔石漠化集中连片特困区旅游扶贫的自身优劣势及外部政策环境（P）、经济环境（E）、社会环境（S）、技术环境（T）等因素进行综合分析，得出以下结论。

1. 政策环境良好，但政府执行力度欠缺

滇桂黔石漠化集中连片特困区开展旅游扶贫的政策环境良好，国家、省（区）、县等各级政府制定的政策推动了旅游扶贫发展，引导贫困地区经济快速提升，改善了贫困人口生活，而且政府、居民、旅游组织等利益相关者都积极配合旅游扶贫政策的落实，发展旅游业也符合贫困地区居民的利益。但片区仍存在政府不作为现象，导致居民和政府关系不融洽。通过调研发现，案例地政府对旅游扶贫不重视，缺乏具体的政策和措施，或有政策但不执行。这要求政府一方面要尽快制定旅游扶贫地的总体规划和扶贫政策，另一方面要严格执行规划和政策，从案例地扶贫发展的总体利益出发，从贫困现状与贫困需求出发，加强政府执行力度。

2. 经济环境落后，但旅游扶贫潜力巨大

由于地理位置偏远、山区道路崎岖等多种因素，滇桂黔石漠化片区经济发展迟缓，大多数以农业为支柱产业，致使经济基础薄弱，区域经济生产总值远低于全国平均水平。但在国家各项政策的扶持及各级政府与群众的共同努力下，片区经济增长速度正逐渐加快，主要表现为居民人均纯收入稳步增长、城镇化率持续提升、产业结构优化升级等。而且石漠化片区自然资源丰富，生态环境优美，民族文化底蕴深厚，为区域旅游开发提供了充足的发展条件。鉴于片区多数村寨经济环境较为落后，旅游扶贫是见效相对较快且较符合区域实际情况的方式，改善经济状况的空间较大，发展潜力可观。

3. 社会环境优良，但居民与政府矛盾突出

当前的大旅游时代、休闲时代为滇桂黔石漠化片区发展旅游业提供了外部机遇，同时区域内居民友好热情、民风纯朴，为旅游接待服务质量提供了一定的保证，且多数地区尚未被外部环境同质化，仍保有较高的生态原真性。但是，现今区域旅游发展存在诸多问题，其中比较突出的是获益居民对旅游开发的满意度不高，不仅是没有在旅游中获益的居民对旅游开发的满意度不高，而且参与旅游开发并获益的居民同样对旅游开发的满意度不高。究其原因不是获益太少，而是景区或政府管理不当等非经济原因造成的。具体来说，包括政府不作为、政策不执行、景区开发不平衡、居民受益不均、分红太少、景区信息不对称、景区管理措施不当，以及居民自身素质较低，对旅游扶贫开发期望太高、太多等。

4. 技术环境乐观，但旅游扶贫开发滞后

滇桂黔石漠化集中连片特困区的旅游扶贫开发相对滞后，而且旅游扶贫发展中存在旅游漏损等问题，严重影响了旅游扶贫绩效。首先，覆盖面有限。旅游活动边缘地区与核心景区的贫困人口、能够参与旅游活动与不参与旅游活动的贫困人口收入差距较大，一些边缘地区的人群或没有能力经营旅游的人群无法获取旅游开发带来的好处，而当地政府对于这类人群未给予帮扶。其次，旅游扶贫开发严重漏损。虽然旅游漏损在旅游开发过程中难以避免，但区域内旅游漏损现象比较明显。很多景区一半以上的经营者来自外地且收入高于当地居民，而当地居民由于资金、管理等问题，没有经营能力，只能从事简单的旅游商品销售、餐饮服务等工作，收入较低。尽管片区内旅游扶贫现状有待改善，但其技术环境十分乐观，贵州的大数据、滇桂黔的少数民族医药技术、高铁技术以及互联网和物联网的发展都为旅游扶贫提供了支持，提升空间较大。

4.5.3 战略选择

在滇桂黔石漠化集中连片特困区旅游扶贫 SWOT-PEST 综合分析的基础上，选择合适的发展战略，以促使片区旅游扶贫工作顺利开展并取得最优的旅游扶贫绩效。

1. 滇桂黔石漠化片区旅游扶贫 SWOT 功能作用机制

在滇桂黔石漠化片区旅游扶贫开发过程中，应通过全面系统地分析自身的内外因素，包括社会、经济、生态等各种宏观和微观因素及现已存在和潜在的优劣因素，并扬长避短，根据区域实际情况，以提升区域核心竞争力为目的，明确旅游扶贫的战略重点，选择可行性较强的最优实施战略。而这个实施战略的实质则是，基于对滇桂黔石漠化片区内外部生存环境的有效分析，确保区域在未来的旅游扶贫工作中遵循机遇与优势匹配、规避威胁并克服劣势的核心战略原则。而战略分析过程的关键则是把内部优势和外部机遇等有利因素保持到最大，将自身劣势和外部威胁等不利因素压制到最小，见图4-4。

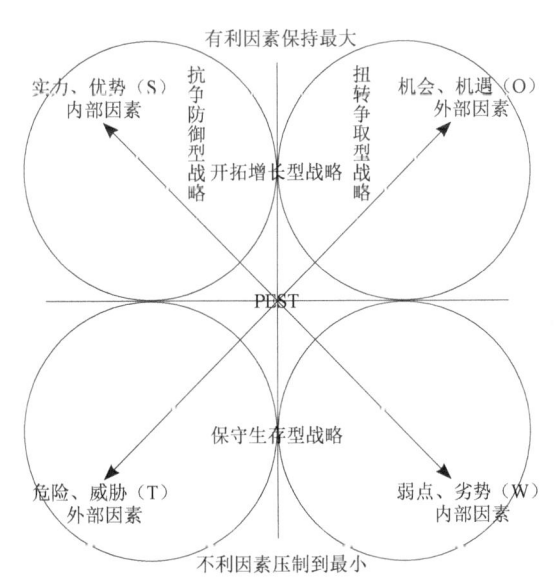

图 4-4 滇桂黔石漠化片区旅游扶贫 SWOT 功能作用机制简图

2. 滇桂黔石漠化片区旅游扶贫发展战略选择方法

根据上述 SWOT-PEST 分析，在遵循 SWOT 功能作用机制的基础上，提出适合滇桂黔石漠化片区旅游扶贫的战略类型（见图4-5），包括 SO 实力开拓型战略、ST 抗争防御型战略、WO 扭转争取型战略、WT 保守生存型战略四种。

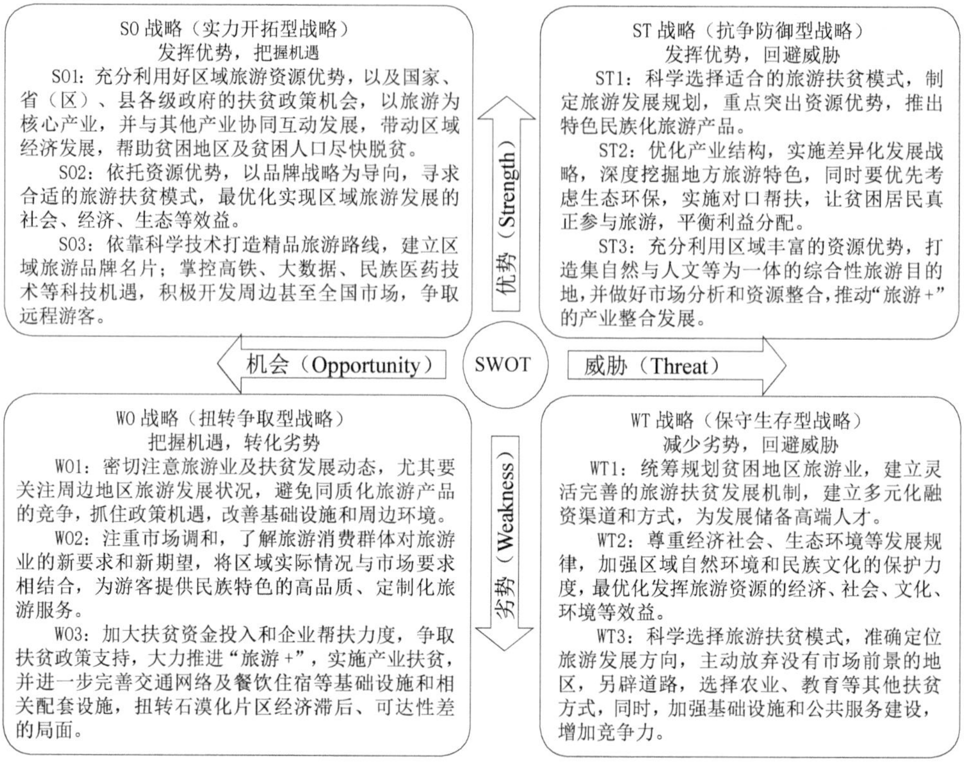
SO 战略（实力开拓型战略）
发挥优势，把握机遇
SO1：充分利用好区域旅游资源优势，以及国家、省（区）、县各级政府的扶贫政策机会，以旅游为核心产业，并与其他产业协同互动发展，带动区域经济发展，帮助贫困地区及贫困人口尽快脱贫。
SO2：依托资源优势，以品牌战略为导向，寻求合适的旅游扶贫模式，最优化实现区域旅游发展的社会、经济、生态等效益。
SO3：依靠科学技术打造精品旅游路线，建立区域旅游品牌名片；掌控高铁、大数据、民族医药技术等科技机遇，积极开发周边甚至全国市场，争取远程游客。
ST 战略（抗争防御型战略）
发挥优势，回避威胁
ST1：科学选择适合的旅游扶贫模式，制定旅游发展规划，重点突出资源优势，推出特色民族化旅游产品。
ST2：优化产业结构，实施差异化发展战略，深度挖掘地方旅游特色，同时要优先考虑生态环保，实施对口帮扶，让贫困居民真正参与旅游，平衡利益分配。
ST3：充分利用区域丰富的资源优势，打造集自然与人文等为一体的综合性旅游目的地，并做好市场分析和资源整合，推动“旅游+”的产业整合发展。
优势（Strength）
机会（Opportunity）
SWOT
威胁（Threat）
劣势（Weakness）
WO 战略（扭转争取型战略）
把握机遇，转化劣势
WO1：密切注意旅游业及扶贫发展动态，尤其要关注周边地区旅游发展状况，避免同质化旅游产品的竞争，抓住政策机遇，改善基础设施和周边环境。
WO2：注重市场调和，了解旅游消费群体对旅游业的新要求和新期望，将区域实际情况与市场要求相结合，为游客提供民族特色的高品质、定制化旅游服务。
WO3：加大扶贫资金投入和企业帮扶力度，争取扶贫政策支持，大力推进“旅游+”，实施产业扶贫，并进一步完善交通网络及餐饮住宿等基础设施和相关配套设施，扭转石漠化片区经济滞后、可达性差的局面。
WT 战略（保守生存型战略）
减少劣势，回避威胁
WT1：统筹规划贫困地区旅游业，建立灵活完善的旅游扶贫发展机制，建立多元化融资渠道和方式，为发展储备高端人才。
WT2：尊重经济社会、生态环境等发展规律，加强区域自然环境和民族文化的保护力度，最优化发挥旅游资源的经济、社会、文化、环境等效益。
WT3：科学选择旅游扶贫模式，准确定位旅游发展方向，主动放弃没有市场前景的地区，另辟道路，选择农业、教育等其他扶贫方式，同时，加强基础设施和公共服务建设，增加竞争力。

图 4-5 滇桂黔石漠化片区旅游扶贫战略矩阵分析

滇桂黔石漠化集中连片特困区旅游扶贫的战略选择可采用层次分析法（AHP）和专家咨询法。首先根据 SWOT-PEST 分析的情况，邀请相关专家进行打分，然后根据以下六个步骤进行判断。一是将旅游扶贫 SWOT 矩阵中所有的内外部因素作为一个分析类，所有因素权重之和规定为 1，采用 AHP 法确定各因素权重值，对各因素进行两两判断，运用最大特征根法算出每一因素的权重。二是对每一因素进行评分，分值设置按照李克特量表。三是每一因素的权重值乘以各自的评分值得到加权分值，汇总所有因素的加权分值后得到内外部因素的总分值。四是根据总分值除以因素个数，得出总优势力度 S、总劣势力度 W、总机会力度 O、总威胁力度 T，并根据重心法计算战略四边形重心坐标 P（X，Y），得出战略方位角。五是通过计算战略正负强度 U 和 V（分别为 O*S 和 T*W），计算战略强度系数 $r=U/(U+V)$。最后，考查战略类型方位 θ 角与战略类型的对应关系，得出战略类型与战略强度谱系图（见图 4-6）。

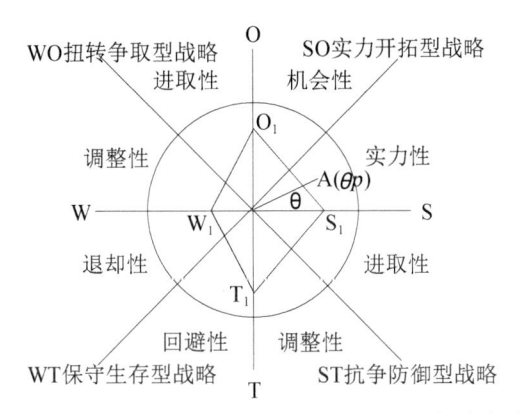

图 4-6 滇桂黔石漠化片区旅游扶贫战略强度谱系图

3. 滇桂黔石漠化片区旅游扶贫战略建议

通过 PEST 内外部因素分析及 SWOT 战略矩阵分析可知，滇桂黔石漠化片区旅游扶贫发展除了要认清自身优劣势外，还要时刻关注外部带来的机遇和威胁。在此基础上，本书提出以下六点战略建议。

（1）深刻解读旅游扶贫相关政策，抓住政策机遇，准确定位旅游扶贫发展方向，选择合适的旅游扶贫模式。

（2）政府在旅游开发时要设计好游览线路，引导游客前往景区边缘地区旅游，并且了解贫困人口致贫的真正原因，为真正的贫困人口建立档案，杜绝名额限制、托关系的行为，采取智力、教育、政策、机会等"造血式"扶贫，提升贫困人口发展能力，使其能够可持续脱贫。

（3）建立专项旅游扶贫发展资金，进一步加强交通等基础设施的投入力度，大力完善景区相关配套设施。

（4）景区和政府在进行旅游扶贫开发时要做好旅游经营规划，以防止和减少旅游漏损，在开发过程中要严格控制外来投资者的进入，扶持当地居民参与旅游开发，同时，在当地居民和投资者合作时要严格把关，使得合作对当地居民有利。

（5）根据贫困地区的地理区位、资源优势，适度开发具有特色的旅游产品，同时要避免同质化产品泛滥，与周围地区形成差异化发展局面，并做好区域联动，拓宽旅游市场，实现互利共赢。

（6）强化对民族文化资源和自然资源的保护，以生态经济理论为指导，实施保护性开发，尤其是石漠化现象严重的区域。

本章小结

本章全面科学地分析了滇桂黔石漠化集中连片特困区的旅游扶贫现状，为后续旅游扶贫绩效评价和旅游扶贫模式选择奠定了基础。首先，石漠化片区内生态环境脆弱，贫困及旅游资源富集并存，部分重度石漠化片区不适合经济活动的开展。当前，旅游扶贫开发在石漠化片区内已逐步开展起来，在这一特殊的自然环境下，要进行旅游扶贫开发，就要对地区旅游扶贫适宜性及旅游扶贫适宜模式进行评价。现今国内外关于旅游扶贫的研究多数是从贫困人口感知、发展模式、绩效评价等方面展开的，针对旅游扶贫适宜性的研究成果并不多，尚未有学者根据资源、市场、经济社会环境条件、政府支持、居民态度、受益机制等因素对旅游扶贫进行适宜性评价，也未有学者系统地对旅游扶贫条件、旅游扶贫潜力、适宜模式等方面进行研究，因此有必要结合石漠化地区特殊的资源、经济、社会、环境条件等，对其开展旅游扶贫的适宜性进行系统的评价研究，以帮助提高旅游扶贫的效果。其次，总结广西、云南、贵州的旅游开发现状和扶贫开发现状，并对滇桂黔石漠化片区进行 SWOT-PEST 分析，建立 SWOT 战略矩阵。在这些分析的基础上，提出片区旅游扶贫发展的 SO 实力开拓型战略、ST 抗争防御型战略、WO 扭转争取型战略、WT 保守生存型战略，并针对扶贫政策、旅游漏损等方面给出六点战略性建议。

第5章 滇桂黔石漠化集中连片特困区旅游扶贫绩效评价

5.1 旅游扶贫绩效评价体系的构建原则

5.1.1 指标选择的基本思路

在扶贫攻坚的决定性阶段，旅游扶贫作为一种重要的扶贫方式被广泛认可，其理论基础、扶贫模式、扶贫效应等相关研究已逐渐全面深入，而且旅游扶贫在广西、云南、贵州的实践中也取得了明显的效果，因此，旅游扶贫绩效评价也成为学者们研究的热点。滇桂黔石漠化集中连片特困区具有贫困面广和贫困程度深的特征，根据现有关于旅游扶贫绩效评价的研究成果，本书在构建滇桂黔石漠化片区旅游扶贫绩效评价指标体系时，结合了当地特殊的发展状况，在国家扶贫项目建设的背景下，有针对性地进行了指标选取工作，使每一个选取的指标更具客观性、科学性和准确性，能够切实反映出当地旅游扶贫工作的绩效水平。

5.1.2 指标选择的基本原则

1. 目标导向性原则

旅游扶贫绩效评价的目的是通过对旅游扶贫开发工作的评估，找出扶贫工作中所存在的问题或漏洞，从而为决策者和管理者提供针对性的改进方法和建议，以此提高旅游扶贫的效率及效果。因此，要围绕旅游扶贫绩效评价的目标选取评价指标，通过提升旅游扶贫效果的目标指引，制定能够真正反映出滇桂黔石漠化片区旅游扶贫绩效实际情况且针对性较强的指标，采用清晰明了的方式，以直观的数据呈现出来，便于决策者参考。

2. 全面性原则

旅游扶贫是一个涉及经济、社会、生态、环境等多方面内容的系统工程，对旅游扶贫工作的绩效评价要综合考虑对各个方面的影响及作用。不仅要对旅游扶贫所带来的经济效益进行评估，还要综合考虑旅游扶贫对于社会、文化等方面的影响；不仅要从宏观角度考察旅游扶贫开发对于地区发展的带动作用，还要从微观层面考虑贫困村、贫困居民从扶贫项目中所获得的收益。因此，旅游扶贫绩效评价指标体系的选取要本着全面性原则，综合考虑，从而反映旅游扶贫绩效的方方面面。

3. 科学性原则

科学性原则是保证绩效评价顺利进行，以及绩效评价结果真实客观的前提和基础。在设计滇桂黔石漠化集中连片特困区绩效评价指标体系时，要以科学理论为指导，遵循客观规律，以反映当地旅游扶贫工作进展和当地发展本质为依据，准确筛选出能够反映旅游扶贫绩效的相应指标。同时指标设置也要与时俱进，符合经济发展和社会进步的发展规律和内在联系，适应发展现状。

4. 可操作性原则

要保障滇桂黔石漠化片区的旅游扶贫绩效评价结果真实可靠，还需要遵循可操作性原则。首先，建立指标体系应以科学的理论为根据，使评价指标能充分反映旅游扶贫工作的内在机制。其次，指标要能够进行数学度量，不能度量的指标是不能直接转化为数据来反映事物特征的。这就要求指标的建立要从实际出发，简单可行，且数据易于收集整理。最后，可操作性还要求各指标数据能够实现持续监测。扶贫工作是长期性的，而对于旅游扶贫工作的绩效评价也需要综合考虑历年的统计数据，避免受局部因素的影响。

5. 针对性和特殊性原则

不同的地域环境会对旅游扶贫工作产生不同的外在影响，因此旅游扶贫绩效评价指标的选取要坚持针对性和特殊性的原则。首先，指标的选取要与绩效评价目标相一致，重点考察反映绩效目标的关键指标。如果没有抓住重点，则会使一些重要指标丢失，影响绩效评价效果。其次，指标体系的特殊性还体现为指标是否反映当地的特殊发展环境，如滇桂黔石漠化片区是集"老、少、边、穷"为一体的集中连片特困区，局部地区生态环境恶劣，石漠化问题严重，因此在指标选取时要突出其特殊性。

5.2 旅游扶贫绩效评价体系的建立

5.2.1 旅游扶贫绩效评价指标体系构建方法

1. 文献分析法

以中国知网 CNKI 和 Science Direct 数据库作为中外文献检索平台，分别采用"旅游""扶贫""绩效/效应/效益"和"tourism poverty""pro-poor tourism""impact/effect"为中外文关键词，检索时间范围在 2016 年之前，经筛选得到有关绩效评价指标的文献。通过阅读这些相关文献，对绩效评价的相关理论基础及体系构建的方式方法进行大致了解，同时记录文献中出现的绩效评价指标的频次，为后期体系构建奠定基础。另外，通过登录相关政府工作网站，查找扶贫绩效评价的工作办法、绩效评价工作报告及扶贫规划，从政府层面为绩效评价指标体系的确定提供政策指导。

2. 德尔菲法

根据滇桂黔石漠化集中连片特困区旅游扶贫绩效评价体系具体指标的内容，通过邮件咨询的方式，询问旅游规划与开发、旅游行为与感知、旅游生态和旅游经济等研究领域的专家学者对构建指标体系的建议及意见，并将首次咨询结果详细记录。然后汇总整理首次咨询结果后反馈给相关专家，让他们对自己的意见进行修改，再对专家意见进行汇总整理，如此反复，直到得到相对具有集中代表性的评价指标，并最终确定滇桂黔石漠化片区旅游扶贫绩效评价指标体系。

5.2.2 旅游扶贫绩效评价指标体系的构建

通过对历年文献检索发现，当前对于旅游扶贫绩效评价的研究成果不多，可参考借鉴的指标较少，绩效评价目标也较为分散，因此本书在前人研究的基础上，坚持目标导向性、全面性、科学性、可操作性、针对性和特殊性原则，采用文献分析法与德尔菲法相结合的方式进行体系构建。首先，对旅游扶贫、石漠化扶贫、扶贫等文章中有关的评价指标进行统计；其次，通过词频统计分析，选择学者使用较多的指标作为基础指标；最后，通过对国家扶贫工作报告，滇、桂、黔三省（区）政府工作报告，绩效评价办法及联合国《人类发展报告》的整理分析，根据前期学术界研究成果和各级政府扶贫开发工作指示、安排建立初步指标体系（见表5-1）。内容包括目标层、准则层、指标层、指标要素层4个层次，考虑到旅游扶贫绩效指标的相关性与综合性，初步指标体系主要从经济绩效、社会绩效、生态绩效、文化绩效及居民发展5个维度考虑，共48个指标。然后，将得到的指标体系发给16位近5年发表过关于旅游扶贫论文的专家征求意见，最终获得16位专家的意见反馈。通过对专家意见的整理，得到三个核心意见：①指标体系中部门指标过于主观，指标选取难以把握，指标难以度量；②指标选取过于分散，逻辑性不强，部分指标选取重复；③考虑到居民收入、旅游收入等客观绩效与居民感知等主观绩效数据获取的全面性、时效性及准确性，建议统一使用2015年的相关数据，以增强绩效评价的科学合理性。根据专家意见，将指标体系准则层调整为经济绩效、社会绩效、生态绩效、居民发展4个部分，将初步指标体系中的文化绩效和社会绩效中的社会影响进行综合，最后就调整后的指标与指标体系构建思路向这16位专家进行第二轮意见征询，得到反馈意见后，再进行修改，最终确定的绩效评价指标体系共包含37个指标（见表5-2）。

表 5-1 滇桂黔石漠化片区旅游扶贫绩效评价指标体系（修改前指标）

目标层	准则层	指标层	指标要素层
滇桂黔石漠化集中连片特困区旅游扶贫绩效评价指标体系（A）	经济绩效（B_1）	宏观绩效（C_1）	地区生产总值（D_1）
			地区年度旅游接待人数（D_2）
			地区就业率（D_3）
			年度旅游总收入（D_4）
			旅游收入占GDP的比重（D_5）
			产业结构（D_6）
			固定资产投资（D_7）
			城镇化率（D_8）
		微观绩效（C_2）	农村居民人均纯收入（D_9）
			居民参与旅游开发的程度（D_{10}）
			居民生活质量水平（D_{11}）
			家庭恩格尔系数（D_{12}）
			贫困人口数（D_{13}）
	社会绩效（B_2）	基础设施（C_3）	乡村道路硬化里程数（D_{14}）
			村公交通达率（D_{15}）
			农村自来水普及率（D_{16}）
			农村电力普及率（D_{17}）
			农村网络建设（D_{18}）
		医疗服务（C_4）	新型农村合作医疗参合率（D_{19}）
			新型农村社会养老保险率（D_{20}）
			农村医疗保险覆盖率（D_{21}）
			农村医疗机构数（D_{22}）
		公共教育（C_5）	农村专任教师人数（D_{23}）
			农村中学学校机构数（D_{24}）
			九年义务教育普及率（D_{25}）
		社会影响（C_6）	社会治安状况（管理与服务）（D_{26}）
			社会知名度（D_{27}）
			居民生活方式（D_{28}）
			外来投资状况（D_{29}）
			社会关系（内、外）（D_{30}）
滇桂黔石漠化集中连片特困区旅游扶贫绩效评价指标体系（A）	生态绩效（B_3）	生态环境（C_7）	森林覆盖率（D_{31}）
			石漠化率（D_{32}）
			优良天气数（D_{33}）
			水土流失发生率（D_{34}）
		生态治理（C_8）	生态治理（D_{35}）
			资源保护经费投入（D_{36}）
			生态保护宣传（D_{37}）
	文化绩效（B_4）	文化感知（C_9）	旅游对当地文化的传承（D_{38}）
			旅游对民族关系的影响（D_{39}）
			旅游对民族文化的影响（D_{40}）
		思想扶持（C_{10}）	旅游对居民思想观念的影响（D_{41}）
			文化认同度（D_{42}）
	居民发展（B_5）	居民态度（C_{11}）	居民对旅游扶贫的态度（D_{43}）
			居民参与旅游开发的意愿（D_{44}）
			居民参与旅游决策的意识（D_{45}）
		居民能力（C_{12}）	居民参与旅游项目的能力（D_{46}）
			居民参与旅游技能培训的比例（D_{47}）
			居民参与村民会议的比例（D_{48}）

表 5-2 滇桂黔石漠化片区旅游扶贫绩效评价指标体系（修改后指标）

目标层	准则层	指标层	指标要素层
滇桂黔石漠化集中连片特困区旅游扶贫绩效评价指标体系（A）	经济绩效（B_1）	宏观绩效（C_1）	地区生产总值（D_1）
			年度旅游接待人数（D_2）
			年度旅游总收入（D_3）
			社会消费零售总额（D_4）
			城镇登记失业率（D_5）
			第三产业占GDP比重（D_6）
			投入各类扶贫资金（D_7）
		微观绩效（C_2）	农村居民人均纯收入（D_8）
			贫困人口数（D_9）
	社会绩效（B_2）	基础设施（C_3）	全县公路里程数（D_{10}）
			村公交通达率（D_{11}）
			供水率（D_{12}）
			供电率（D_{13}）
			互联网宽带接入用户（D_{14}）
		医疗保障（C_4）	新型农村合作医疗参保率（D_{15}）
			全县低保发放人数（D_{16}）
			全县医疗机构床位数（D_{17}）
		公共教育（C_5）	全县专任教师人数（D_{18}）
			普通中学机构数（D_{19}）
			九年义务教育普及率（D_{20}）
		社会文化（C_6）	社会治安状况（D_{21}）
			旅游对当地文化的影响（D_{22}）
			居民生活方式状况（D_{23}）
			村民关系（D_{24}）
	生态绩效（B_3）	生态环境（C_7）	森林覆盖率（D_{25}）
			污水处理率（D_{26}）
			环境空气质量（API）优良率（D_{27}）
		生态感知（C_8）	地区生态保护措施（D_{28}）
			生活环境状况（D_{29}）
			生态环境保护意识（D_{30}）
	居民发展（B_4）	居民态度（C_9）	居民对旅游扶贫开发的态度（D_{31}）
			居民参与旅游扶贫开发的意愿（D_{32}）
			居民参与旅游决策的意识（D_{33}）
		居民能力（C_{10}）	居民参与旅游项目的能力（D_{34}）
			居民参与旅游技能培训的情况（D_{35}）
			居民参与村民会议的情况（D_{36}）

5.2.3 指标因子阐释

1. 经济绩效指标设计

旅游扶贫开发的经济绩效是被各界普遍接受和认可的，本书将经济绩效分为宏观绩效（C_1）和微观绩效（C_2）两类。其中，旅游扶贫工作对地区整体经济的带动作用为宏观绩效，居民参与旅游扶贫工作的经济收益情况为微观绩效。宏观绩效主要包括地区生产总值（D_1）、年度旅游接待人数（D_2）、年度旅游总收入（D_3）、社会消费零售总额（D_4）、城镇登记失业率（D_5）、第三产业占 GDP 比重（D_6）、投入各类扶贫资金（D_7）。微观绩效主要指农村居民人均纯收入（D_8）、贫困人口数（D_9）两个方面。

2. 社会绩效指标设计

旅游扶贫工作不仅有利于推动当地经济发展，而且能够通过旅游开发的带动作用，促进当地社会进步。旅游扶贫的社会绩效（B_2）主要指基础设施（C_3）、医疗保障（C_4）、公共教育（C_5）、社会文化（C_6）4 个方面。其中，基础设施状况通过全县公路里程数（D_{10}）、村公交/通达率（D_{11}）、供水率（D_{12}）、供电率（D_{13}）、互联网宽带接入用户（D_{14}）5 个指标反映。医疗保障状况通过新型农村合作医疗参保率（D_{15}）、全县低保发放人数（D_{16}）、全县医疗机构床位数（D_{17}）4 个指标反映。公共教育是衡量扶贫效果的重要指标，滇桂黔石漠化片区的公共教育状况主要通过全县专任教师人数（D_{18}）、普通中学机构数（D_{19}）、九年义务教育普及率（D_{20}）3 个指标反映。社会文化状况通过社会治安状况（D_{21}）、旅游对当地文化的影响（D_{22}）、居民生活方式状况（D_{23}）、村民关系（D_{24}）4 个指标反映。

3. 生态绩效指标设计

滇桂黔石漠化片区生态环境脆弱，旅游开发难度大，对旅游扶贫开发的绩效评价应该更加注重对其生态效益的评估。生态绩效（B_3）主要指当地客观生态环境（C_7）和当地居民对于生态环境的感知情况（C_8）。其中，生态环境包括森林覆盖率（D_{25}）、污水处理率（D_{26}）、环境空气质量（API）优良率（D_{27}）。生态感知（C_8）主要指在旅游扶贫开发的过程中,当地居民及政府是否重视生态保护，包括地区生态保护措施（D_{28}）、生活环境状况（D_{29}）和生态环境保护意识（D_{30}）3 个指标。

4. 居民发展指标设计

作为旅游扶贫工作的直接参与者和旅游开发效益的切身感受者，将居民发展情况作为反映旅游扶贫绩效的指标具有重要意义。本书结合前人研究成果，将居民发展（B_4）分为居民态度（C_9）和居民能力（C_{10}）。其中，居民态度反映当地居民对旅游扶贫工作的态度和参与意愿，包括居民对旅游扶贫开发的态度（D_{31}）、居民参与旅游扶贫开发的意愿（D_{32}）、居民参与旅游决策的意识（D_{33}）3个指标。居民能力主要指在旅游扶贫开发过程中的居民自身能力提升情况，包括居民参与旅游项目的能力（D_{34}）、居民参与旅游技能培训的情况（D_{35}）、居民参与村民会议的情况（D_{36}）3个指标。

5.3 旅游扶贫绩效评价指标权重确立

5.3.1 权重确立方法——变异系数法

变异系数法的使用依赖收集的数据。首先通过问卷调查收集原始数据，借助SPSS19.0求出各个指标的均值与标准差。假设第i个指标的标准差为$\acute{O_i}$，平均值为M_i，则变异系数$CV_i = \frac{\acute{O_i}}{M_i}$。然后将各个指标的变异系数汇总，$CV_\text{总} = \sum CV_i$，则各个指标的权重$b_i = \frac{CV_i}{CV_\text{总}}$。

5.3.2 权重确立

基于客观性、科学性、重要性等原则，采用变异系数法确定滇桂黔石漠化片区旅游扶贫绩效评价各指标权重（见表5-3）。其中经济绩效指标权重为0.50003，社会绩效指标权重为0.44482，生态绩效指标权重为0.02031，居民发展指标权重为0.03484。

表 5-3 滇桂黔石漠化片区旅游扶贫绩效评价指标权重

目标层	准则层	指标层	指标要素层	指标权重
滇桂黔石漠化集中连片特困区旅游扶贫绩效评价指标体系（A）	经济绩效（B_1）0.50004	宏观绩效（C_1）0.45877	地区生产总值（D_1）	0.04307
			年度旅游接待人数（D_2）	0.03722
			年度旅游总收入（D_3）	0.03801
			社会消费零售总额（D_4）	0.04085
			城镇登记失业率（D_5）	0.23426
			第三产业占GDP比重（D_6）	0.00744
			投入各类扶贫资金（D_7）	0.05791
		微观绩效（C_2）0.04127	农村居民人均纯收入（D_8）	0.00431
			贫困人口数（D_9）	0.03695
	社会绩效（B_2）0.44482	基础设施（C_3）0.12153	全县公路里程数（D_{10}）	0.03546
			村公交通达率（D_{11}）	0.00267
			供水率（D_{12}）	0.00009
			供电率（D_{13}）	0.00001
			互联网宽带接入用户（D_{14}）	0.08329
		医疗保障（C_4）0.06073	新型农村合作医疗参保率（D_{15}）	0.00001
			全县低保发放人数（D_{16}）	0.03167
			全县医疗机构床位数（D_{17}）	0.02905
		公共教育（C_5）0.25355	全县专任教师人数（D_{18}）	0.03452
			普通中学机构数（D_{19}）	0.03554
			九年义务教育普及率（D_{20}）	0.18349
		社会文化（C_6）0.00901	社会治安状况（D_{21}）	0.00476
			旅游对当地文化的影响（D_{22}）	0.00078
			居民生活方式状况（D_{23}）	0.00203
			村民关系（D_{24}）	0.00146
	生态绩效（B_3）0.02031	生态环境（C_7）0.01307	森林覆盖率（D_{25}）	0.01049
			污水处理率（D_{26}）	0.00183
			环境空气质量（API）优良率（D_{27}）	0.00074
		生态感知（C_8）0.00724	地区生态保护措施（D_{28}）	0.00199
			生活环境状况（D_{29}）	0.00254
			生态环境保护意识（D_{30}）	0.00271
	居民发展（B_4）0.03483	居民态度（C_9）0.02530	居民对旅游扶贫开发的态度（D_{31}）	0.01419
			居民参与旅游扶贫开发的意愿（D_{32}）	0.00705
			居民参与旅游决策的意识（D_{33}）	0.00406
		居民能力（C_{10}）0.00953	居民参与旅游项目的能力（D_{34}）	0.00445
			居民参与旅游技能培训的情况（D_{35}）	0.00364
			居民参与村民会议的情况（D_{36}）	0.00145

5.4 实证分析

5.4.1 数据来源

指标数据分为客观数据和感知数据，前者来源于各地政府统计数据，后者主要来源于实践调研数据，详见表 5-4。

表 5-4 滇桂黔石漠化片区旅游扶贫绩效评价指标数据来源

指标体系	指标类型	指标要素	数据来源
滇桂黔石漠化集中连片特困区旅游扶贫绩效评价指标体系（A）	客观数据	地区生产总值（D_1）	各省、市、县人民政府各部门网站及各地统计公报、统计年鉴等
		年度旅游接待人数（D_2）	
		年度旅游总收入（D_3）	
		社会消费零售总额（D_4）	
		城镇登记失业率（D_5）	
		第三产业占GDP比重（D_6）	
		投入各类扶贫资金（D_7）	
		农村居民人均纯收入（D_8）	
		贫困人口数（D_9）	
		全县公路里程数（D_{10}）	
		村公交通达率（D_{11}）	
		供水率（D_{12}）	
		供电率（D_{13}）	
		互联网宽带接入用户（D_{14}）	
		新型农村合作医疗参保率（D_{15}）	
		全县低保发放人数（D_{16}）	
		全县医疗机构床位数（D_{17}）	
		全县专任教师人数（D_{18}）	
		普通中学机构数（D_{19}）	
		九年义务教育普及率（D_{20}）	
		森林覆盖率（D_{25}）	
		污水处理率（D_{26}）	
		环境空气质量（API）优良率（D_{27}）	
	感知数据	社会治安状况（D_{21}）	问卷数据 14
		旅游对当地文化的影响（D_{22}）	问卷数据 12
		居民生活方式状况（D_{23}）	问卷数据 15
		村民关系（D_{24}）	问卷数据 30
		地区生态保护措施（D_{28}）	问卷数据 17
		生活环境状况（D_{29}）	问卷数据 19
		生态环境保护意识（D_{30}）	问卷数据 16
		居民对旅游扶贫开发的态度（D_{31}）	问卷数据2
		居民参与旅游扶贫开发的意愿（D_{32}）	问卷数据3
		居民参与旅游决策的意识（D_{33}）	问卷数据35
		居民参与旅游项目的能力（D_{34}）	问卷数据32
		居民参与旅游技能培训的情况（D_{35}）	问卷数据22
		居民参与村民会议的情况（D_{36}）	问卷数据26

1. 客观数据来源

客观统计数据样本区间为2010—2015年，数据来源主要为统计局、旅游局、扶贫办、教育局、环保局、交通局等部门的官方网站，历年来政府工作报告及各市县统计年鉴、统计公报；部分数据通过面对面咨询及电话咨询的方式获取；绩效指标中的复合型数据主要通过对获取的数据计算得到。

2. 感知数据来源

对于绩效评价指标中居民意识、居民态度、民族文化等感知绩效的度量数据，本研究采取问卷调查的方式得以获取。在综合相关专家学者意见的基础上，科学地设计问卷，详见附录，此感知数据来源于问卷中的部分问题，如表5-5所示。本问卷利用李克特七点尺度度量，依据调查中居民、重点景区工作人员、村干部等人对于旅游扶贫开发的态度，区分为非常不同意、较不同意、不同意、中立、同意、较同意、非常同意七种程度，得分分别为1、2、3、4、5、6、7七种，得分越高表示对于旅游扶贫工作越认同。问卷由调研人员亲自发放，填好之后直接回收。如果部分被调查人员不能独立完成问卷所涉及问题，则由调研人员对其进行讲解，辅助调研工作顺利开展。问卷调查能够更科学地反映旅游扶贫工作的重要内容，尤其能增加感知绩效的客观真实性，提高工作成效。除此之外，对于诸如居民参与旅游技能培训的情况、居民参与旅游扶贫开发的意愿、居民对旅游扶贫开发的态度、地区生态保护措施等数据，采取与村民、村干部深度访谈的方式获取。

表 5-5 滇桂黔石漠化片区旅游扶贫绩效评价问卷设计

编号	指标要素层	非常不同意→非常同意
1	旅游发展使得当地犯罪率上升，破坏了当地的社会和谐	1 2 3 4 5 6 7
2	推动民族（地方）传统文化的保护与发展	1 2 3 4 5 6 7
3	旅游扶贫开发改变了传统的生活方式和民风民俗	1 2 3 4 5 6 7
4	村民关系和睦，具有凝聚力	1 2 3 4 5 6 7
5	促进了资源与环境的保护	1 2 3 4 5 6 7
6	改善了村里的基础设施（水、电、通信、医疗、交通等）	1 2 3 4 5 6 7
7	增强了居民的环保意识	1 2 3 4 5 6 7
8	我具备参与本村旅游发展决策的能力	1 2 3 4 5 6 7
9	社区居民有参与旅游管理的权利与机会	1 2 3 4 5 6 7
10	政府对居民进行技能培训，提升了旅游经营能力	1 2 3 4 5 6 7
11	旅游管理组织机构中，居民利益代表不足，即使有代表，话语权、决策权也非常有限	1 2 3 4 5 6 7
12	是否愿意参与旅游项目	愿意 不愿意 看情况
13	是否支持旅游开发	非常支持 支持 无所谓 不支持 反对

5.4.2 数据整理

1. 数据整理

（1）客观数据。在指标体系中，$D_1 \sim D_{20}$、$D_{25} \sim D_{27}$ 23个指标的数据可以直接通过对案例地2010—2015年的相关数据进行查询并计算处理后得到。

（2）问卷数据。通过对贫困村寨发放调查问卷，获得旅游扶贫相关感知数据，然后借助SPSS、Excel等软件对数据进行汇总、处理及分析。滇桂黔石漠化片区旅游扶贫绩效评价指标体系中，社会治安状况（D_{21}）、旅游对当地文化的影响（D_{22}）、居民生活方式状况（D_{23}）、村民关系（D_{24}）、地区生态保护措施（D_{28}）、生活环境状况（D_{29}）、生态环境保护意识（D_{30}）、居民参与旅游决策的意识（D_{33}）、居民参与旅游项目的能力（D_{34}）、居民参与旅游技能培训的情况（D_{35}）、居民参与村民会议的情况（D_{36}）属于量表数据，直接计算各量表的平均值作为评价数据。居民对旅游扶贫开发的态度（D_{31}），选项为非常支持、支持、无所谓、不支持、反对五种；居民参与旅游扶贫开发的意愿（D_{32}），选项为愿意、看情况、不愿意三种。对于这两项，直接统计题项中支持旅游扶贫与愿意参与旅游扶贫的人数，计算与被调查人数的比例得到指标数据。

2. 数据处理

由于指标体系中共有两类数据，即客观数据和感知数据，且各指标值的计量单位和数量级不尽相同，因此需要对指标进行无量纲化处理，其中，正向指标无量纲化的计算公式为

$$Z_{ij} = \frac{X_{ij} - \min_j(X_{ij})}{\max_j(X_{ij}) - \min_j(X_{ij})} \quad (5\text{-}1)$$

逆向指标无量纲化的计算公式为

$$Z_{ij} = \frac{\max_j(X_{ij}) - X_{ij}}{\max_j(X_{ij}) - \min_j(X_{ij})} \quad (5\text{-}2)$$

其中，Z_{ij} 为二级指标无量纲化处理后的标准化值；X_{ij} 为第 i 个指标第 j 年的实际变化量；$\max(X_{ij})$、$\min(X_{ij})$ 分别为第 i 个指标中的最大值和最小值。传统上，习惯以百分制表示，因此本研究将无量纲化后的值转化为百分制，即得出各项二级指标的标准化值。

5.4.3 旅游扶贫绩效评价模型

本书采用灰色系统理论中的灰色关联分析法对滇桂黔石漠化片区旅游绩效评价进行研究。灰色系统理论于1982年由邓聚龙教授首先提出，之后灰色系统理论在许多方面的应用获得成功。灰色系统理论认为，人们对客观事物的认识具有广泛的灰色性，即信息的不完全性和不确定性，因而由客观事物所形成的部分信息已知、部分信息未知的系统是一种灰色系统。人们对被评价事物的认识也具有灰色性，因而可以借助灰色系统理论中的相关方法来研究综合评价问题。灰色关联分析法（GRA）是灰色系统理论衍生出的一种方法，它是以各因素的样本数据为依据，用灰色关联度来描述因素间关系的强弱、大小和次序，能够在部分信息已知而部分信息未知的情况下进行决策分析。由于其计算简单，易于实现，不需要大样本数据，具有很强的灵活性，因此在灰色决策理论中，GRA 是最常用的决策方法之一。旅游绩效评价是一个庞杂的大系统，定量测算工作有一定的难度，而灰色系统为结构庞杂、少信息、贫信息系统的分析提供了很好的方法。因此，将滇桂黔石漠化片区绩效评价视作一个灰色系统，用 GRA 对旅游绩效与各关联因子的关联性展开分析，可以揭示影响旅游绩效的因素之间关系的强弱，并判断目前旅游发展的状况以及存在的问题。目前，GRA 已在生态适宜度、耕地适宜性评价、植物引种选区等方面得到了应用。GRA 计算步骤如下。

1. 确定比较序列和参考序列

比较序列是每个案例地对应各个指标所得到的序列，参考序列是各个指标的一个理想状态。因为各个指标都是正向指标，那么以各个指标的最大值所构成的向量作为参考序列。

2. 初值化处理

由于指标评价系统中的量纲或数值的数量级不完全相同，各数值之间直接进行比较没有多大意义。因此，本研究应用均值法对数据进行无量纲化处理，并计算绝对差、最大差值和最小差，其中最大差值为 9.448614123，最小差值为 0。

3. 参考序列与比较序列的绝对差计算

记 $\Delta_{ij}(k)$ 为比较序列的各个指标与参考序列的绝对差。绝对差值矩阵中的最大数和最小数即两级最大差值 M 和最小差值 m。

4. 关于灰色关联系数的计算

$$L_{ij}(k) = \frac{m + \rho M}{\Delta_{ij}(k) + \rho M} \tag{5-3}$$

$\rho \in 0, 1$ 为分辨系数，用来减弱因最大值过大而失真的影响。相关研究表明，当 $\rho \leqslant 0.5463$ 时，分辨率刚好达到最佳值，通常取 $\rho = 0.5$。

5. 计算灰色综合关联度

将权重与指标的关联度相乘得到综合关联度，计算公式为

$$r_j = \sum_{i=1}^{i=36} W_i L_{ij}(k) \tag{5-4}$$

滇桂黔石漠化集中连片特困区旅游扶贫区域可以看成一个灰色系统，影响旅游扶贫的因素众多，其信息已知，而这些因素是如何影响旅游扶贫开发绩效的，其信息未知。因此，可以用 GRA 对旅游扶贫绩效进行评价，利用无量纲化数据求两级差值，按照灰色综合关联度公式计算出各案例地旅游扶贫绩效的关联系数、灰色分类关联度和灰色综合关联度。

5.5 旅游扶贫绩效聚类分析及结果评价

5.5.1 旅游扶贫绩效聚类分析

根据指标特征，利用 SPSS 软件的系统聚类法，在灰色关联分析的基础上，对滇桂黔 10 县经济绩效、社会绩效、生态绩效、居民发展的关联度进行聚类分析，得到 10 县旅游扶贫绩效聚类分析的谱系图（图 5-1）。聚类分析结果显示滇桂黔石漠化片区旅游扶贫绩效可分为四类：第一类是龙胜各族自治县，属于广西壮族自治区；第二类是黎平县、荔波县和罗平县，分别属于贵州省和云南省；第三类是雷山县和泸西县，分别属于贵州省和云南省；第四类是三江侗族自治县、巴马瑶族自治县、镇远县和丘北县，分别属于广西壮族自治区、贵州省和云南省。

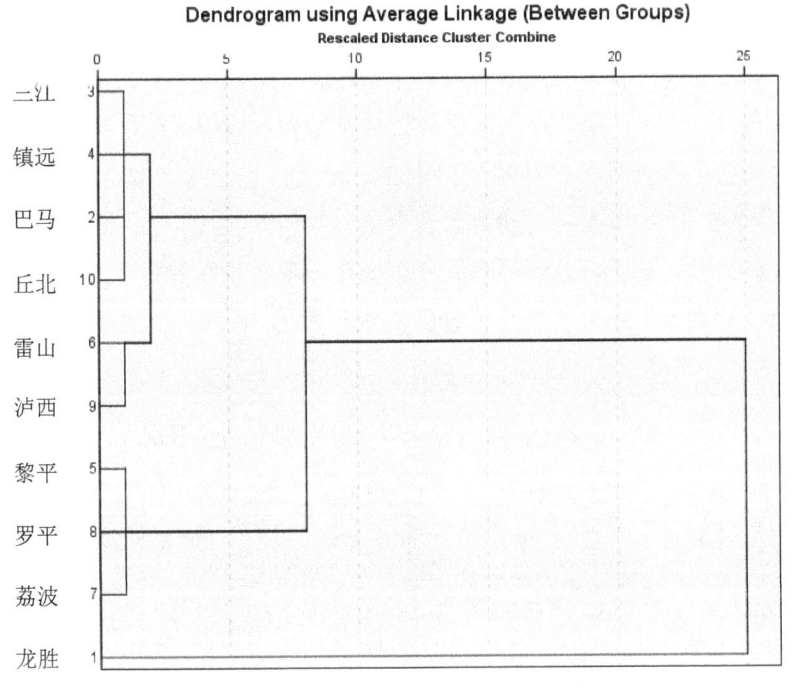

图 5-1 滇桂黔 10 县旅游扶贫绩效评价指标聚类分析树状图

5.5.2 旅游扶贫绩效评价结果

根据灰色关联分析和聚类分析结果，将滇桂黔石漠化片区旅游扶贫绩效按区域分为Ⅰ、Ⅱ、Ⅲ、Ⅳ四个层次，层次划分结果详见表5-11和表5-12所示。第一层次旅游扶贫绩效优秀型区域，即Ⅰ区，综合得分为0.9851，位于第一位。究其原因，龙胜旅游经过三十余年的旅游发展积淀，旅游资源开发较充分，加之自上而下各级政府扶贫政策的落实情况较好，居民参与旅游效果明显，其社会绩效和居民发展两项均排在榜首，经济、生态、社会、居民发展整体效果俱佳。第二层次属于旅游扶贫绩效良好型区域，即Ⅱ区，综合得分为0.9348-0.9721，有三个县，且综合得分在第2-4位，平均综合得分0.9559，此区间综合得分与第一层次相差较小。详细分析可知，罗平县、黎平县和荔波县三县经济、社会、生态、居民发展四项综合得分排名至少有两项位于前五位，整体绩效较好。第三层次属于旅游扶贫绩效中等型区域，即Ⅲ区，综合得分为0.8776-0.9001，排名在第5-7位，平均得分0.8889。具体分析可知，雷山县的经济、社会、生态绩效综合得分排名处于中间靠上位置，而居民发展较滞后；泸西县生态绩效得分较高，其他三项排名位于中间靠下位置。第四层次属于旅游扶贫绩效一般型区域，即Ⅳ区，包含三江侗族自治县、镇远县、巴马瑶族自治县、丘北县4个县，综合得分为0.8376-0.8542，排名在第7-10位，评价综合得分为0.8461。究其原因，这四个县经济、社会、生态、居民发展绩效偏重明显，至少有一项效益不太明显。此外，通过表5-6、表5-7和图5-1还可以看出滇桂黔石漠化片区10县灰色关联分析与聚类分析排序结果具有较好的一致性。

表5-6 滇桂黔十县旅游扶贫绩效综合评价值及排名

地区	经济绩效(B_1) 综合得分	排名	社会绩效(B_2) 综合得分	排名	生态绩效(B_3) 综合得分	排名	居民发展(B_4) 综合得分	排名	综合评价值	综合排名	聚类
龙胜	0.2236	9	0.6364	1	0.0790	7	0.0461	1	0.9851	1	Ⅰ
罗平	0.2488	1	0.5986	3	0.0808	6	0.0440	7	0.9721	2	Ⅱ
黎平	0.2277	5	0.6095	2	0.0785	8	0.0450	6	0.9607	3	Ⅱ
荔波	0.2345	2	0.5714	4	0.0833	4	0.0455	5	0.9348	4	Ⅱ
泸西	0.2263	8	0.5296	5	0.1008	1	0.0434	9	0.9001	5	Ⅲ
雷山	0.2340	4	0.5181	6	0.0829	5	0.0426	10	0.8776	6	Ⅲ

(续表)

地区	经济绩效(B₁) 综合得分	排名	社会绩效(B₂) 综合得分	排名	生态绩效(B₃) 综合得分	排名	居民发展(B₄) 综合得分	排名	综合评价值	综合排名	聚类
丘北	0.2273	6	0.4950	7	0.0880	3	0.0440	8	0.8542	7	IV
三江	0.2343	3	0.4907	8	0.0778	9	0.0457	4	0.8486	8	IV
巴马	0.2228	10	0.4819	10	0.0938	2	0.0459	3	0.8443	9	IV
镇远	0.2271	7	0.4874	9	0.0772	10	0.0459	2	0.8376	10	IV

表 5-7 滇桂黔十县旅游扶贫绩效分层聚类结果

层次	绩效高—低分类	数量	区域	旅游扶贫绩效综合得分范围	平均综合得分
第一层次	I—优秀型	1	龙胜	0.9851	0.9851
第二层次	II—良好型	3	罗平荔波黎平	0.9348–0.9721	0.9559
第三层次	III—中等型	2	雷山泸西	0.8776–0.9001	0.8889
第四层次	IV——般型	4	三江镇远巴马丘北	0.8376–0.8542	0.8461

5.5.3 结论及建议

1. 旅游扶贫绩效评价主要结论

总体来看，滇桂黔石漠化片区 10 个案例地旅游扶贫发展已取得明显成绩，但是仍旧存在诸多不足。片区内适宜发展旅游扶贫的县域，旅游扶贫绩效存在明显差距，且部分县域经济、社会、生态、居民发展四项指标的偏重趋向较鲜明，发展不均衡现象较为严重。此外，广西壮族自治区的三个县，龙胜各族自治县属于第一层次，三江侗族自治县和巴马瑶族自治县属于第四层次；贵州省的四个县，荔波县和黎平县属于第二层次，雷山县属于第三层次，镇远县属于第四层次；云南省的三个县，罗平县属于第二层次，泸西县属于第三层次，丘北县属于第四层次。这 10 个县是基于旅游扶贫适宜性筛选出的排名靠前的贫困县，但是旅游扶贫绩效却存在高低之分，因此，贫困县适宜发展旅游扶贫，却并非一定能通过旅游发展取得较好的扶贫效果，若要使旅游扶贫达到预期的目标，首先要选择最合适的旅游扶贫模式，在多方协同合作下将扶贫落到实处，最终真正帮助贫困人口实现完全脱贫。

1）滇桂黔各省省内县域对比

旅游扶贫绩效的好坏与多个影响因子相关，其中旅游扶贫模式合适与否是决定绩效的关键因素，而且旅游扶贫模式并非要一成不变，可根据区域旅游扶贫现状及时调整，以获取更好的扶贫效益。

广西壮族自治区内龙胜各族自治县旅游扶贫绩效相对较佳，属于优秀型，另外两个县都属于旅游扶贫绩效一般型区域。追溯原因，这三个县都属于少数民族自治县，但是旅游扶贫模式不尽相同，旅游资源也各具特色。龙胜各族自治县兼具丰富的自然旅游资源和人文旅游资源，生态旅游和民族文化旅游并行发展，旅游吸引力较强；三江侗族自治县以侗族传统建筑及民俗文化等为主要旅游资源；巴马瑶族自治县则主打"养生"牌。然而，经过旅游扶贫绩效评价，龙胜远高于另外两县，除了旅游资源吸引力有差别的原因外，区域交通条件的好坏也直接影响旅游可进入性，其他生态卫生环境及居民生活状况同样间接影响旅游的发展，这种状况还与政府、旅游组织及居民三方利益相关者的配合协调执行等紧密相连，同时与旅游扶贫模式息息相关。

贵州省内黎平县和荔波县属于旅游扶贫绩效良好型区域，雷山县属于中等型，镇远县属于一般型。通过评价结果分析其原因，黎平县的社会绩效和荔波县经济绩效分别位于该项综合得分的第二位，雷山县的居民发展绩效滞后是降低其综合得分的重要因素，而镇远县社会绩效和生态绩效都较低。结合案例地调研实践分析，黎平肇兴侗寨以侗族传统建筑和文化旅游扶贫，旅游发展已具备一定基础，旅游基础设施等相对完善，但是房屋建设、旅游飞地、环境生态等问题导致生态绩效和居民发展绩效相对于社会绩效偏差明显；荔波县高桥村和瑶山村依托大小七孔景区发展旅游扶贫，但是旅游边缘效应显著，居民从旅游发展中获益受到极大限制，且外出务工人员较多，居民自主脱贫意识较薄弱；雷山县西江千户苗寨依靠旅游脱贫的居民人数十分有限，外来商户占比重较大，当地居民多依靠房屋租赁、表演、交通、接待服务、环卫清洁、经营小吃等获取收益，而且居住在山上的村民由于交通不便利，更加难以依靠旅游脱贫，因此居民发展绩效较低；镇远县报京村经历大火后得以重建，村中聋哑人口和老年人口比重偏多，空心现象严重，主要依靠民族特色文化发展旅游扶贫，因此经济、社会绩效都较为滞后。

云南省内罗平县属于旅游扶贫绩效良好型区域，泸西县属于中等型，丘北县属于一般型。根据评价指标及其结果，罗平县地区生产总值和旅游收入在三个县中都最高，且脱贫率较高，进而决定其经济绩效占绝对优势。泸西县虽然生态绩效位于前列，但是经济绩效和居民发展较为滞后，致使其整体绩效评价综合排名位于中等位置。丘北县生态绩效位于第三位，而其他二项指标在10县中综合得分都较为靠后，而且GDP总值、旅游总人数、贫困人口数、API及九年义务教育普及率等相关指标表明，丘北县旅游人数是三县中最多的，但是旅游收入并没有明显高很多，且脱贫率也较低，教育发展水平较为迟缓，这些则是导致其旅游扶贫绩效相对较低的问题之源。结合调研案例地的实际情况，丘北县普者黑村虽然旅游发展起步较早，通过影视节目知名度得以大幅提升，旅游接待量大量增加，但是其旅游发展存在诸多问题，如农家乐过剩，政府、居民和旅游组织三方利益相关者关系紧张及土地征收问题等。扫除遏制丘北县旅游发展的障碍，是提升其旅游扶贫绩效的关键。

2）滇桂黔各省际间县域对比

将滇桂黔石漠化集中连片特困区的广西、贵州和云南三省（区）的各个县域进行对比，总体而言，根据旅游扶贫绩效评价结果，广西三县中龙胜县属于旅游扶贫绩效优秀型，另外三江县和巴马县属于一般型；贵州四县中荔波、黎平两县属于良好型，另外两个县分别属于中等型（雷山县）和一般型（镇远县）；而云南三县分别属于良好型（罗平县）、中等型（泸西县）和一般型（丘北县）。旅游扶贫绩效优良型和良好型的县域共有4个，分别是广西的龙胜县、贵州的黎平县和荔波县、云南的罗平县，滇桂黔石漠化片区的各省（区）皆有县域在其中。

针对省际间县域的比较，结合第四章的旅游资源分类结果，荔波县和丘北县属于自然旅游资源一类，相比较而言，荔波县旅游扶贫绩效优于丘北县，前者是良好型，而后者是一般型。黎平、雷山、三江三县属于民族文化旅游资源类型，其中黎平县的旅游扶贫绩效最好，排名位于第二层次，即良好型，而雷山县旅游扶贫绩效属于中等型，三江县则是一般型。龙胜县则是自然和民族文化旅游资源复合型，自然生态资源和民族文化资源同样丰富，绩效是10个县中最佳的县域。

泸西县属于历史文化旅游资源丰富的县域，其旅游扶贫绩效排在第五位，属于第三层次，即中等型。镇远县集自然与历史文化与一体，其旅游扶贫绩效相对其他县域较为滞后，位于最后，属于一般型，究其原因，除了居民发展绩效相对较好，社会、经济、生态绩效都较为靠后，改善这三方面的问题是今后当地旅游发展的重点。巴马县类型较为独特，由于自然生态环境优越，加之养生文化浓厚，属于养生旅游资源类型，相较其他旅游资源类型的县域，巴马的旅游扶贫绩效排名不靠前，位于第九名，属于第四层次，即一般型；但此类旅游模式推广价值较大，要提高旅游扶贫绩效，应在保护生态环境的基础上，提升经济社会绩效，改善旅游基础设施及教育就业等民生环境，避免商业化过重，以旅游促进经济增长，提高居民收入等。罗平依靠自然风光和农业发展旅游，被归为"农业+旅游"资源类型，即乡村旅游属类，其旅游扶贫绩效较好，综合得分位列第二，属于良好型。

2.滇桂黔石漠化集中连片特困区旅游扶贫发展建议

1）加强生态环境保护

保护生态环境是滇桂黔石漠化片区发展生态旅游和实现脱贫致富的前提。在该片区发展旅游扶贫的过程中，首先要严格地遵循旅游可持续发展的要求，正视生态旅游与环境保护二者的关系，以生态保护为首要条件，制定科学合理的旅游规划。其次，在区域内要进行全面深入的调研，通过科学的研究方法，准确地测量旅游目的地的环境承载力，从而清晰地掌握景区的游客容量，以便在旅游活动过程中能够科学合理地控制游客接待数量。再次，将现代科技引入生态旅游，借助旅游大数据等智能化技术实时动态监控游客流量。同时，根据滇桂黔石漠化片区的气候和土壤环境，可利用高新生物技术和节水技术等开发农作物，不断创新旅游产品。在公共基础设施方面，要系统全面地加强环境清洁和生态保护，构建完备的排污系统，提高清洁能源使用率。此外，针对该片区特殊的石漠化环境问题，要充分发挥国家及各级政府的政策支撑作用，制定专项的石漠化治理方案，加强石漠化环境的监控力度，缓解石漠化现象日益严重的问题，最终实现生态环保，推进生态旅游发展，并与居民脱贫致富达成有机统一。

2）广泛应用现代技术保护并传承民族文化

传统文化是民族地区发展旅游业的重要旅游资源和吸引物。滇桂黔石漠化片区聚集壮、瑶、侗、彝、哈尼等多个少数民族，全面深入挖掘并整合传统民族文化资源，是丰富旅游资源的重要内容，要系统掌握区域内各民族文化的来龙去脉，将其创新开发成民族旅游产品。同时，要高度重视旅游扶贫的智慧化，将旅游、互联网、民族文化融合起来，全面运用和推广现代化信息技术，构建数字化民族文化传承与保护平台和民族文化旅游资源信息库，进而反映民族文化旅游资源的动态变化情况，以便支撑后续的民族文化旅游资源开发。特别地，针对难以客观具体表现的非物质类文化旅游资源，要通过智能化生态博物馆的形式进行保护，且最大限度地维持居民生活及其生活环境的原真性，借助区域内居民的生活行为与习惯及传统民风民俗等，使得人文生态实现动态化。

3）注重当地居民素质的全面提高

滇桂黔石漠化片区的贫困居民不仅是旅游扶贫的受益者，同时也是旅游扶贫活动的直接实践主体，因此，在区域内开展旅游扶贫需要全面提升贫困人口的综合素质。同时，要开展旅游经营管理等培训活动，引导居民积极参与并认同旅游扶贫，进而增加居民经济收入，改善贫困人口的生活。此外，将生态环境和历史传统文化保护贯彻到旅游扶贫始终，提高政府和贫困人口的保护意识，提升对民族文化的自信心和自豪感。在使区域内居民清楚地认识到生态环境和民族文化保护重要性的基础上，培训居民运用科学的方法保护环境和文化的原生性。同时，加大对旅游技能培训的支持力度，增强居民参与旅游发展与经营管理的能力和意识，并提升居民的文化素质和服务态度。此外，在旅游扶贫管理层和决策层，要适当提高贫困人口的参与比例，通过在旅游扶贫活动中的实践锻炼，使贫困居民的生存能力和自身素质得到全面提升。

4）正确发挥当地政府的引导作用

滇桂黔石漠化片区要通过发展旅游帮助贫困地区脱贫致富，政府在旅游扶贫过程中应扮演重要的角色。该片区各级政府要正确认识政府与市场的相互关系，结合当地具体的旅游发展环境和历史文化背景，提出发展思路和解决对策。同时，要强化政府在旅游扶贫中的引导地位，制定科学的旅游扶贫规划，明确旅游扶贫开发工作的总体思路和整体目标，坚持生态环境和民族文化优先保护的旅游可持续发展原则，设计旅游扶贫各阶段、各部门的扶贫任务，真正帮助每个贫困人口脱贫。另外，政府在传统财政税务的扶持下，要创新融资方式，为吸纳社会闲置资金和境外资金制定优惠政策并创造条件，从而为滇桂黔石漠化片区的旅游扶贫提供坚实的财力支撑，推动区域旅游扶贫的发展。值得一提的是，针对旅游市场的黑市现象，如欺行霸市及坑蒙拐骗等违法乱纪行为，政府要强力打击、整顿并制定严格的规章制度，营造良好的区域旅游扶贫环境。

5）公平公正公开化处理政府、旅游组织与居民之间的关系

利益相关者之间关系的不平等及政府和居民之间信息的不对等，是导致居民与政府、旅游组织之间矛盾的关键所在。因此，政府对于旅游扶贫开发首先要做到信息公开，促进居民与政府之间的信息对等。其次政府、旅游组织与居民三方之间的利益分配要尽可能公平，让贫困人口真正从旅游发展中获取利益，进而更加支持旅游扶贫。另外，最重要的一点是要增强居民的话语权，让居民参与到旅游扶贫会议及旅游扶贫决策中，为居民提供意见表达和侵权申诉的通道。

6）提升居民的自主脱贫意识

思想上的贫困才是真正的贫困，帮助居民建立自主脱贫意识尤为重要，"输血式"旅游扶贫模式并不能使贫困人口真正脱贫，"造血式"旅游扶贫才是真正帮助居民完全脱贫的方式。因此，在旅游扶贫过程中，政府要引导贫困人口参与旅游，帮助他们建立自主脱贫意识，通过宣传、培训等方式，教会居民参与旅游经营管理的相关技能，使其实现自主脱贫。

本章小结

本章主要对滇桂黔石漠化集中连片特困区旅游扶贫进行绩效评价，为后续旅游扶贫模式总结提供理论支撑。首先从文献资料中选取指标，并根据专家意见对评价体系进行调整，确立了经济绩效、社会绩效、生态绩效和居民发展4个一级指标、10个二级指标和36个三级指标。其次，采用变异系数法计算指标权重，并通过灰色关联分析法对旅游扶贫绩效进行评价。最后得出旅游扶贫绩效评价结

果：龙胜各族自治县属于旅游扶贫绩效优良型，罗平县、黎平县和荔波县属于良好型，泸西县和雷山县属于中等型，而三江侗族自治县、巴马瑶族自治县、丘北县和镇远县属于一般型。通过各省（区）内和省际间县域对比，分析出现这种结果的原因，并提出加强生态环境保护，广泛应用现代技术保护并传承民族文化，注重当地居民素质的全面提高，正确发挥当地政府的引导作用，公平公正公开化处理政府、旅游组织与居民之间的关系，提升居民的自主脱贫意识六点旅游扶贫发展建议。

第6章 滇桂黔石漠化集中连片特困区旅游扶贫模式

综合滇桂黔石漠化集中连片特困区旅游扶贫绩效评价结果，总结出典型的旅游扶贫模式，并将模式推广应用是本章的核心内容。根据旅游扶贫开发现状、实践调研情况及相关文献资料，下面详细地从旅游扶贫模式总结、各个模式的内容和运行机制、模式推广应用三个方面对旅游扶贫模式进行阐释。

6.1 旅游扶贫模式总结

旅游扶贫要想达到较好的效果，旅游扶贫模式是核心要素，且区域可能同时使用多种旅游扶贫模式。本书从旅游发展力量、旅游资源、贫困人口参与等不同的视角划分旅游扶贫模式，根据旅游扶贫绩效优良的县域采用的旅游扶贫模式，并运用排列组合的方式得到五种旅游扶贫新模式（见表6-1）。每个地区根据旅游扶贫阶段的变化需要更新旅游扶贫模式，各个地区可根据自身实际情况，选择适合其发展的旅游扶贫模式，以取得高效的旅游扶贫绩效，实现2020年全部脱贫的目标。

表 6-1 从不同视角划分滇桂黔石漠化集中连片特困区旅游扶贫模式

编号	视角	旅游扶贫模式	旅游扶贫组合新模式
1	旅游发展力量	①政府主导型扶贫模式 ②核心企业主导型扶贫模式 ③景区带动型扶贫模式	"旅游资源"+"旅游发展力量"+"贫困人口参与" Ⅰ—生态优先型+景区带动型 Ⅱ—特色文化支撑型+核心企业主导型 Ⅲ—生态与文化复合型+社区参与型 Ⅳ—乡村旅游+"农户+"型 Ⅴ—养生旅游+政府主导型
2	旅游资源	①生态优先型扶贫模式 ②特色文化支撑型扶贫模式 ③生态与文化复合型扶贫模式 ④乡村旅游扶贫模式 ⑤养生旅游扶贫模式	
3	贫困人口参与	①"农户+"旅游扶贫模式 ②社区参与型扶贫模式	

6.2 各个模式的内容和运行机制

下面从旅游发展力量、旅游资源、贫困人口参与三个不同的视角,详细介绍滇桂黔石漠化片区旅游扶贫模式的内容和运行机制。

6.2.1 从旅游发展力量的角度划分

1. 政府主导型旅游扶贫模式

政府主导型旅游扶贫模式,指中央或地方政府为了减少贫困人口和促进本地区的经济发展,通过投入资金和人才,凭借法令、政策和规划,对贫困地区的旅游开发给予积极的引导和支持,并营造良好的投资环境和市场环境,为贫困人口创造就业机会,带动贫困人口脱贫致富,实现地区经济社会的全面发展。在集中连片特困地区实施政府主导型旅游扶贫模式,其核心目标就是要通过旅游扶贫,促进贫困人口的受益和推动贫困社区的发展。

1)政府主导型旅游扶贫模式的内涵

滇桂黔石漠化集中连片特困区由于生态环境脆弱,石漠化面积广,集"老、少、边、穷"于一体,因此该区域社会经济发展程度较低,贫困人口更是受制于技术、资金、能力等方面的限制,参与扶贫开发的程度较低,从扶贫开发中受益相对较小,出现了"旅游飞地"现象。针对贫困人口被排斥在旅游扶贫开发过程外的情况,地方政府必须采取有力的措施解决该难题。因此,在旅游资源相对富裕的地区,采取政府主导型的旅游扶贫模式,一方面是为了解决贫困人口在参与旅游扶贫开发中的短板问题,提供资金支持和技术培训,保障贫困人口在旅游扶贫开发中的重要地位,确保贫困人口从旅游扶贫开发中受益;另一方面是为了强调旅游扶贫战略中政府的主导地位,充分发挥政府的引导和监督功能,为区域旅游扶贫开发提供强有力的政策支持、资金支持和技术支持等,推动旅游扶贫的顺利实施。基于上述观点,本书构建了富有特色的政府主导型旅游扶贫模式,主要内容如下:在经济层面,构建富有特色的旅游产业链,加强跨区域旅游协作与区域旅游产品和旅游商品开发,加人旅游项目的招商引资;在社会层面,更加注重强调贫困人口的参与和受益问题，在旅游扶贫规划的制定和实施过程中出台专门针对贫困人口参与的措施，从根本上激励贫困人口参与旅游发展的决策、经营和利益的分配，达到"扶真贫，真扶贫"的效果；在环境保护层面，石漠化片区脆弱的生态环境导致贫困问题的产生，因此应加强生态环境保护宣传教育、景区容量控制和文化多样性的保护，力求实现贫困地区在经济、社会、文化和生态各方面的协调发展。

2）政府主导型旅游扶贫模式的特色

政府主导型旅游扶贫模式的特色主要有以下几个方面：首先，旅游扶贫目标系统化。该旅游扶贫模式在扶贫目标的制定上更加关注贫困人口的参与、受益和发展，强调通过旅游扶贫开发带动贫困人口脱贫致富。因此，更强调扶贫目标的系统化，通过政府的引导和支持，逐步实现贫困地区的经济效益、社会效益、生态效益和文化效益的有机协调，提高旅游扶贫的综合效应，推动旅游扶贫的可持续发展。其次，旅游扶贫对象明确化。该旅游扶贫模式把贫困地区的贫困人口参与旅游发展作为社会效益的衡量标准，进一步防止贫富差距的扩大。在旅游扶贫过程中，可以通过优先雇用贫困人口、旅游商品的采购采用本地原材料、景区基础设施的建设雇用当地劳动力、在景区兜售当地的土特产等方式保证贫困人口获得参与旅游扶贫的机会，分享旅游扶贫带来的机遇、成果和收益，进一步防止外来企业垄断景区旅游扶贫开发带来的经济效益，大大提高贫困人口对旅游扶贫效益的可得性。最后，旅游扶贫开发主体多元化。旅游扶贫开发涉及的利益相关者有政府、旅游企业、社区居民、第三方力量和游客，每一方在参与旅游的同时都想达到利益最大化。在此种情形下，政府应积极发挥监管和引导作用，实现旅游行政主管部门、新闻媒体、旅行社、旅游景区、旅游景点周围的社区居民等多个环节的共同参与，增加旅游扶贫的可操作性。与此同时，政府凭借旅游企业的协助，在基础设施建设、旅游氛围营造、旅游产业开发等方面发挥统筹作用，提高旅游扶贫项目开发的成功率。

3）政府主导型旅游扶贫模式的运行机制

在该模式中，政府处于核心地位，主要负责以下工作：制定旅游规划，审批旅游开发项目，建立旅游扶贫基金，加大基础设施投资，规范旅游市场，出台相应政策措施，针对贫困人口开展教育培训，构建本地化的旅游产业链，注重旅游与其他相关产业的联动，加强旅游扶贫与多种扶贫手段的结合等。在一些贫困人口较为集中的、有特色的村落，政府可以专门组织和引导贫困人口参与旅游，进而实现其获利和发展。

该模式主要适用于经济发展缓慢、思想观念保守且"经营走向市场，事业政府统筹"的景区，其作用主要体现在这几个方面。第一，在管理上主导。凭借政府的监管，完善旅游扶贫开发的管理体制，将决策权、监督权和事权统筹整合。第二，在规划上主导。政府通过咨询第三方力量，制定完善的旅游扶贫规划，保证生态脆弱地区的旅游景点和景区开发的合理性和完整性，防止过度开发。第三，在环境保护上主导。坚持政府指导，做到指导不指责、管理不管制。落实生态补偿机制，让贫困人口真正受益。

2. 核心企业主导型旅游扶贫模式

核心企业主导型旅游扶贫模式，是指政府通过合理的方式将管辖范围内旅游资源的经营权出让，吸引外来企业进行开发经营，政府只在行业规划等宏观层面进行监督和管理；投资者大都以单一企业为主，方便使旅游经营权相对集中，从而集中承担对资源、环境和贫困人口的义务和责任。

1）核心企业主导型旅游扶贫模式的内涵

核心企业主导型旅游扶贫模式注重政府的引导，依托核心旅游资源，吸引或成立大型旅游经营公司进行投资和开发，树立本地旅游形象和旅游品牌，带动相关产业发展，形成"旅游+其他产业"的模式。该种旅游扶贫模式的形成有着较高的进入条件，要求在旅游资源吸引力较强的区域，自发形成初具规模的旅游产业链，通过旅游扶贫的带动，提高贫困人口的参与，从而避免政府的过度干预和市场主体的过度参与。

2）核心企业主导型旅游扶贫模式的特色

（1）所有权和经营权分离。所有权属于国家，政府可以将经营权授权给可靠的、有实力的、有社会责任感的旅游开发企业，旅游开发企业可以采取租赁的形式来经营旅游开发活动。在明确所有权的前提下，将旅游资源的所有权与经营权分开，合理合法地转让旅游资源的经营权，实行政企、事企分开，推行第三方和社区居民共同规划，由旅游企业经营，建立公司产权制度，实现旅游资源的保护、变现和增值。

（2）积极探索多样化的经营模式。企业以追求经济效益最大化为主要目的，因为经营权属于旅游企业，由企业自负盈亏，所以追求经济效益最大化是该模式最显著的特征。不管是实施股份制、旅游公司+农户、股份合作制，还是整体出让等模式，只要能够推动旅游业的发展，有利于旅游扶贫的开展，能够让贫困人口受益，都是可取的。但是多元化的旅游扶贫模式必须坚持两个原则：第一，政府主导，第三方和社区居民联合进行规划；第二，引进一家企业进行旅游景区的经营和管理。如果没有一个高品位的旅游发展规划，又在招商引资上零敲碎打、遍地开花，由多个小企业同时经营，必将造成整体形象的破坏、规模效益的丧失、资源生态的破坏，也容易导致短期行为。

3）核心企业主导型旅游扶贫模式的运行机制

实施核心企业主导型旅游扶贫模式时，需要在政府相关旅游发展政策的引导下，依托本区域内的核心旅游资源，成立大型旅游公司或者由外来企业投资参与旅游扶贫开发，换取旅游资源的使用权。通过不断的发展，将形成较大的旅游产业规模。一般由旅游企业负责旅游景区发展规划、生态环境保护、营销与市场组织、基础设施建设、景区商业网点管理和农家宾馆管理及业务指导。

3. 景区带动型旅游扶贫模式

1）景区带动型旅游扶贫模式的内涵

景区带动型旅游扶贫模式，是指以重点景区为核心，吸引和指导周边乡村的居民参与旅游活动，增加居民的就业机会和旅游收益，从而带动居民脱贫致富。该模式主要运用在旅游资源优势明显、客源市场广阔，且拥有一定区域影响力或较好的旅游发展基础的红色、乡村度假景区等。

2）景区带动型旅游扶贫模式的运行机制

景区带动型旅游扶贫模式主要通过景区的发展为周边村落提供就业机会，让村民借助景区这个平台，通过提供交通、餐饮、住宿、旅游商品等参与到旅游中，增加村民的收入来源，提高贫困人口的经济收入。

6.2.2　从旅游资源的角度划分

1. 按旅游资源分类的旅游扶贫模式

1）生态优先型旅游扶贫模式

该模式是指凭借良好的自然生态环境，打造生态旅游，开展生态休闲观光游、生态养生度假游、生态乡村度假游等，吸引游客的到来，带动乡村经济的发展和增加居民的经济收入。该模式充分考虑生态保护和旅游扶贫开发之间的关系，并突出生态保护的优先地位，以实现旅游可持续发展为终极目标。该模式主要运用于生态环境良好、旅游资源潜力大的区域。

石漠化片区生态旅游资源丰富，具有原真性较强的特点，多数地区适宜开展生态旅游扶贫。生态旅游扶贫开发要求人们合理地利用自然资源，实现生态平衡，禁止以牺牲环境为代价；生态旅游扶贫开发要与当地的历史文化遗产相结合，打造"自然资源+民族文化"的特色旅游，从而既保护了传统文化又创新了旅游形式；生态旅游扶贫模式主要以政府为主导，有力地监督和监管贫困人口参与旅游扶贫活动的程度，保证"扶真贫，真扶贫"，达到旅游扶贫的效果。因此，生态旅游应成为石漠化片区旅游产品开发的基础。只有这样才能保证生态资源丰富又脆弱的石漠化片区在旅游开发中实现经济效益、社会效益和环境效益的统一及可持续发展。然而，不同的旅游者有不同的旅游需求，同一旅游者也有多种多样的旅游需求，如果旅游产品单一，无法满足不同旅游者的旅游需求，将使客源市场无法扩大，即使是已有的旅游者也会缩短停留时间，难以激发旅游者重游的动机。为满足旅游者多样化的需求，开发旅游产品时应坚持以下原则：①以生态旅游为基础；②考虑自身条件和资源特色；③考虑客源市场需求特征；④提高旅游产品文化内涵；⑤坚持动静结合。

2）特色文化支撑型旅游扶贫模式

特色文化粗略地分为民族文化和历史文化。民族文化旅游是把少数民族文化当作旅游资源加以整理和开发，再出售给游客。滇桂黔石漠化片区少数民族众多，保留少数民族的风俗民情，合理开发民族文化，可以增加当地旅游经济的收入。同时，区域内红色文化遗存或其他历史古迹较多，开发历史文化特色旅游可以为贫困地区增添独特的旅游符号，带动区域发展，并增加贫困人口的就业机会与经济收入。因为自然、历史等原因，贫困地区的人们长期处于封闭的环境中，社会和文化相对独立，经济发展也比较落后，但大都保留了淳朴的风俗民情，这为特色文化旅游的开发提供了可能性。应借助这些特色文化资源，实施"造血式"旅游扶贫模式，开展旅游活动，赋予历史文化和民族文化"活"的灵魂。可开展研学旅游和猎奇旅游等，使特色文化具有教育价值和研究意义，增加地区的文化底蕴，支撑旅游长期可持续发展。此类旅游扶贫模式若对特色文化给予保护、传承和发扬，并结合现代科技进行数字化或智能化保护性开发，创新旅游体验项目，将不会退化和过时，旅游竞争力较强。

3）生态与文化复合型旅游扶贫模式

生态与文化复合型旅游扶贫模式是指在自然旅游资源和民族文化或者历史文化旅游资源丰富的地区，通过对这些旅游资源的适度开发利用，开展生态和文化复合型旅游，为贫困人口提供就业机会，增加经济收入。此类旅游扶贫模式发展潜力巨大，且有利于实现旅游产品开发多样化，通过合理开发，将会较快获取收益，帮助贫困人口脱贫。

4）乡村旅游扶贫模式

乡村旅游扶贫是指依托丰富的乡村资源，大力开发乡村旅游，努力帮助当地的贫困乡村通过发展旅游业来提高经济发展水平和居民收入。乡村旅游扶贫的重点在于以贫困地区的贫困人口为核心，根本目的就是要促进贫困乡村的经济社会发展，最大限度地解决乡村居民的贫困问题。

乡村旅游在我国已发展数年，并取得了不错的成效，总结其特点主要有以下两个方面。一是政府投入带动社会共建。乡村旅游扶贫需要政府的大力支持，因为其开发必须进行大规模的基础设施建设，如道路、旅游设施配套、水、电、通信等建设。二是结合"点、线、面"布局乡村旅游扶贫开发。充分挖掘当地的旅游符号，弘扬传统技艺，发展特色传统手工艺产业，凸显传统文化的价值，通过"乡村旅游+"引导古村寨、民族村寨以及自然资源的保护与开发，大力开展以民族文化为核心的民宿旅游,将乡村建设与旅游扶贫相结合,提供特色鲜明多样化的民族旅游产品和项目供游客选择,让乡村旅游扶贫开发真正成为扶贫开发工程的中坚力量。

5)养生旅游扶贫模式

旅游是一种健康的生活方式,通过旅游可以调整心态,解郁强身。因此,旅游往往和养生结合,强调养生之道,二者有高度的契合点,旅游促进养生,养生是旅游的目标之一。总而言之,养生旅游是以养生为目的来选择景点、安排内容和进展的一种旅游活动。养生旅游是具有特殊性的一种旅游扶贫模式,不仅要求自然旅游资源丰富,而且要求空气质量、水质量、生活环境质量都较高。

2. 按旅游资源分类的旅游扶贫模式的运行机制

旅游扶贫模式是从反贫困实践中得出的,在扶贫战略影响下形成的以旅游产业为核心的扶贫机制、方式或方法。本书在前人研究成果的基础上,综合分析滇桂黔石漠化片区现有典型的旅游资源,包含自然旅游资源、文化旅游资源、自然文化复合型旅游资源、乡村旅游资源和养生旅游资源,并以这些核心旅游资源类型为划分基准,相应地总结出五种旅游扶贫模式,即生态优先型旅游扶贫模式、特色文化支撑型旅游扶贫模式、生态与文化复合型旅游扶贫模式、乡村旅游扶贫模式、养生旅游扶贫模式。以旅游资源为核心条件,政府、村民、旅游组织及其他利益相关者应互相协调、配合及监督,尽可能地实现利益的公平分配,缓解贫困现状。各个模式的成功运行主要依靠多方的合作与制约(见图6-1),以及旅游扶贫综合目标系统、决策执行系统、基础条件系统和支撑保障系统的均衡(见图6-2)。

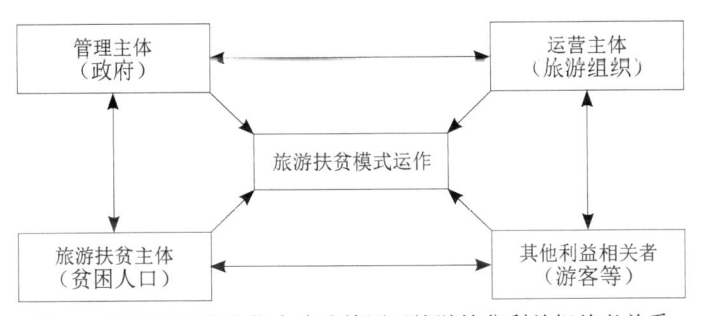

图6-1 滇桂黔石漠化集中连片特困区旅游扶贫利益相关者关系

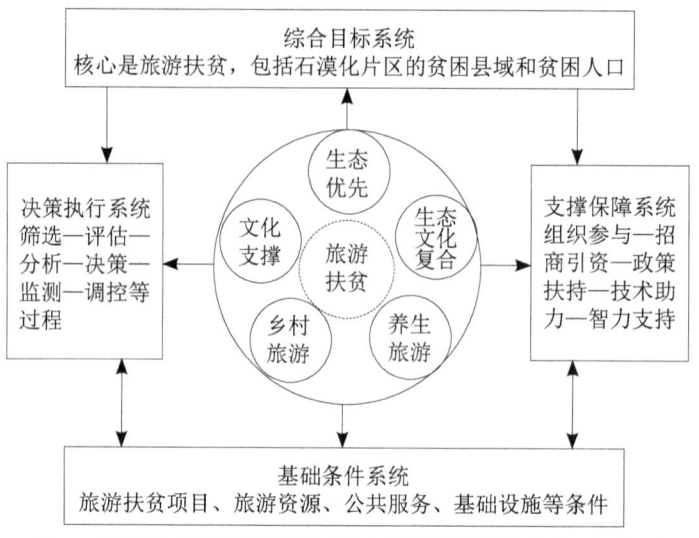

图 6-2 石漠化片区按旅游资源划分的旅游扶贫模式的运行机制

6.2.3 从贫困人口参与的角度划分

1. 贫困人口参与型旅游扶贫模式

1)"农户+"旅游扶贫模式

"农户+"旅游扶贫模式主要是指"农户+农户""政府+社区(协会)+农户""企业+农户""政府+企业+农户"等旅游扶贫模式。此类旅游扶贫模式,主要包含以下几种形式:①农户之间的合作,即组建各类专业合作社,各个农户通过众筹、众创的方式,投资参与旅游活动;②政府与农户之间的合作,即农户提供土地,政府征收土地,提供给农户一定的经济补贴,或是政府开发旅游项目,农户参与其中,投入诸如劳动力等生产要素;企业与农户之间的合作,主要是房屋租赁或者提供劳动力等;政府、企业、农户三方的合作,主要是政府招商引资,选择旅游组织合作开发旅游,农户提供土地、劳动力等参与旅游,三方同时受益。在合作过程中,必须重视的问题是均衡分配利益,实现信息公开对等,贫困人口的权益必须公平公正对待。

相对地,在政府鼓励参与旅游或农户自身脱贫意识主导的情况下,个体农户可以根据自身实际情况，自主自发地参与以经营餐饮、住宿、农事采摘、观光为主的农家乐等旅游活动，改善生活水平。此类模式适宜在风景名胜区或者旅游城市周边展开，特别是成熟的风景区或景点，将这些农户参与项目作为旅游配套服务的场所，可以为游客提供多样化、个性化的服务，增加其旅游体验的新鲜感和满足感。由于农户自主经营，使得该旅游扶贫模式具有经营管理灵活的优势，但也存在缺乏规范引导的劣势，导致容易产生无序竞争、"农家"特色退化、经营内容雷同和接待设施城市化的现象。因此，需要政府加强管理和引导，提倡创新经营，防止旅游项目同质化和竞争化。

此外，还有"旅游组织＋旅游合作社＋农户"的旅游扶贫模式。此模式下，旅游组织、旅游合作社和农户三者应成为利益共同体，根据各自的优势分配角色：旅游组织扮演客源市场开拓者；旅游合作社作为管理者，对分散的农户进行统一的规范管理，同时为保护农户利益负责；而贫困农户为直接参与者，通过为其提供就业机会和经济收入渠道，提高其参与旅游的积极性。这种旅游扶贫模式的经营机制相对灵活，适合在滇桂黔石漠化集中连片特困区乡村生态旅游中推广，但需要注意合理调整三者的利益分配。

2）社区参与型旅游扶贫模式

社区参与是改变贫困地区贫困状况，带动贫困人口脱贫致富的有效途径。通过采取社区参与型旅游扶贫模式，可以提高贫困人口参与旅游开发的整体素质和能力，对参与其中的贫困群众提供针对性的支持和指导，并通过多方参与，吸收多方资金支持，减少景区设施建设压力，同时将当地特色的土特产、手工艺品作为旅游商品进行经营销售，提高贫困人口的经济收入。社区参与型旅游扶贫模式从根本上提高了贫困人口有效参与的程度，调动了居民积极性，其特点主要体现在：①吸收社区劳动力从事旅游开发和建设；②吸引社区居民从事旅游商品生产；③吸引社区居民从事旅游商业经营与服务；④教育社区居民爱护环境、自觉保护环境；⑤保持文化的完整性，增强民俗魅力；⑥鼓励社区居民为景区规划和开发献计献策。

2. 贫困人口参与型旅游扶贫模式的运行机制

贫困人口参与型旅游扶贫模式的运行机制主要包括贫困人口参与机制、有效的旅游扶贫资金管理机制、完善的村级旅游扶贫规划制度、政府主导的旅游扶贫一体化服务机制、政府与市场互补的开发机制以及旅游扶贫开发的可持续发展机制六个方面，如图6-3所示。

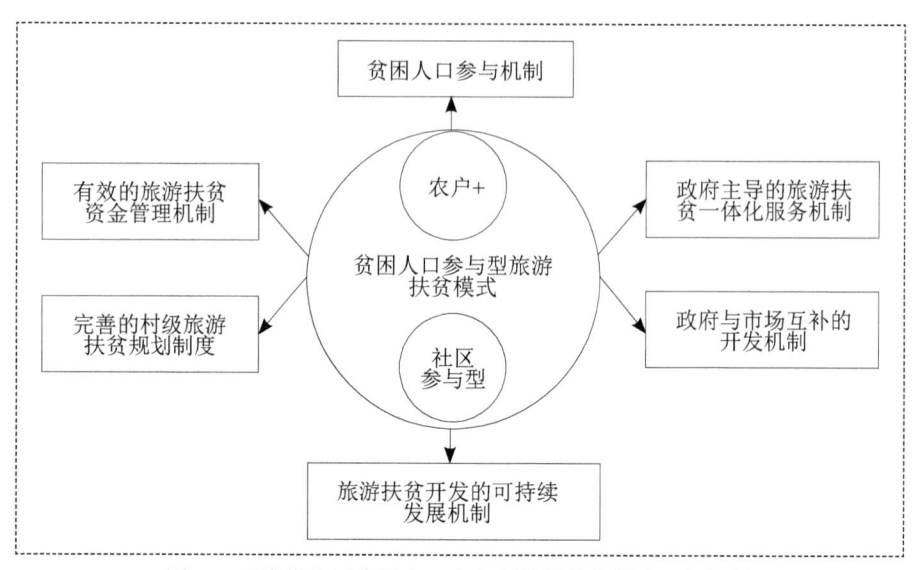

图6-3 石漠化片区贫困人口参与型旅游扶贫模式运行机制

1）贫困人口参与机制

旅游扶贫的目的是帮助贫困人口脱贫，那么贫困人口理应成为最直接的参与者，其旅游参与能够提高旅游扶贫开发的效率。因此，贫困人口参与机制强调从旅游扶贫项目选择到项目实施全过程，贫困人口都要参与其中，保证有相应的话语权和决策权。在旅游扶贫项目的选择上，由村民、外来专家、技术人员共同分析制约贫困人口参与旅游扶贫的障碍因素，并根据轻重缓急对旅游扶贫存在的问题和阻碍因素进行排序，将结果作为选择依据，优先选取阻碍小、问题易解决的旅游扶贫项目。在旅游扶贫项目实施的过程中，为了确保项目能够达到扶贫效果，由村民选举产生项目实施小组和建设小组，在村党支部的领导下使其代表村民行使参与权，全面负责项目的实施和管理工作，做到管理透明、监督到位。此外，旅游扶贫工作运行的每一环节在事前都要由各建设小组征求村民代表的意见，行使村民的参与权和话语权，且事后发榜公布，接受全体村民的监督。

2）有效的旅游扶贫资金管理机制

我国旅游扶贫现有的资金投入来源以财政扶贫资金和地方政府配套资金为主，其余为扶贫贴息贷款和自筹资金。由于资金筹集渠道有限，因此旅游扶贫资金的管理显得尤为重要，在资金投入有限的前提下，如何实现效益最大化，是旅游扶贫高效开展的难题。本书借鉴世界银行等国际组织的先进管理经验，在实践中总结出一套适合贫困人口参与型旅游扶贫模式的资金管理机制。第一，针对财政扶贫资金、地方政府配套资金、世界银行贷款资金和各部门专项扶贫资金，采用资金捆绑投入制，通过建立专门资金账户的方式，对所有进入账户的资金实行专户储存、封闭管理，有效地监管扶贫资金，捆绑使用，统一规划。第二，在旅游扶贫资金发放的过程中，实行部分资金垫付制。第三，推行旅游扶贫资金报账制、公示制和备案制，确保旅游扶贫资金的有效监管。第四，建立旅游扶贫资金绩效考评制，将旅游扶贫资金的分配和各个旅游项目的扶贫效果结合起来。第五，构建旅游扶贫资金管理跟踪监测网络，动态跟踪监控每笔扶贫资金的流向、数量、拨付进度等。

3）完善的村级旅游扶贫规划制度

贫困人口参与型旅游扶贫模式以贫困村为单位，以完善的村级规划为重要依托，以帮助贫困人口脱贫为目标，始终坚持旅游适度开发与旅游可持续发展并举。首先，村级旅游扶贫规划的内容要以发展旅游经济和增加贫困人口的收入为核心，综合治理山水、田地和道路等环境，在保护生态环境的基础上，合理开发旅游，并坚持文化、生态、教育协同发展。旅游扶贫规划项目的内容不仅涉及旅游发展所需的基础设施、村容村貌整改、公共服务等生产生活问题，还要有文化建设、民主建设等事关居民长远利益的内容。其次，村级旅游扶贫规划必须坚持以人为本的原则。应细化旅游扶贫规划的目标，明确政府各部门的职责，努力践行旅游项目的实施细则，并以贫困人口的能力发展为主线，建立能够发挥贫困人口主体作用的参与机制，确保贫困人口通过申诉渠道可以有效表达自己的需求和想法。最后，将村级旅游扶贫规划与新农村建设和美丽乡村建设紧密结合。由于贫困地区是新农村建设最大的障碍，因此村级旅游扶贫规划应围绕新农村建设的总体要求设计方案，为新农村建设奠定基础。

4）政府主导的旅游扶贫一体化服务机制

在旅游扶贫活动中，政府不仅要负责政策的制定，还需要主导分配旅游扶贫资金和旅游资源，保证旅游扶贫效益。由于政府的过度主导会造成旅游扶贫效率低下和旅游资源浪费等问题，因此，在整个旅游扶贫机制中应引入第三方监督力量，帮助培训贫困人口的参与能力，为政府咨询助力。第一，政府提供旅游技能服务。围绕旅游扶贫项目和贫困人口的需求，由扶贫办、旅游局和相关政府部门协调组织省、市、县、乡的技术服务部门，对各级实施小组、扶贫小组、项目参与贫困人口提供全方位的技能服务，尤其是旅游接待服务技能。第二，政府部门的对口支持。交通、水利、农业、林业、教育和卫生等各个部门除了需要负责贫困地区相关事业的发展外，还需直接负责和参与旅游扶贫项目的实施，为贫困人口提供有针对性的支持。第三，政府必须加强旅游扶贫活动中的统计、监测和评估，协调各部门的旅游扶贫活动，以提高旅游扶贫效率，防止旅游扶贫资源浪费和旅游扶贫资金被挪用。

5）政府与市场互补的开发机制

在旅游活动中，政府与市场的参与度和参与性质不同，但两者又相互联系，统一于旅游扶贫开发工作实践。由于贫困地区在社会环境、经济发展和基础条件方面的缺陷，其在市场竞争中往往处于劣势地位，单纯由市场或者政府参与旅游扶贫很难取得令人满意的效果。因此，需要"看不见的手"和"看得见的手"相互结合，发挥两者的作用。在具体的旅游扶贫实践中，应明确政府和市场两者的作用范围，从而形成一种相互补充的开发机制。首先，要发挥旅游市场机制在旅游扶贫开发中的作用，为满足游客多样化的需求，创新设计具有高效益和竞争力的旅游项目。其次，政府要积极主动地弥补市场的缺陷，改善贫困地区的发展条件，满足贫困地区的需要，真正发挥政府对市场的调控作用，处理好市场解决不了的问题。

6）旅游扶贫开发的可持续发展机制

从贫困根源来讲，致贫原因在于贫困人口能力低下，只有提高贫困人口的自我发展能力，才能实现旅游扶贫的可持续，从而在真正意义上消除贫困。对于已经脱离贫困的人口，再次面临自然、社会和经济的不利影响时，都会有再次返贫的危险。对于缺乏自身发展能力的贫困人口，仅采用常规的以经济发展为导向的旅游扶贫模式是远远不够的，需要为其提供最基本的社会保障，并积极培育其自我发展能力，提高其参与旅游扶贫的能力，从本质上解决贫困问题。首先，要关注旅游扶贫的后续管理。贫困人口参与型旅游扶贫模式不仅注重旅游扶贫项目的前期实施过程，而且注重旅游扶贫项目的后续管理，坚持实施与管理并重，不断更新技术和旅游产品，实现旅游扶贫项目的可持续发展。其次，从可持续发展的角度，要注重贫困人口的能力建设。在保障贫困人口身体健康的前提下，通过基础教育、成人教育以及各种旅游技术培训提高其脱贫能力。最后，实现贫困人口参与旅游扶贫与水土保持、环境保护和生态建设的协调。旅游扶贫不能以牺牲环境为代价，旅游扶贫的目的不仅在于贫困地区和贫困人口的脱贫，还应平衡经济与社会、人与社会、人与自然的关系，形成人、社会、自然三方和谐的局面。

6.3 旅游扶贫整合模式与推广应用

通过从旅游发展力量、旅游资源、贫困人口参与三个视角对各个旅游扶贫模式的内涵及运行机制进行详细阐述，结合以这三个角度组合的新模式，根据滇桂黔石漠化片区旅游资源类型划分，将表6-2中的Ⅰ——生态优先型+景区带动型、Ⅱ——特色文化支撑型+核心企业主导型、Ⅲ——生态与文化复合型+社区参与型、Ⅳ——乡村旅游+"农户+"型、Ⅴ——养生旅游+政府主导型五种旅游扶贫组合新模式进行推广。各种组合新模式的适用条件、影响因素及发展对策如表6-3所示。除了综合适宜性优良的地区外，滇桂黔石漠化集中连片特困区的其他地区由于旅游扶贫条件或旅游扶贫潜力一般，不适宜大范围发展旅游扶贫。

表 6-2 滇桂黔石漠化片区旅游扶贫模式推广应用

编号	核心旅游资源类型	旅游扶贫组合新模式	典型代表性案例地	模式推广应用贫困县
1	自然生态	I——生态优先型+景区带动型	荔波	丘北德保宁明大化乐业融安晴隆师宗屏边
2	特色文化	II——特色文化支撑型+核心企业主导型	黎平	泸西雷山三江那坡锦屏普安大化麻栗坡普安广南西畴
3	自然+特色文化	III——生态与文化复合型+社区参与型	龙胜	镇远镇宁台江册亨六枝富宁从江隆林麻江剑河丹寨东兰西秀关岭瓮安田阳上林龙州独山岑巩砚山忻城惠水天等
5	养生旅游资源	IV——养生旅游+政府主导型	巴马	大化东兰龙州
6	乡村旅游资源	V——乡村旅游+"农户+"旅游扶贫模式	罗平	丘北荔波关岭忻城
7	其他（综合型）	不适合大范围发展旅游扶贫		大新靖西贵定三都三穗环江施秉望谟西林长顺平塘田林龙里隆安罗甸榕江水城都安黄平兴仁马山紫云凤山凌云马关天柱普定贞丰平坝安龙融水罗城

6.3.1 I——生态优先型 + 景区带动型旅游扶贫模式

生态优先型 + 景区带动型旅游扶贫模式，需要以丰富的自然资源为基础，通过发展生态旅游达到脱贫致富，而且通常是景区发展带动经济发展的模式。生态旅游资源丰富区与经济贫困地区具有很强的耦合性，且生态旅游与旅游扶贫的目标高度一致，是旅游扶贫的最佳模式。以荔波县为例，荔波大小七孔景区附近村寨依托景区发展，开办农家乐、旅游商店等参与住宿餐饮业，提高经济收入。但是这种发展模式具有明显的限制性，核心边缘效应较为明显，即景区周边的村寨能够较大的受益于景区客流，但是距离景区有一定距离或者距离前往景区的道路较远的贫困人口则难以从旅游发展中获取利益。此种模式适用于自然旅游资源优势鲜明，生态环境良好，客源市场广阔且旅游产业较为发达的县域。

6.3.2 II——特色文化支撑型 + 核心企业主导型旅游扶贫模式

特色文化支撑型 + 核心企业主导型旅游扶贫模式，主要适用于文化旅游资源丰富且较为集中的地区，由政府引导，依托区域内特色文化旅游资源，成立大型旅游公司或吸引实力雄厚的投资方开发和经营，形成较大的旅游产业规模，不断拓宽和延伸旅游产业链。以黎平县为例，肇兴侗寨主要依托侗族建筑、饮食及民俗文化等相关民族文化资源发展旅游，村寨自身作为景区营销，由政府和专业旅游组织合作管理和运营。其现行的管理组织是黎平县政府、县旅游局与贵阳合众投资公司签订承包经营协议并成立的世纪风华旅游投资有限责任公司。风华公司获得肇兴村的旅游经营权，政府主管部门（乡政府、县旅游局、扶贫办）为景区提供配套的政策支持，负责制定与景区发展相关的管理制度与规范，并监督实施，政府与开发商共同投资建设基础设施和服务设施。肇兴的居民几乎不参与村寨旅游的管理事宜。居民可以自发经营各项旅游活动，包括出售旅游商品、开办旅馆、餐馆等。此类旅游扶贫模式适用于文化资源丰富且集中的县域，周围同类产品较少，旅游发展潜力和经济文化价值较高。

6.3.3 III——生态与文化复合型 + 社区参与型

生态与文化复合型 + 社区参与型旅游扶贫模式，要求自然旅游资源和文化旅游资源都较为丰富，种类多样，发展潜力较大，村民参与旅游的积极性较高。以广西壮族自治区龙胜各族自治县为例，其最初由村民自主开发，属于非企业型治理模式，主要由龙胜县和平乡政府管理，后来成立龙脊梯田风景名胜区，由龙胜县旅游局管埋，龙胜县旅游总公司作为政府直属企业负责景区经营，采取隶属地方政府的国有企业经营的模式。之后，龙胜旅游总公司与桂林旅游发展有限公司达成协议，组建桂林龙脊温泉旅游有限责任公司，管理机构仍为县旅游局，公司负责经营事务。自此，景区快速发展，外地投资者进入景区进行旅游经营，龙胜县政府为更好地管理景区各方面事务，成立了龙脊风景名胜区管理局。经过三十余年的发展，龙胜县旅游扶贫取得较好成绩，政府、旅游组织以及村民在其中都扮演着重要角色。

6.3.4　Ⅳ——乡村旅游+"农户+"旅游扶贫模式

乡村旅游+"农户+"旅游扶贫模式，乡村旅游主要以乡村为主体，以农村生活、农村环境、农村体验为重点，村民在其中扮演着重要角色，不仅是旅游发展的主要人群，也是主要受益者。以云南省罗平县为例，以"旅游强县"为战略目标，开展多项工程建设，取得了较好的效果，就金鸡村的油菜花海而言，通过"农业+旅游"取得较好的成绩。主要通过多家农户之间合作，种植成片的油菜，在油菜花盛开的季节，吸引大量游客前往参观游览，带来餐饮、住宿、旅游商品、旅游交通等旅游消费，进而提高当地村民的经济收入。发展乡村旅游，要让尽可能多的农户参与其中，成立各类专业旅游合作社，或者政府、企业与农户合作，投资经营管理农家乐或者其他旅游项目，为村民提供就业机会和经济收入渠道，最终实现贫困人口真正脱贫。

6.3.5　Ⅴ——养生旅游+政府主导型

养生旅游资源属于较为特殊的旅游资源类型，在经济和科技高速发展且环境压力增大的时代，养生成为一种趋势，养生旅游主题日渐受到大众的关注。养生旅游扶贫模式发展空间广阔，加之政府在其中扮演主导地位，倘若适度合理开发，设计多样化的养生旅游产品，此类扶贫模式发展前景甚佳。将养生旅游扶贫模式与政府主导型旅游扶贫模式组合，使政府在养生旅游基础设施及配套设施建设、宣传促销力度以及养生旅游资源开发等方面发挥主控权，促进养生旅游扶贫效益最大化；在税收、金融、征地、人才引进等方面给予政策倾斜，为养生旅游资源丰富的贫困县提供健康、良好的环境。该模式主要适用于生态环境质量和生活环境质量较高的县域；同时，经济发展缓慢，思想观念保守且"经营走向市场，事业政府统筹"的地区。

表 6-3 滇桂黔石漠化片区旅游扶贫组合新模式应用条件及发展对策

类型	旅游扶贫模式	适用条件	影响因素	发展对策
I	生态优先型+景区带动型	1.生态环境良好 2.旅游资源潜力大 3.交通较为便利 4.客源市场广阔 5.旅游产业发达	1.交通不便 2.经济落后 3.区位不佳 4.资金短缺 5.其他行业的竞争	1.协调开发 2.加强保护 3.品牌升级 4.完善配套设施
II	特色文化支撑型+核心企业主导型	1.民族或历史文化资源丰富 2.旅游资源和村落较为集中 3.旅游组织管制能力较强 4.政府、居民、旅游组织三方协调合作	1.利益相关者的利益诉求存在差异 2.居民景区开发能力不足 3.旅游产品过于单一	1.及时公开旅游扶贫信息，达到信息对等 2.培训居民的旅游从业技能 3.培养居民的自主脱贫的意识 4.加快旅游产品更新频率，举办大型活动吸引眼球
III	生态与文化复合型+社区参与型	1.旅游发展较早 2.居民积极参与 3.自然资源和文化资源同等丰富，且旅游资源吸引力较大 4.旅游基础设施及配套服务设施较为齐全，交通便利	1.环境保护压力大 2.过度竞争 3.发展规模有限 4.过度商业化 5.利益相关者之间的矛盾突出	1.健全分配机制 2.提高人口素质 3.以生态环保为前提，完善旅游扶贫规划制度 4.精心设计生态和文化旅游特色产品 5.成立旅游管理机构，协调各方关系，提供申诉渠道
IV	乡村旅游+"农户+"型	1.农业旅游资源丰富，乡村环境优越 2.村民积极性高 3.基础设施较为完善	1.旅游产品同质化严重 2.旅游基础设施匮乏 3.村落城市化气息过重	1.制定乡村旅游扶贫规划，合理布局，适度开发 2.保持乡村的原真性 3.政府积极引导村民参与其中，培训其旅游从业技能 4.与周边旅游产品保持差异化，避免竞争
V	养生旅游+政府主导型	1.经济发展缓慢 2.养生文化优势明显 3.生态和生活环境质量高	1.资金相对不足 2.过度开发，过度商业化 3.外来开发商过多，当地村民参与度较低	1.完善管理，活跃市场 2.完善旅游扶贫规划制度 3.政府和旅游组织对贫困人口要对帮扶

本章小结

　　本章基于滇桂黔石漠化集中连片特困区旅游扶贫现状、旅游扶贫适宜性评价以及旅游扶贫绩效评价，总结出旅游扶贫模式。首先，根据石漠化片区旅游扶贫适宜性评价进行旅游资源类型划分，分为自然生态旅游资源、特色文化旅游资源、生态与文化复合型旅游资源、乡村旅游资源和养生旅游资源五类。相应地，根据这五类旅游资源类型，划分本研究的10个案例地，比较旅游扶贫绩效，得出每一类旅游资源中旅游扶贫绩效最好的县域。其次，总结这五类旅游资源对应的5个县域的旅游扶贫模式，自然生态旅游资源以贵州省荔波县为典型案例地、特色文化旅游资源以贵州省黎平县为例、生态与文化复合型旅游资源则以旅游扶贫绩效最优的广西龙胜县为分析对象、乡村旅游资源和养生旅游资源分别以云南省罗平县和广西巴马县为例。然后，本章从旅游发展力量、旅游资源和贫困人口参与三个视角，对总结出的旅游扶贫模式进行分类，阐述了各个模式的内涵及运行机制，并将其按不同的视角重新组合，最终得到五类旅游扶贫组合新模式：Ⅰ——生态优先型＋景区带动型、Ⅱ——特色文化支撑型＋核心企业主导型、Ⅲ——生态与文化复合型＋社区参与型、Ⅳ——乡村旅游＋"农户＋"型、Ⅴ——养生旅游＋政府主导型。

第7章 滇桂黔石漠化集中连片特困区旅游扶贫支撑保障体系

近年来,"旅游+扶贫"引起了社会各界的广泛关注,这是一种新兴的扶贫形式,是贫困地区依托当地丰富的旅游资源,大力兴办旅游经济实体,带动区域经济的发展,从而实现脱贫致富,是"造血式"的扶贫。解决滇桂黔石漠化集中连片特困区群众脱贫致富问题是该地区发展旅游扶贫的首要目标,反贫困和消除贫困人口的贫困状态是其核心目标。实践表明,旅游扶贫有利于贫困人口获得利益,增加发展机会,减少贫困发生率。本书第四章、第五章、第六章主要通过对片区的旅游扶贫进行适宜性评价和绩效评价,从而总结出相应的扶贫模式。片区要通过引导和支持贫困地区发展旅游实现减贫目标,因地制宜地推广扶贫模式,促进旅游扶贫又快又好地发展,有必要通过建立旅游扶贫保障体系保证旅游扶贫模式有效率和有效果地实施和推广。本章主要从制度、资金、技术、环境、人才五个方面来讨论旅游扶贫保障体系的具体内容。

7.1 保障体系构建的目标

旅游扶贫保障体系构建的目标是建立一个由各种保障措施所形成的相互影响、相互关联的动态开放的保障体系,以实现旅游扶贫的目标并保障旅游扶贫能够产生积极的效应。本书在第四章、第五章中对滇桂黔石漠化片区进行了适宜性评价和绩效评价,考虑到目前片区的旅游扶贫正处于关键阶段,因此需要一个系统的、可行的、科学的保障体系来保障片区旅游扶贫的有序发展和可持续发展。片区的贫困地区旅游资源丰富,当地人往往守着"金山""银山"却不知道如何利用，或者过度利用导致破坏严重，因此应该有明确的保障体系，为当地发展指明方向。总之，片区构建保障体系是为了保证资金、技术、人才等得到合理充分的使用，从而有利于推进旅游扶贫，帮助当地的贫困人口脱贫致富。

7.2 保障体系构建的原则

7.2.1 系统性原则

系统性原则也称为整体性原则，就是在旅游扶贫保障体系的构建中要重视制度保障体系、资金保障体系、技术保障体系、环境保障体系和人才保障体系五个子系统的相互关系，要善于运用系统方法，以确保保障体系的整体性、平衡性、动态性。旅游扶贫保障体系是结合片区实际情况和调研过程中发现的问题，根据旅游扶贫既定目标而精心设计的，各个子系统既相互独立又相互联系，构成一个动态的有机统一整体。在旅游扶贫保障体系构建中坚持系统性原则，目的是保障各子系统相辅相成，共同发挥作用，从而保障旅游扶贫模式有效率和有效果地实施和推广。

7.2.2 实效性原则

遵循实效性原则就是要构建有实际效用的保障体系，具体来说就是结合当地的实际情况、当时的政策环境等方面构建保障体系，而不是提出空泛的文本形式。能够付诸实践的旅游扶贫保障体系才具有说服力和生命力，若保障体系不能够有效实施，就难以实现旅游扶贫的目标，会遏制贫困人口的发展，从而失去了其存在的意义。因此，必须针对片区在旅游扶贫过程中出现的制度问题、资金问题、环境问题等构建完善的、切实可行的、具有实效性的保障体系。

7.2.3 科学性原则

在构建旅游扶贫保障体系中坚持科学性原则就是强调要一切从实际出发,以客观规律为基础,要因地制宜、因时制宜,根据实际情况选用科学的方法提高当地农民的农业技术水平、能源技术水平以及信息技术水平等,同时在培养旅游人才、提升旅游在职人员工作技能时,要采用科学的方法。总之,就是运用科学的手段去解决扶贫模式推广过程中所遇到的问题。

7.2.4 创新性原则

党的十八届五中全会提出了"创新、协调、绿色、开放、共享"五大发展理念,其中创新排在第一位,这说明了创新的重要性,因而坚持创新性原则是必要的。在构建旅游扶贫保障体系中坚持创新性原则就是要打破陈规,勇于运用新思想、新方法,使保障体系具有一定的实际意义和应用价值,要掌握旅游扶贫发展过程中有关制度、资金、技术、环境和人才等方面的新动态,善于发现新问题,解决新问题。

7.2.5 适度性原则

所谓"适度",就是要适时、适境、适量。旅游扶贫保障体系对片区发展旅游扶贫具有重要作用,因此要适时、适境、适量采取及推行各种保障措施,防止过犹不及或者力度不够,导致旅游扶贫的负效应,进而导致不能够有效实现旅游扶贫目标。在制度、资金、技术、环境、人才等方面保障体系的构建中要结合实际情况,实事求是,合理规划,始终坚持适度性原则。

7.3 保障体系构建的内容

根据片区实际情况以及调研过程中发现的问题,确立旅游扶贫保障体系的主要组成要素,分别为制度保障、资金保障、技术保障、环境保障和人才保障五大类。

7.3.1 制度保障体系

"没有规矩，不成方圆"，制度是保障各项活动有序进行的必要前提，是各项事业成功的重要保证。在滇桂黔石漠化集中连片特困区旅游扶贫过程中，建立一套严格、紧密、切实可行的制度保障体系势在必行。本书主要从以下四个方面来构建制度保障体系。

1. 自上而下的扶贫法规政策

我国针对扶贫开发出台了诸多法律条文和政策文件，涵盖经济、社会、文化、教育、民族发展等多个方面，各级政府也根据自身情况出台了相应的实施细则和扶贫规则。但从总体上来讲，有关扶贫开发的法律法规体系尚不健全，扶贫工作很大程度上无法可依，依然是按照上级指示和文件进行。同时，我们在调研中发现，部分地区对国家政策的执行能力有所欠缺，政策落实效果与预期有差距，各地等对于扶贫的监管力度不够，针对旅游扶贫的专项政策不多。在访谈中，也发现部分贫困人口对目前国家的扶贫政策不了解、不清楚，说明在相关法律法规的宣传和普及方面尚有不足。

因此，在国家、地方政府大方针的指导下，滇桂黔石漠化片区应根据自身的需要，逐渐形成针对性强、可行性大的内部法规，经过后期不断的修改和完善，制定出一套较为成熟和完整的法规保障体系，来保障脱贫、反贫困工作的顺利进行。该体系是旅游扶贫各项活动开展的指导，是保护特困区人们在旅游开发过程中合法权益的法律依据。

2. 建立健全监管奖励机制

通过对旅游扶贫问题的分析，我们发现滇桂黔石漠化集中连片特困区旅游覆盖面有限，导致旅游活动边缘地区的贫困人口的收入与核心景区的贫困人口的收入差距大，能够经营旅游活动的贫困人口与不经营旅游活动的贫困人口收入差距大，一些边缘地区的人群或没有能力经营旅游的人群无法获取旅游开发带来的好处。另外，政府没有做好扶贫识别工作，使得不是贫困人口的居民被认定为贫困人口，享受贫困照顾，加重贫困人口的贫困度。通过调研发现，片区存在着政府不作为现象，如对旅游扶贫不重视，缺乏具体的政策和措施，或有政策但不执行，没有兑现给居民的承诺，从而导致居民与政府的关系不融洽，扶贫落实举步维艰。在调查中还发现，没有在旅游中获益的居民对旅游开发的满意度不高，而参与旅游开发获益的居民同样对旅游开发的满意度不高，主要原因包含四个方面：一是政府越位、错位、缺位，未尽其职；二是景区开发不平衡，居民受益不均，居民与景区之间信息不对等；三是景区管理措施不当，对居民生活或经营造成负面影响；四是居民自身素质较低，思想意识落后，对旅游扶贫开发期望过高，且各方利益相关者只看重眼前利益而未考虑目的地现状和长远利益，致使旅游组织或政府管理不当，未能扶贫反而加重贫困。

对此，政府应该严格执行法律，遵守法律法规，对于违法的人或事必须追究到底。扶贫开发过程中的相关人员应加强法治意识，敬畏法律，严格遵守法律法规；对违法乱纪者应进行严肃的处理，对于贪污、挪用、挥霍、行贿、受贿等违法行为，给予严厉打击并加大惩治力度；实现扶贫资金专款专用，切实保障贫困人口的合法权益，达到资金的有效配置；为当地的旅游扶贫营造一个公平、公正、公开的良好环境。在制度完善的同时，应配套相应的政策并发挥其引导作用。税收是国家各项建设的主要资金来源，一套完善的税收政策体系能够保障国家各项建设事业的顺利进行。本研究认为应当设立土地税、农业税、林果特产税、企业营业税和消费税等多个直接与石漠化特困区有联系的税种。

应制定并完善乡村旅游扶贫规划，合理布局，适度开发。成立旅游管理机构，协调各方关系，为当地参与旅游开发的农民提供申诉渠道。正确发挥当地政府的引导作用，发展旅游，实现脱贫致富。结合当地旅游资源环境、历史文化背景，制定相应的发展策略，强化对旅游扶贫的引导，加强对相关项目的引领，细化重点领域的工作部署。

奖励机制是必要且重要的一部分，有助于促进滇桂黔石漠化集中连片特困区旅游扶贫的发展。应吸引投资商、企业、人才等优质资源进入片区参与旅游扶贫发展，营造良性的竞争环境，留住优秀的人才资源，促进人财物充分发挥自身价值。例如，对新评定的等级景区（如 A 级）旅游品牌，按所在地政府有关政策兑现奖励，能够起到提升员工积极性、加强企业自我监督、树立行业标杆的积极作用，最后达到引导地区致富脱贫的目的。

3. 给予金融信贷优惠政策

通过分析发现，滇桂黔石漠化集中连片特困区旅游扶贫开发存在严重旅游漏损，因此有必要给予当地居民金融信贷优惠政策，鼓励贫困地区居民自主脱贫。对于通过贷款建设农家旅馆，政府应给予贷款优惠，并对不同程度的贫困居民给予不一样的优惠力度。同时，这些地区的国有控股银行应设立一定限额的信用贷款资金，为当地人民摆脱贫困、发展旅游提供项目资金。在保障自身不亏损的前提下，适当放宽信用贷款条件，降低门槛，为贫困居民构建一个可进入性高的信贷政策保障体系。

总的来说，这些地区的金融信贷政策对贫困地区的照顾、优惠力度相当大。例如，改革农业税收制度，减少、免缴税款，实行税前还贷；对于返贫人口，则将已上缴的税款按一定比例返还，以此减轻他们的负担；银行降低贫困人口的贷款利率，进行贴息、无息贷款，帮助信贷农户减轻还债负担等。

4. 明确分工，落实扶贫政策

通过分析发现，扶贫存在漏洞、政府没有兑现承诺、政府不作为等现象严重阻碍了扶贫、脱贫的进度。对此，要明确责任，落实帮扶对象，解决好"谁来扶"的问题，将工作瞄准到实处并进行后期跟进与考核。省、市、县政府负责中央及省、市、县直属部门、大型企业的扶贫协调工作，确定帮扶期限，明确帮扶内容，有效整合资金、技术、人才、项目，明确职责，切实完成帮扶目标。在市、县、乡成立试点工作领导小组，由市、县、乡主要领导担任组长，其他相关部门参与，签订责任书，狠抓落实，实现政府和旅游组织对贫困人口的帮扶，甚至一对一帮扶。

制度保障体系在滇桂黔石漠化集中连片特困区旅游扶贫中起到重要的推动作用，有利于促进贫困地区经济的发展，有利于平衡利益相关者的利益，有利于民族团结、地区进步，是保障滇桂黔石漠化片区脱贫的重要措施。

7.3.2 资金保障体系

1. 国家和当地政府对于特困区旅游的扶持

国家层面应增加对滇桂黔石漠化集中连片特困区旅游项目的财政投入。滇桂黔石漠化集中连片特困区部分旅游地整体发展处于停滞和衰落的状态，这些地方贫困人口众多，但旅游资源相对较好。针对不同的旅游扶贫模式，国家在给予不同的资金支持方式。针对实施生态优先型＋景区带动型旅游扶贫模式的贫困地区，由于这些地区资金短缺、交通不便，所以国家层面可采取扶贫资金直接补助的方式，帮助当地的贫困人员创建农家乐或者在旅游地周边开设商店，并通过直接财政拨款改善公共服务设施和配套旅游基础设施。对于实施生态与文化复合型＋社区参与型旅游扶贫模式的贫困地区，国家应使用财政补助成立旅游管理机构，以便于协调当地居民与旅游企业的关系，给当地居民提供申诉的渠道。对于实施养生旅游＋政府主导型旅游扶贫模式的贫困地区，国家应一对一为当地贫困居民提供补助，针对从事旅游服务相关工作的贫困人员，应给予他们低息贷款或者直接的财政补助，支持其继续从事旅游服务活动。

当地政府应对滇桂黔特困地区开展旅游扶贫给予扶持。对于实施生态优先型＋景区带动型旅游扶贫模式的贫困地区，当地政府应从每年的财政收入中拨款作为扶贫资金，用于贫困地区的道路建设以及旅游基础设施的修建和维护等。对于实施特色文化支撑型＋核心企业主导型旅游扶贫模式的贫困地区，当地政府要投入部分资金用于培训，教会居民旅游经营服务能力，培养他们自主脱贫的意识。对于滇桂黔石漠化片区的旅游企业，当地政府应适当地减少税收或放宽优惠政策，并鼓励企业帮扶农户，推动当地旅游发展，减缓贫困。

应建立旅游扶贫发展基金保障当地旅游扶贫。应每年从国家的扶贫资金中提取一定比例专门用于滇桂黔石漠化集中连片特困区的旅游扶贫；滇桂黔石漠化片区的当地政府则提取部分固定的扶贫资金用于扶持有经济发展潜力的旅游项目；从当地一些效益较好的企业中抽取部分资金专门用于旅游扶贫地的环境保护。

2. 当地企业对于特困区旅游的扶持

通过吸引外资、台资、侨资等扶持滇桂黔石漠化集中连片特困区的旅游是一个有效的途径。对于实施核心企业主导型旅游扶贫模式的贫困地区，想要吸引外资、侨资投资，政府必须营造良好的公平环境，提供完善的人力、设备等基础设施。对于招商而至的企业，应综合评价其经济实力及能够为当地带来的效益。要尽可能地吸引一些资金雄厚且有较大发展潜力的企业，从而实现当地旅游发展效益的最大化，减缓扶贫发生率。

应通过旅游企业债券的发行和股份制旅游企业的成立扶持滇桂黔石漠化集中连片特困区的旅游发展。随着旅游业的不断发展，许多旅游企业逐渐发展成为股份制企业。对于旅游股份制企业，可以较快地募集到大量资金，且可以较快地开发和使用旅游地。此外，旅游股份制企业发展到一定阶段，还可以申请上市，上市之后资金的筹集会更加容易，且可以公开发行股票，从根本上解决资金不足的问题。当旅游股份制企业面临资金不足时，可以委托银行或其他金融机构发行企业债券，进而较快地聚拢社会闲散资金，保证旅游企业在后续旅游项目的开拓和发展中有充足的资金来源。

3. 特困区当地居民的努力

对于滇桂黔石漠化集中连片特困区的居民，虽然其经济能力有限，但他们拥有类似土地、房产等固定资本，可以通过土地流转和房屋租赁的方式获取收益。对于实施乡村旅游+"农户+"型旅游扶贫模式的贫困地区，当地政府要积极引导居民参与，会聚居民的力量进行投资入股，通过培训居民的经营运作能力，成立农林牧渔等各种专项农村合作社，最后根据投入的金额进行分红。对于实施生态优先型+景区带动型旅游扶贫模式的贫困地区，由于景区的旅游辐射效应为周边贫困家庭带来了发展机遇，贫困人口可以通过参与景区的旅游交通、餐饮、住宿等旅游服务活动，获取经济收入，改善生活水平。

滇桂黔石漠化集中连片特困区由于教育水平落后，致使贫困居民知识文化欠缺，经济来源单一，农作物种植或者外出务工是多数贫困人口维持生活的方式。在这些地区，单靠国家和当地政府对贫困人口进行"输血式"救济不是长久之计，更重要的是贫困者的自身的努力。他们首先要树立自主脱贫意识，而非消极等待政府的资金补助，然后积极主动地参与政府开展的旅游经营管理培训，提高自身脱贫能力。通过"造血式"扶贫方式，可以预防返贫困现象发生，真正实现贫困地区的永久脱贫。

7.3.3 技术保障体系

技术保障体系的构建不是泛泛而谈，而是结合片区的实际情况以及前面章节中所总结的旅游扶贫模式，从农业技术、能源技术、信息技术、石漠化治理技术这些方面来予以保障。

1. 农业技术保障

对于实施政府主导型旅游扶贫模式的贫困地区，可以充分依托农业科研院所，努力发挥其重点实验室与科技示范园的作用，大力推行优良品种的培育，以建立生态农业采摘园，吸引游客，为当地创收。在按旅游资源分类的多种旅游扶贫模式中，乡村旅游扶贫模式、"农户+"旅游扶贫模式等主要依托乡村的旅游资源和农村田园风光，因而需要借助先进的农业技术以保障达到扶贫效果。片区要结合气候、土壤、水资源等自然环境，大力推广节水技术（喷灌、滴灌、节流等）、种植技术（育种、病虫害的防治、果木树的培育等）、农机技术、大棚技术、少数民族医药技术，开发更多的经济作物和农副产品，以丰富旅游产品体系，尤其在一些以采摘园为主的农家乐旅游扶贫方式中，需要广泛运用温室大棚技术种植反季节的蔬菜瓜果，从而吸引旅游者。在这些农业技术推广中，有些新技术的运用对于当地农民来说较为困难，因此，需要政府或企业邀请相关专家，通过积极开展农业生产的田间或现场技术指导工作，保障其顺利推广。

2. 能源技术保障

在实地调研过程中，研究者发现滇桂黔石漠化片区存在能源供应不足的问题，因此提供能源技术保障是必须的。在能源技术保障上，旨在建立"稳定、安全、高效、环保"的多元能源供给体系，以保护生态为前提，积极开发清洁可再生能源。在访谈过程中了解到，在暴雨雷电等恶劣的天气，片区贫困地区容易停电，因此要加强对贫困地区电网的整改，提高电网供应能力，从而保障旅游活动的正常开展，推动经济的发展。

加强农村的其他能源建设，如推广太阳能技术、沼气技术等。贫困农户大部分种植农作物、饲养家禽牲畜等，因此农作物秸秆肆意焚烧、动物粪便随处可见等现象，不仅污染了当地的生态环境，而且浪费了可利用的资源。所以，以沼气技术为主的生物质能技术的推广和保障显得尤为重要，而且滇桂黔石漠化集中连片特困区大部分位于农村地区，能为生物质能技术的运用提供诸如农作物、秸秆、动物粪便、食物残渣等的大量生物质能来源。在本书第六章总结的乡村旅游扶贫模式、生态旅游扶贫模式、养生旅游扶贫模式等扶贫模式中，应该广泛推广应用沼气技术，这样做不仅能够解决该地能源供应问题，而且有利于变废为宝，净化当地的生态环境。

3. 信息技术保障

在对片区旅游扶贫问题的分析中发现，在发展旅游扶贫的过程中，各利益相关群体之间存在沟通不畅、信息不对称等问题，从而导致诸多矛盾。因此，亟须构建有利于进行有效、及时沟通的信息保障体系。总的来说，发展旅游扶贫的地区应充分发挥政府的主导作用，依托县统计局，组建由县信息中心、乡信息站、村信息员（由村委会成员担任）等组成的信息网络站点，采用通信网络等多种媒体手段，构建信息保障体系，以确保信息真实公平、准确完整且及时有效地反馈给各利益相关群体。对于市场方面的信息，应充分发挥市（县）统计局的主体作用，及时、准确地收集市场需求、商品价格、新产品、新技术等信息，传达给农户，从而帮助贫困人口了解市场，生产相应的农作物产品或者提供特色旅游产品。社交软件技术难度较低，容易运用和推广，且用户群较大，是良好的信息发布推广平台，技术信息的传播与发布可以依赖社交软件。同时，贫困人口也可以利用旅游网站平台发布旅游产品、景区、农家乐等相关信息，吸引广大用户群，提升其关注度。另外，片区在信息技术保障体系的构建中，要加强扶贫开发、经济可持续发展、反返贫等信息的收集和反馈，确保形成旅游扶贫信息网，从而有利于相应营销策略的合理使用。

在前文对片区技术环境的分析中指出,贵州被公认为是中国南方最适合建设数据中心的地方,并建设了全国首个国家级的大数据综合试验区,这为滇桂黔石漠化片区信息技术保障体系的构建奠定了良好的技术环境,因此要使开放的大数据成为促进旅游扶贫的新保障和动力。此外,VR 技术促进了旅游内容展示和营销方式的多样化,在旅游扶贫信息技术保障体系中,可以尝试推广 VR 技术。还有一点不能忽视的是片区的网络建设,要提升旅游目的地的网络普及率,重视 Wi-Fi 网络的普及,并保障当地民宿、酒店等的网络通达性。

4. 石漠化治理技术保障

石漠化已成为滇桂黔三省(区)严峻的生态问题,因此,因地制宜地提供和应用石漠化治理技术,注重石漠化治理技术保障是必要的,这也为片区的生态环境提供了保障。首先,要提高石漠化治理的技术含量,弄清楚石漠化土壤的特点、石漠化成因、石漠化演变规律,筛选出适合当地的树种,从而有利于当地进行植树造林、封山育林,减少石漠化发生率。其次,以专家为主体,充分调动当地农民的积极性,依据科学性原则和创新性原则,通过切实可行的技术来培育适合石漠化环境的高产优质的经济、粮食等农作物,从而不仅解决石漠化问题,而且产生一定的经济效应。最后,要针对防治工作中急需的关键技术集中力量开展科技攻关,加快新技术、新方法和新工艺的应用,利用多学科的理论和技术对石漠化进行综合治理。

7.3.4 环境保障体系

滇桂黔石漠化集中连片特困区是我国石漠化面积最广、分布最为集中、石漠化程度最高的地区,同时也是我国生态环境较为恶劣的地区之一。由于典型的喀斯特地貌,土壤贮水保水能力差,地表渗透严重,再加上水利工程建设乏力,水资源没能得到充分利用,滇桂黔石漠化片区存在严重的工程性缺水问题,尤其对于偏远农村地区,农民饮水安全问题突出。由于喀斯特环境承载能力弱,再加上该地区降水和径流季节变化大,所以洪涝灾害频发,植被破坏严重,生态环境脆弱。另外，滇桂黔石漠化片区是我国石山、干旱分布最为集中的地区之一，片区岩石裸露，地表岩石透水性强，强降水使得山区植被、土地、水体遭受严重破坏。同时，片区大部分处于我国红土分布地带，土壤贫瘠，农作物生长乏力，为了获得更多的土地种植面积，满足生产生活需要，当地农民进一步对山地进行无节制、简单粗放的大范围开垦，使水土流失和石漠化状况进一步加深。如此恶性循环，导致生态环境状况日趋严重。

为改善上述情况，本研究认为应当以政府为主导，企业为表率，群众为主要依托力量，在增强环境保护的主观意识和客观实际条件的基础上，对当地环境进行保护。通过实地调研发现，当地九年义务教育普及率低下，人们的文化水平不高，环保意识淡薄，一味地向自然索取而不加以保护。因此，对人们进行思想教育是重要且必要的。第一，要从思想形态入手，对当地企业、当地居民进行环保知识普及教育，使其认识到环境保护的重要性，引导其保护环境，走可持续发展的生态之路。第二，政府及企业要构建完善的生态系统空间，修复和保护当地的生态环境。第三，要创建环保低碳绿色经济，因地制宜地种植不同的植物、经济作物，实现生态效益和经济效益的双丰收。第四，要发展绿色能源，为生态系统减压。第五，要建立监管机制，制定相应的奖惩措施，保障制度的顺利实行，鼓励植树造林、绿化荒山，严惩乱砍滥伐。

1. 大力倡导环保理念

滇桂黔地区由于地处我国西南腹地，受经济发展水平以及地形地貌等多种因素影响，交通极为不便，因此当地人民受市场化观念的影响较浅，各民族仍旧保留其原始的生活方式。当地农民尤其是偏远地区农民，由于受外来信息影响较小，还存在基于血缘关系的宗族观念以及传统生活习惯，这些旧观念是在过去的经济基础上形成的，反过来又限制着当地的经济发展。

在"互联网+"的新时代，政府应当充分利用互联网的信息传播速度与容量，将生态文明理念宣传到极致。要创新环境治理方式，废除以往的先污染后治理模式，探索出一条环境友好型的可持续经济道路。敬畏自然、遵从自然、爱护自然是我们必须要坚定不移执行下去的，这样才能保障各种机制的顺利运行。只有空气清新、青山常在、绿水长流、环境优美,才能真正地让人民过上社会主义的美好生活。只有树立并时刻保持环保意识,爱护环境的行动才会落实。

2. 扩大绿地覆盖面积

林木是天然的氧吧,除了为人们提供源源不断的新鲜空气外,还起着保护水土的重要作用。同时,它也是能源的一种。此外,林木还是木竹加工业、森林药材、森林食品等产业的依托。因此,要扩大绿地覆盖面积。

滇桂黔地区涉及热带、亚热带、温带以及高原山地四种气候类型,复杂的气候类型导致该片区内植物种类丰富多样。但由于喀斯特环境承载力差,生态极其脆弱,自我修复难度极大,一旦被破坏,甚至可能发展成永续的破坏。因此,必须限制林木用材的消耗,大力调减商品材和农民自用材,尤其是农民自用材的采伐量。另外,过度放牧也是破坏植被覆盖的重要因素,应制定合理的载牧量,合理放牧。滇桂黔三省(区)应根据绿地现状和自然地形地貌等,对主城区、县所在镇、乡镇政府所在地周围山体的绿地系统进行架构,突出当地特色,因地制宜,着重提高绿地质量,在允许的最大范围内扩大绿地面积,完善绿地系统。在石漠化土地石缝中,应采用见缝插针式的种植方式,最大限度地保持水土。

3. 创建环保低碳绿色经济

应根据不同区域的石漠化程度及地貌类型,遵循生态与经济双优耦合的原则,种植既能给农民带来经济效益,又能适应当地环境条件的特色药材、果树、茶树、竹林和能源植物等。滇桂黔地区特有的喀斯特地形,对于发展特色林木业、农业、药材产业具有独特的优势。应开发特色治理模式,结合中低产田改造,实施"25度坡以下退耕还林,25度坡以上封山育林"的营林方式,把石漠化治理与有害生物防治相结合,实现经济效益与生态效益。同时,滇桂黔石漠化集中连片特困区走低碳道路势在必行。其"三生空间",即生产、生态、生活的发展都应该走低碳道路。应实现垃圾分类回收、再利用,严禁将垃圾直排进入河流;限制某些高污染、低附加值产业的发展,大力发展节能环保的新型产业;将山体、河流、林木、田地、公路、用电、沼气统一规划,以消耗更少的资源、产生更小的污染、获得更大的产出。

4. 发展绿色能源

在滇桂黔石漠化片区尤其是贫困地区，部分居民仍通过秸秆焚烧来维持日常的生活。由于居民没有环保概念，直接使用碳氢化合物作为燃料并将产生的气体直接排入空气中，加上片区裸露的植被不能及时有效吸收利用排放气体，加重了片区的空气污染。滇桂黔三省（区）能源有限、地处偏远、环境恶劣，因此发展清洁能源势在必行。绿色能源可以直接用于生产生活且不排放污染物，因而受到越来越多的关注，尤其是能源短缺的国家。应普及农村沼气建设，研发生物能源、太阳能、风能、水能等清洁能源，构建"多位一体"的农村循环经济模式。应通过节柴改灶和使用沼气、液化气替代化石燃料的方式，减少二氧化碳的排放，为生态系统减压。

5. 建立监管机制

由于当地农民对山地进行无节制、简单粗放的大范围开垦，进一步加重了水土流失和石漠化状况。因此，应管理好农民的采伐量及放牧量，对违反规定者进行相应的处罚。在坚持节约优先、保护优先、自然恢复方针的前提下，应适当辅之以人工干预，以促进植被恢复。此外，应组织专业技术人员深入农村，对当地沼气池等进行日常管护、维修以及技术改进，对当地农民进行指导培训，充分发挥资源能效，延长其使用寿命，走可持续发展道路。对破坏、污染环境者进行思想教育，后果严重的进行罚款处理。只有赏罚分明，环境保护制度才能很好地执行。

应控制景区容量，倡导保护生态环境与文化多样性。尤其是对于少数民族地区的文化，要强调文化的超生理性和超个人性、复合性、象征性、不可复制性和传承性，重视文化地的生态环境，保障民族文化得以顺利延续。只有保护好人类赖以生存的生态环境，充分发挥人的主观能动性，将当地独特的生态资源优势转化为经济优势，才能实现自主致富，才能实现真正意义上的脱贫、反返贫。应实现滇桂黔三省（区）经济效应、社会效应的有机统一和最优化，以此谋求滇桂黔石漠化集中连片特困区旅游扶贫的全面发展。

7.3.5 人才保障体系

通过对片区发展的 SWOT 分析，发现片区存在旅游扶贫人才匮乏、贫困人口总体素质不高、义务教育质量差、职业技能教育水平低等发展劣势。然而，技术的推广、旅游营销、能源技术的运用等都需要人才来支撑，如何培养和培训人才，如何引进和留住人才，如何提高当地居民的整体素质，这些都是亟待解决的问题。因此，本章主要通过以下三个方面探讨人才保障体系的构建。

如何培养和培训人才？首先，对于专业人才的培养，应从以下两个方面着手：第一，加强职业技术教育是重要途径，片区的扶贫企业、相关政府机构应该注重高职教育，可以通过定向培养的方式来解决当地的人才问题；第二，注重育人机制的合理规范化，通过整合教育资源，形成以地方职业技术学院为主体，中专、职高为基础，地方、地区高校为补充的培养教育体系，为当地的发展输送有用人才。其次，对于在职人员的培训，可以从三个方面开展：第一，在农业技术、能源技术等的运用上，政府应从大专院校、科研单位聘请兼职专家、教授传授并推广新技术，同时还要选拔人员去大专院校去学习；第二，旅游企业可以采取团队研讨、自由交流等方式提升自身素质；第三，片区要根据实际情况开展可持续化、符合市场需求的就业培训服务，以保障地区的发展。

如何引进和留住人才？一是开展乡土观念教育。在提高人才待遇的同时，加强对现有和未来人才的乡土观念教育，使这些人才树立热爱家乡、服务家乡、建设家乡、回报家乡的理想信念，为家乡的经济社会发展提供支持。二是稳定技术型人才。首先要营造良好的社会氛围，尊重知识和技术、尊重人才；其次应建立人才培养保障机制、激励机制、约束机制和竞争机制，通过改善用人机制培植出更多事业的"梧桐树"，引来更多的"金凤凰"在片区贫困地区"安家筑巢"。三是构建让优秀人才脱颖而出的机制。实事求是的评价可以对人才的稳定起到十分重要的作用，帮助人才实现自身的价值。四是建立人才预警机制。政府要及时掌握人才流失的信息，帮助人才流失较多的行业、单位及岗位解决存在的问题；用人单位和企业要和人才保持良好的沟通，要了解人才的意愿和需求，能够及时地发现和解决人才使用中的问题，从而保证较低的人才流失率。

如何提高当地居民的整体素质？在不同的旅游扶贫模式中，当地居民的参与意识和整体素质影响着旅游扶贫的效率与效果,在这方面建立保障机制往往能达到事半功倍的效果。第一,通过技能培训,提高劳动者素质。应依托职业技术学校等教育场所,通过开展多种形式的文化技能培训,有效提高当地居民的素质。第二,对于当地居民,政府可以定期开展素质教育,定期组织居民参与培训,每次活动教育的内容不仅要涉及技能,还要涉及语言等方面的提升。第三,加强贫困地区干部队伍建设,转变作风、提高素质,从而取得当地人民的信任,促进政策方针的落实。第四,提高贫困人口贫困地区接受高中以上教育的比例小,其中一个重要原因是经济问题。因此,应建立贫困人口教育发展帮扶基金,解决"读高中、大学难"的问题。第五,注重精神扶贫,提高贫困人口的思想素质,把"授人以鱼"转化为"授人以渔",从根本上改变其人口素质较低、生存观念落后、脱贫能力偏弱的状况。第六,在贫困村寨、贫困家庭营造讲科学、学科学、用科学的良好氛围,潜移默化地转变落后的传统观念,从而在贫困地区逐步形成用先进文化引导思想意识转化的共识,为新阶段扶贫开发工作的展开奠定坚实的思想基础。

7.4 保障体系构建内容各要素相互关系分析

旅游扶贫保障体系构成要素是相互关联的,不是孤立存在的。资金保障、技术保障、人才保障、环境保障都需要制度保障中的政策制度、法律制度等方面的内容来支撑。如果政策鼓励并加大对旅游扶贫的投入,则旅游扶贫的资金、人才、技术和环境都能得到更好的保障。同时,政府为了加强对旅游扶贫资金、技术、人才等方面的调控,会出台相应的政策、制度等,所以说这五个要素之间是相互制约、相互促进的,维持着动态平衡。以下从六个方面进行分析。

第一,资金保障与技术保障的相互关系。在发展旅游扶贫的过程中,引进石漠化治理技术、能源技术、农业技术等需要大量的资金来支撑,因此建立完善的资金保障体系是必要的。旅游扶贫技术保障体系的完善靠资金,同时良好的技术可以为资金的积累提供保障。

第二,资金保障与人才保障的相互关系。旅游扶贫的发展要靠人才,而人才具有逐利性，引进技术人才、培养人才、培训在职人员都需要投入资金；反过来，贫困地区的经济发展、利益的获取以及资金的积累需要人才的智力支持。因此，两者之间是相互推动的。

第三，资金保障与环境保障的相互关系。在环境保障措施推行的过程中，需要依赖资金的投入；反过来，对贫困地区进行环保，将有利于改善环境，节省投入环境保护的资金。

第四，技术保障与人才保障的相互关系。二者密切联系，人才对技术保障体系的构建起着决定性的作用，技术的研发、应用、推广都需要专业人才的智力保障，而技术发展能够促使人才保障体系更加完善。

第五，技术保障与环境保障的相互关系。环境保障的各项举措需要技术来支撑。例如，在技术保障方面，生物质能技术的使用能够变废为宝，净化环境；太阳能的使用能够减少矿物质及其他物质燃料的燃烧，减少空气污染，保护旅游扶贫开发地区的绿水青山。同时，环境保障体系会反作用于技术保障体系，促进更多新技术应用于环境保护。

第六，环境保障与人才保障的相互关系。环境保护需要人才来支撑，具体来说，与环境保障体系相关的举措都要相应的人才来保障实施，反过来，人才能够充实环境保障体系，二者相辅相成。

本章小结

本章通过分析保障体系构建的目标和原则，根据滇桂黔石漠化集中连片特困区的实际情况，构建出一个由制度保障、资金保障、技术保障、环境保障和人才保障五个子系统组成且与外界环境互动开放的动态保障体系，如图7-1所示。通过对各子系统相互关系的分析，了解到保障体系的五个子系统相互作用、相辅相成、动态发展，有助于保障旅游扶贫有序、良好、可持续发展。在旅游扶贫利益相关者的共同努力下，旅游扶贫保障体系会不断更新，不断与外界相互作用，处于动态平衡状态，最终保障滇桂黔石漠化集中连片特困区旅游扶贫的效率与效果。

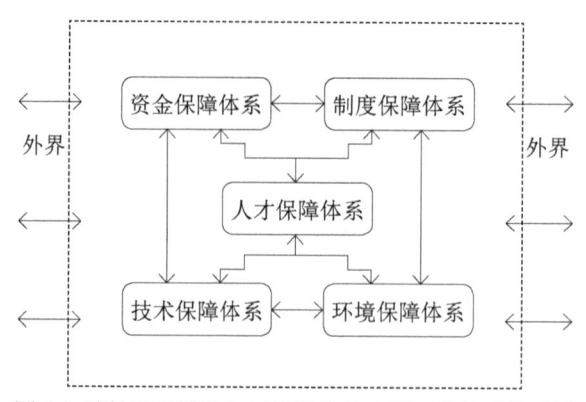

图 7-1 滇桂黔石漠化片区旅游扶贫支撑保障体系构成图

第8章 滇桂黔石漠化集中连片特困区旅游扶贫模式实施建议

由前文得知，适宜在滇桂黔石漠化片区进行推广的五类旅游扶贫组合新模式为：Ⅰ——生态优先型＋景区带动型、Ⅱ——特色文化支撑型＋核心企业主导型、Ⅲ——生态与文化复合型＋社区参与型、Ⅳ——乡村旅游＋"农户＋"型、Ⅴ——养生旅游＋政府主导型。五类旅游扶贫模式各有特点，受旅游资源条件、旅游发展现状、社会经济基础等因素影响，在实施推广过程中会存在一定的差异。

8.1 生态优先型＋景区带动型旅游扶贫模式

生态优先型＋景区带动型旅游扶贫模式即以优良的自然生态环境为基础，建立原生态型乡村度假旅游景区，打造生态休闲观光、生态养生度假等旅游产品，以旅游业的发展带动当地农民增收致富。

8.1.1 资源条件要求

1. 生态环境良好

生态环境是指影响人类生活与发展的水资源、土地资源、生物资源、气候资源及其他资源数量与质量的总称，主要指自然资源。良好的生态环境是生态优先型＋景区带动型旅游扶贫模式的先决条件，滇桂黔石漠化片区多数县域拥有丰富的生态旅游资源，自然生态原真性强，奠定了开展生态旅游的资源基础。

2. 旅游资源潜力大

旅游业发展的前提是拥有丰富的旅游资源，它是旅游业的必备条件。旅游资源主要包括自然风景旅游资源和人文景观旅游资源两大方面。滇桂黔石漠化片区拥有丰富的旅游资源，且开发潜力巨大，符合生态优先型＋景区带动型旅游扶贫模式的要求。

3. 交通较为便利

交通是连接两地的重要纽带，是为经济发展运送人流、物流的重要通道。交通的发展和完善降低了出行成本，使旅游行为成为可能。而旅游交通是服务于旅游目的地旅客和物资的流通工具，旅游交通的供给水平很大程度上影响着旅游服务质量水平，进而影响旅游业的根本发展。要满足游客的交通出行需求，便利的交通是重要的保障条件。

4. 客源市场广阔

旅游客源市场是指旅游区内某一特定旅游产品的现实购买者与潜在购买者。旅游客源市场具有需求多样性、可诱导性、季节性和竞争性等特点。吸引游客是景区开发的目的，而游客是景区生存和发展的重要支持条件。广阔的旅游客源市场是实施和推广生态优先型＋景区带动型旅游扶贫模式的保障，否则扶贫便成了空中楼阁。

5. 旅游产业发达

一个地区旅游产业的不断发展，表现为传统的旅游业要素进一步丰富，各要素之间的联系加强，进而形成了一条紧密的产业链。旅游产业的发展将会为一个地区带来价值提升效应、品牌效应、生态效应、幸福价值效应。旅游扶贫模式并不是孤立的，旅游业各要素密切关联，拥有发达的旅游产业是实施和推广生态优先型＋景区带动型旅游扶贫模式的外部环境要求。

8.1.2 影响因素

实施和推广旅游扶贫模式是一项系统而复杂的工程，在滇桂黔石漠化片区实施生态优先型+景区带动型旅游扶贫模式容易受一些因素的影响，主要影响因素有以下五个。

1. 交通不便

生态优先型+景区带动型旅游扶贫模式的实施需要便利的交通条件作为支撑，以便于景区的建设及大量的游客前往。目前，滇桂黔石漠化片区的交通主干网络仍然不够完善，省际交通瓶颈突出，县际公路连通性差，县乡公路等级低、质量差。因此，在选择和实施生态优先型+景区带动型旅游扶贫模式时，必须考虑交通基础设施这一重要因素。

2. 经济落后

区域经济发展水平在很大程度上决定了旅游开发的规模和消费层次。滇桂黔石漠化片区位于经济比较落后的西南地区，这对旅游发展来说十分不利。一方面，人们的收入水平普遍较低，对于旅游消费市场来说就是缺少优质客源；另一方面，旅游发展融资困难。生态优先型+景区带动型旅游扶贫模式的实施深受滇桂黔石漠化片区经济发展水平的影响。

3. 区位不佳

区位也就是所处的位置，旅游区位是旅游目的地与客源地相对应而产生的一个概念。景区区位受旅游资源分布、客源地市场距离、交通状况、经济水平、文化和知名度等因素影响。在滇桂黔石漠化片区实施生态优先型+景区带动型旅游扶贫模式，容易受到当地交通状况、经济状况、知名度等区位因素的制约和影响。

4. 资金短缺

旅游业是资金密集型产业，生态景区的开发需要进行房屋、道路、水电等基础设施的建设，而这就需要投入大量的资金。在滇桂黔石漠化片区，资金不足是制约生态优先型＋景区带动型旅游扶贫模式实施的一个重要瓶颈。

5. 其他行业的竞争

生态优先型＋景区带动型旅游扶贫模式具有较强的可替代性，主要表现为一个区域同时存在相当多的密切替代旅游产品，这些产品具有高度的需求交叉弹性。当一种产品的价格变动会引起另一种产品的需求量变化时，这两种产品就是密切替代品。例如，主题公园、野生动物园、农家乐与生态景区之间是行业竞争者关系，因为它们是密切替代品。

8.1.3 实施建议

1. 协调开发

在实施生态优先型＋景区带动型旅游扶贫模式的过程中，要树立旅游资源整体观和规模开发的理念，确立协作意识，建立协调机制，成立由多方参与的协调组织，避免因旅游资源的分散开发和小规模经营而形成旅游产品的市场分割。应遵循区域内部互补原则和统一规划原则，以滇桂黔石漠化片区"生态旅游线路"为纽带，把区域内的旅游资源及产品项目组合成不同的体系，开拓各个层次的旅游市场。

2. 加强保护

实施生态优先型＋景区带动型旅游扶贫模式要做到既脱贫致富，又保护生态环境。滇桂黔石漠化片区作为生态脆弱和生态保护重点区域，在实施生态优先型＋景区带动型旅游扶贫模式的过程中，既要确保贫困人口获益于旅游开发，从而脱贫致富，也要注意绝不能走"先污染后治理"的老路，必须在开发的过程中加强生态环境的保护。

3. 品牌升级

应通过对生态景区进行品牌定位升级、品牌形象升级、品牌项目规划升级、品牌宣传方式升级、品牌维护手法升级，从而实现品牌升级，满足游客的市场需求。

4. 完善配套设施

完善旅游配套设施是旅游发展的关键。为了给生态优先型＋景区带动型旅游扶贫模式的实施提供基础和保证，增加生态景区的旅游接待能力，滇桂黔石漠化片区相关部门要统筹规划，合理布局，优化配置，加快交通、能源、水电、信息及城乡基础服务设施建设，加快形成现代化的基础设施网络，完善旅游配套设施。

8.2 特色文化支撑型＋核心企业主导型旅游扶贫模式

8.2.1 资源条件要求

1. 民族或历史文化资源丰富

实施特色文化支撑型＋核心企业主导型旅游扶贫模式的一个重要基础条件就是拥有丰富的民族文化或历史文化资源，然后把它们作为一种旅游资源，由核心企业主导加以开发打造，使特色文化成为吸引物。滇桂黔石漠化片区地处西南少数民族地区，是一个多民族聚居的地区，有着丰富的民族文化，适合采取特色文化支撑型＋核心企业主导型旅游扶贫模式。

2. 旅游资源和村落较为集中

特色文化旅游资源的集中分布是进行旅游开发的重要条件，因为旅游资源集中分布能降低开发成本。村落是特色民族文化和历史文化的承载，既能够提供文化旅游资源和场所，又能够为文化旅游的开展提供劳动力。文化旅游资源与村落的集中分布使特色文化支撑型＋核心企业主导型旅游扶贫模式的实施成为可能。

3. 旅游组织管制能力较强

要实施特色文化支撑型＋核心企业主导型旅游扶贫模式，需要旅游企业对一系列旅游行为具有较强的管理控制能力。在这种模式下，一般是由政府引导成立大型旅游公司进行投资开发和经营，形成较大的旅游产业规模，并最终由政府和专业旅游组织合作管理和运营。旅游组织的管制能力表现在对旅游资源的掌控、对旅游活动的组织、对收益的分配等方面。

4. 政府、居民、旅游组织三方协调合作

政府在旅游业的发展过程中扮演引导者、协调者、政策提供者、监督者等角色；居民在旅游业的发展过程中能够提供文化资源和劳动力资源；旅游组织在旅游业的发展过程中扮演投资者、管理者、组织者等角色。政府、居民、旅游组织三方关系密切，是旅游业发展的直接利益相关者。政府、居民、旅游组织三方协调合作是实施特色文化支撑型＋核心企业主导型旅游扶贫模式的重要保障。

8.2.2　影响因素

1. 利益相关者的利益诉求存在差异

特色文化支撑型＋核心企业主导型旅游扶贫模式偏重旅游企业的主导作用，而旅游企业作为投资与管理方，以经济利益为中心，掌握着绝大部分的旅游资源与收益，从而削弱了政府的话语权与收益权，损害了当地居民的合法利益。因此，相关利益者之间的矛盾冲突就显得较为尖锐。

2. 居民能力不足

居民受教育水平低、参与旅游的能力有限是制约特色文化支撑型＋核心企业主导型旅游扶贫模式实施的重要障碍。旅游业是服务行业，旅游从业人员的能力决定了旅游服务质量的高低。实施特色文化支撑型旅游扶贫模式需要当地居民熟悉和掌握特色文化资源，实施核心企业主导型旅游扶贫模式亦需要懂经营管理的

人才，以及拥有一定从业经验的人才。旅游从业人员数量不足、服务技能水平不高、服务意识差等问题，将会严重影响特色文化支撑型＋核心企业主导型旅游扶贫模式的实施效果。

3. 旅游产品过于单一

旅游产品单一的问题严重地制约了特色文化支撑型＋核心企业主导型旅游扶贫模式的推广与实施。只有以民族文化、历史文化为核心开发出来的旅游产品才富含深厚的文化底蕴，只有以特色文化打造旅游产品，才能提高乡村旅游产品的竞争力。目前，停留在入寨迎接仪式、观看民族歌舞、参观乡村容貌、吃农家饭、住农家屋等初级层次的旅游产品已经不能满足游客的需求。在开发乡村旅游产品的过程中，如果旅游产品缺乏参与性与体验性，缺少民族传统文化内涵，那么一定会使开发出的旅游产品过于单一，甚至严重雷同，降低旅游产品的竞争力，最终导致特色文化支撑型＋核心企业主导型旅游扶贫模式难以实施与推广。

8.2.3 实施建议

1. 及时公开旅游扶贫信息，达到信息对等

在实施旅游扶贫的过程中，要切实做到信息的公开和对等，使社区居民做出对自己最为有利的选择。政府及时公开旅游扶贫信息既能保障居民的知情权，也能有效防止腐败。同时，要促进旅游企业和社区居民的信息共享。旅游企业有先进的管理技术和信息资源，特别是旅游市场信息，在通过建立企业和居民的信息共享机制，让企业和社区居民实现良性互动。

2. 培训居民的旅游从业技能

前文提到居民能力不足是实施特色文化支撑型＋核心企业主导型旅游扶贫模式的一个重大影响因素。居民需要有一定的技术与能力才能参与经营各项旅游活动，如销售旅游商品、开办旅馆、餐馆等。旅游业属于服务行业，只有提供优质服务，营造舒适的旅游环境，解决游客关心的问题，才能够吸引更多的游客，促进旅游业的发展，进而带动当地经济的发展。因此，培训居民掌握一定的旅游从业技能是实施特色文化支撑型＋核心企业主导型旅游扶贫模式的一项重要前提。

3. 培养居民自主脱贫的意识

提高居民的综合素质特别是科技文化素质，培养居民自主脱贫的意识，是开展扶贫工作的重要基础条件，是实现贫困地区最终脱贫致富的根本路径。贫困地区的社会经济长期处于停滞状态的一个重要原因就是人口素质过低。滇桂黔石漠化片区一些贫困居民的思想观念与思维方式制约了自身的发展，主要表现为思想纯朴，守土、守业观念较强，商品经济观念淡薄。因此，要通过宣传和教育来使滇桂黔石漠化片区的一些贫困人口形成自主脱贫的意识，增强其学习科学技术的积极性，强化商品流通意识和市场竞争观念，提升参与旅游扶贫的意愿。

4. 加快旅游产品更新频率，举办大型活动吸引眼球

如今，伴随着旅游业的不断发展，旅游产品供给日益丰富，买方市场取代了传统的卖方市场，旅游产品的替代竞争十分激烈，新兴旅游产品对传统文化旅游产品发起了强有力的挑战。前文提到，旅游产品单一严重影响了特色文化支撑型＋核心企业主导型旅游扶贫模式的实施和推广。针对文化旅游产品单一、陈旧的问题，要不断探索、勇于创新，根据市场的需求及时调整产品策略，亮出自己的文化特色。应利用优势整合资源，丰富旅游产品，对文化旅游产品进行升级改造，加快产品更新频率。同时，应通过策划和举办大型文化旅游活动，吸引人流和资金流，提高当地的知名度，提升旅游业的经济效益，进而提高旅游扶贫能力。

8.3 生态与文化复合型+社区参与型旅游扶贫模式

8.3.1 资源条件要求

1. 旅游发展较早

生态与文化复合型+社区参与型旅游扶贫模式适用于旅游发展较早的地区，因为这种模式需要一定的旅游业态基础和居民参与旅游活动的历史。

2. 居民积极参与

居民积极参与是实施生态与文化复合型+社区参与型旅游扶贫模式的重要条件，因为居民是参与主体。首先，当地居民能够为旅游发展提供生态资源；其次，当地居民是文化的承载者，能为旅游发展提供文化资源；最后，居民的积极参与为旅游发展提供了所需要的劳动力资源。

3. 自然资源和文化资源同等丰富，且旅游资源吸引力较大

生态与文化复合型+社区参与型旅游扶贫模式适用于具备丰富的自然资源和义化资源的地区。这里所说的资源包括山地、森林、河流、湖泊、动植物等自然旅游资源，以及悠久的历史、精巧的工艺、多姿多彩的民族风情等人文旅游资源，这两种旅游资源相互融合，为进行生态文化旅游开发提供了良好的资源基础。滇桂黔石漠化片区丰富的自然资源和文化资源是实施生态与义化复合型+社区参与型旅游扶贫模式的重要条件。

4. 旅游基础设施及配套服务设施较为齐全，交通便利

完善的旅游基础设施及配套服务设施为旅游业的发展创造了条件。旅游的经济效益和社会综合效益是可以通过完善的旅游基础设施及配套服务设施来实现的。借助旅游扶贫开发加强基础设施建设，不断改善交通条件，不断提升当地的旅游接待能力，可使游客数量日益增多，使旅游市场逐步扩大，从而使旅游资源优势最终转变为经济价值。

8.3.2 影响因素

1. 环境保护压力大

生态与文化复合型＋社区参与型旅游扶贫模式容易受到环境的影响。生态与文化旅游资源是一种融合了自然与人文的复合型旅游资源，开展生态和文化旅游时要注重保护和维持当地的原文化和原生态环境。要采取有效措施，将当地的原文化传承下去，让子孙后代都能看到原来的文化特色，留住文化的本真面目。因此，环境保护是实施生态与文化复合型＋社区参与型旅游扶贫模式的一个重要前提。

2. 过度竞争

社区居民间的过度竞争会对生态与文化复合型＋社区参与型旅游扶贫模式的实施产生重大影响。随着越来越多的社区居民参与旅游经营活动，在旅游市场规模保持基本不变的情况下，由于社区居民提供的旅游产品和旅游服务过于单一、雷同，降价成了社区居民主要的竞争手段。随着社区居民间的竞争日益加剧，他们的利益受到损害，从而影响了旅游扶贫的效果。

3. 发展规模有限

受资金、技术、信息、经验、能力等方面因素的制约，社区居民参与旅游产业的规模有限，仅局限于导游、餐饮、住宿、旅游商品销售等方面。生态与文化复合型＋社区参与型旅游扶贫模式的实施效果受到社区居民参与旅游活动的规模的影响。

4. 过度商业化

过度商业化不利于生态与文化复合型＋社区参与型旅游扶贫模式的可持续

发展。在经济利益的驱使下，旅游社区的生态与文化资源开发过度商业化，加之管理和制度上的空缺，更是放任了社区对生态和文化资源过度开发利用的行为。过度商业化影响了生态和文化旅游资源的统一性与协调性，造成社区生态和文化旅游资源优势的削弱甚至消失，也使游客难以感受到社区原汁原味的文化风貌。

5. 利益相关者之间的矛盾突出

在对社区生态和文化资源进行旅游开发的过程中，出于追逐经济利益的目的，社区居民、开发商与地方政府间会发生多重矛盾和纠纷。这些矛盾和纠纷不仅影响了当地文化的自我生产与传承，也瓦解了当地社区原来的人际关系。和谐有序的社会关系是进行旅游开发的重要保障，社区居民、开发商与地方政府间的多重矛盾问题突出，严重影响了生态与文化复合型＋社区参与型旅游扶贫模式的有效实施。

8.3.3　实施建议

1. 健全分配机制

健全分配机制是保证旅游扶贫工作效果的一个关键环节。旅游扶贫的目标定位就是保障社区居民享受旅游扶贫福利，使其切实成为旅游扶贫的受益主体。在社区中对旅游收入进行初次分配和再分配时，要牢牢把握好旅游扶贫的目标定位，保障社区居民的收入，防止出现收入分配不合理现象，只有这样才能提高社区居民的参与热情。在实施生态与文化复合型＋社区参与型旅游扶贫模式的过程中，可以采取多种手段，建立科学合理的分配机制，例如：鼓励社区居民直接参与旅游经营活动，使社区居民获得经营收入；实行股份合作，以社区居民的土地、房屋、技术等要素入股，提高社区居民的要素分红比例；优先给予社区居民就业机会，增加社区居民的收入。只有建立合理的分配机制，才能确保社区居民真正成为旅游扶贫开发的获益者。

2. 提高人口素质

提高人口素质是实施生态与文化复合型＋社区参与型旅游扶贫模式的又一关键因素。这一旅游扶贫模式依托生态和文化资源，同时也应致力于生态和文化资源的保护。应利用宣传与教育的方式，让参与旅游开发的社区居民树立起可持续发展观念、环境效益观念，使其自觉保护生态环境。同时，社区是文化富集之地，蕴藏着丰富灿烂的文化资源这一"富矿"，社区居民是文化的创造者、拥有者和传承者，不断提高社区居民的素质，有利于文化的传承、保护，有利于社区人口的全面发展，有利于促进文化资源的开发，实现乡村文化旅游又好又快的发展和可持续发展。因此，培养和提高社区居民的素质，是实施生态与文化复合型＋社区参与型旅游扶贫模式的一项重要工作。

3. 以生态环保为前提，完善旅游扶贫规划制度

实施生态与文化复合型＋社区参与型旅游扶贫模式，做好生态环境保护工作是前提。因为生态环境是实施这一旅游扶贫模式的资源基础，只有实现生态环境的可持续才能保证这一旅游扶贫模式实施的可持续。为此，要编制好旅游发展规划，明确实施生态与文化复合型旅游扶贫规划的任务，确保社区旅游扶贫工作有章法、有蓝图、有目标、有重点。实行和完善旅游扶贫规划制度，是社区发展旅游、让社区居民共享旅游发展成果的重要保障。

4. 精心设计生态和文化旅游特色产品

生态和文化旅游特色产品的开发要以市场需求为导向，根据各地生态资源特质和文化特点打造特色旅游产品。实施生态与文化复合型＋社区参与型旅游扶贫模式可以最大限度地传承和保护当地的生态和文化旅游资源，既能防止过度开发，又有利于发挥各自的优势。有些社区所在地的生态和文化资源优势不明显，资源挖掘困难，定位模糊，导致旅游产品特色和优势不突出。因此，要精心设计生态和文化旅游特色产品，必须要明确社区内生态和文化资源的主题、特色及开发前景，做到合理定位、有效挖掘。

5. 成立旅游管理机构，协调各方关系，提供申诉渠道

协调各方关系并提供申诉渠道是实施生态与文化复合型+社区参与型旅游扶贫模式的重要环节。应尽快在旅游社区中设立旅游管理机构，出台相关规章制度，明确岗位设置，落实责任与分工。要强化旅游管理机构在旅游扶贫中的管理职能，加强对旅游扶贫工作的领导，逐步完善社区生态和文化旅游组织管理体系，切实维护各方的合法权益，协调各方的关系。在社区生态和文化旅游扶贫过程中，各方利益诉求点并不相同，难免会产生分歧和冲突。因此，作为旅游管理机构，本着发展的理念和公平公正的原则，应提供申诉渠道，建立各利益相关者的对话平台，完善沟通协调机制。

8.4 乡村旅游+"农户+"型旅游扶贫模式

8.4.1 资源条件要求

1. 农业旅游资源丰富，乡村环境优越

拥有丰富的农业旅游资源和优越的乡村环境是实施乡村旅游+"农户+"型旅游扶贫模式的资源条件。农业旅游资源是在从事农业经济活动中可供利用的各种资源，包括农、林、牧、渔等不同的农业景观，村落、集镇等不同特点的聚落景观，以及丰富多彩的民俗风情等人文景观。以这些丰富的农业旅游资源作为吸引物，可以刺激旅游者前来。同时，洁净的空气、干净的水质、宜人的环境、舒适的气候也构成了优越的乡村环境，这是促成乡村旅游活动的重要条件。

2. 村民积极性高

村民积极参与是实施乡村旅游+"农户+"型旅游扶贫模式的重要条件。由前文可知，开展乡村旅游需要丰富的乡村旅游资源，而村民的重要性体现为村民是乡村旅游资源的主要载体。首先，村民是绝大多数乡村旅游资源的产权所有者。

其次，村民是乡村文化的继承者与传播者。最后，村民能够为乡村旅游提供劳动力。

3. 基础设施较为完善

较为完善的基础设施是实施乡村旅游+"农户+"型旅游扶贫模式的重要条件。基础设施包括交通、通信、供水供电、卫生事业等市政公用工程设施和公共生活服务设施。完善的基础设施可以使游客获得更好的旅游体验与感受，这样才能吸引更多的游客，进一步推动乡村旅游的良性循环和蓬勃发展。

8.4.2 影响因素

1. 旅游产品同质化严重

乡村旅游+"农户+"型旅游扶贫模式容易受到旅游产品同质化的影响。由于没有科学的开发规划、先进的经营理念，现实中诸多乡村旅游产品缺乏清晰的主题，没有形成产品特色，导致游客的满意度不高，从而降低了游客的重游意愿。另外，旅游产品类型单一、互补性差，观光、餐饮、采摘、垂钓等初级层次的项目过多，而参与性、体验性较强的深层次项目过少，导致游客在乡村的停留时间短，消费水平低，乡村旅游开发的收益不理想。

2. 旅游基础设施匮乏

旅游基础设施匮乏影响了乡村旅游+"农户+"型旅游扶贫模式的实施与推广。由于发展乡村旅游的地区大多位于郊区和农村，基础设施建设投入有限，因而许多地区的基础设施仍未完善，不能满足游客的需求。旅游基础设施匮乏是发展乡村旅游的一个瓶颈，主要表现为：交通不畅，进出不便；卫生间、停车场等公共基础设施配备不足，条件简陋；餐厅、客房设施条件差，卫生状况没有保证；等等。

3. 村落城市化气息过重

原生态的乡村特色文化和淳朴的地方民风民俗本来是最能吸引旅游者的资

源，可如今乡村的城市化气息日益浓厚，如乡村建筑风格日趋现代化、乡村居民的生活方式趋于城市化、乡村旅游经营模式与城市越来越相似，这些都改变了乡村的原始风貌，降低了乡村文化的吸引力，造成旅客休闲、娱乐、放松、体验的旅游目的大打折扣。

8.4.3 实施建议

1. 制定乡村旅游扶贫规划，合理布局，适度开发

实施乡村旅游+"农户+"型旅游扶贫模式，首先应当制定乡村旅游扶贫规划。科学的规划、整体的发展更有利于把资源优势转变为经济优势，而只有细致、全面地调查地方的资源特色、生态环境，才可以充分地利用好乡村旅游资源，实现乡村旅游的整体开发与合理布局。同时，还要以市场需求为导向，考察区位条件、社会经济，做好详细的客源市场评估，最终实现乡村旅游的合理规划和适度开发。

2. 保持乡村的原真性

实施乡村旅游+"农户+"型旅游扶贫模式，还要做好乡村的原真性保护工作。乡村旅游的核心价值在于乡村社区自然和人文环境的原真性，而人们进行乡村旅游的首要动机就是体验乡村的原真性。首先，通过宣传与教育，努力提高乡村旅游参与者及当地居民保护乡村旅游原真性的意识。其次，需要制定标准，以保护原真性为目的，明确各方责任，实行相应的惩罚机制。再次，成立乡村旅游管理组织，监督乡村旅游的开发、经营、管理，确保乡村旅游的原真性。最后，运用技术手段，保持乡村旅游的原真性。

3. 政府积极引导村民参与其中，培训其旅游从业技能

要实施乡村旅游+"农户+"型旅游扶贫模式，确保当地农村居民享受旅游开发的利益，政府部门既要引导本地居民积极参与其中，又要大力培训和提高居民参与旅游活动的能力。政府对旅游业负有规范管理、协调平衡的职责，政府引导的主要作用是降低居民进入旅游行业的门槛，减少他们的准入障碍。同时，政府在引导居民参与旅游的过程中，要大力培训居民的旅游从业技能，使居民掌握一定的旅游从业能力，如旅游接待能力与服务能力。

4. 与周边旅游产品保持差异化，避免竞争

实施乡村旅游＋"农户＋"型旅游扶贫模式，要实行旅游产品差异化战略。应依托本地的乡村资源特色，在现有旅游产品的基础之上，积极调整和优化乡村旅游产品结构，深入开发游览观光、休闲度假、民俗风情、特色农业等旅游产品，打造参与体验式和主题旅游式等多元化的乡村旅游产品体系，提升乡村旅游产品品质，建设高档次、高品位的乡村旅游精品。通过实行产品差异化经营策略，可以避免与周边同类旅游产品的恶性竞争，同时也提高了本地乡村旅游产品的吸引力与竞争力。

8.5 养生旅游＋政府主导型旅游扶贫模式

8.5.1 资源条件要求

1. 经济发展缓慢

养生旅游＋政府主导型旅游扶贫模式适用于经济发展缓慢的地区，这也符合凯恩斯主义经济学理论。要短时间内改变一个地方经济发展缓慢的状况，需要依靠政府主导的模式来发展经济。因为政府在财政、税收、政策等方面有巨大的资源优势，所以政府可以通过"有形的手"，使用宏观调控手段，促进经济的发展。实施养生旅游＋政府主导型旅游扶贫模式，需要政府提供财政、资金、税收、政策等方面的支持。

2. 养生文化优势明显

健康与长寿一直是人们向往和追求的美好愿望。养生文化是指在长期的生活实践中人们创造出的有关养护身体和生命的物质文化和精神文化。养生文化是养生旅游的重要资源，养生文化资源包括养生民俗和养生文化遗迹，如一个地方拥有的文化内涵、文化特色、历史痕迹、生活习俗、食物种类、饮食习惯，以及在长期的历史沿革中形成的独特的生活方式。具有养生文化优势是实施养生旅游＋政府主导型旅游扶贫模式的必备条件。

3. 生态和生活环境质量高

高质量的生态和生活环境是实施养生旅游＋政府主导型旅游扶贫模式的重要条件。人们的生活品质与身心健康受生态环境与生活环境优劣的直接影响，养生与生态关系密切，绿色健康的生态环境是养生的理想场所。高质量的生活环境能使人身心愉悦、轻松自如、舒适平和，拥有高质量的生活环境是营造养生环境的基本条件。

8.5.2 影响因素

1. 资金相对不足

如果经济发展缓慢，则实施养生旅游＋政府主导型旅游扶贫模式就很容易受资金因素的影响，要在经济落后地区发展旅游，首先需要解决启动资金的问题，这些资金可以用于旅游基础设施完善、景区的前期建设、人才的引进与培养、旅游产品的营销宣传与推广等。资金的相对不足，制约了养生旅游＋政府主导型旅游扶贫模式的实施。

2. 过度开发，过度商业化

旅游产品过度开发以及过度商业化的环境会影响养生旅游＋政府主导型旅游扶贫模式的实施和推广。养生旅游是生态旅游的重要形式之一，生态旅游作为可持续旅游的一种发展模式，符合人们回归自然和保护环境的理念，是近年来兴起的一种新型旅游形式。养生旅游资源是不可再生资源，要实现养生旅游资源的可持续利用，需要切实保护好脆弱的生态环境和珍贵的养生文化资源。因此，养生旅游资源的开发应遵循可持续发展原则，防止过度开发并避免过度商业化。

3. 外来开发商过多，当地村民参与度较低

养生旅游作为一种新型的旅游形式，吸引了大量的外来开发商。由于外来开发商具有资金、管理、技术、信息等方面的优势，加上部分当地村民思想观念陈旧，受到外来开发商的排挤，以及存在各种不正当竞争因素，所以当地村民参与旅游开发的程度低，养生旅游扶贫的作用无法得到较好的发挥。

8.5.3 实施建议

1. 完善管理，活跃市场

完善管理是实施和推广养生旅游＋政府主导型旅游扶贫模式的重要保障。科学合理的管理模式能有效地支撑养生旅游市场的健康有序发展。为此，应充分发挥政府的领导作用、开发商对养生旅游的管理作用、村民的积极参与作用，引导三方共同参与养生旅游的管理、经营、维护，发挥三大主体的组合协调作用，构建一个合理、良性、可持续发展的经营管理模式。同时，政府作为旅游扶贫模式的主导者，应加大资金投入，加快完善当地旅游基础设施，通过精心策划、大力宣传和推广提升养生旅游地的品牌形象，最终使养生旅游市场活跃起来。

2. 完善旅游扶贫规划制度

实施养生旅游＋政府主导型旅游扶贫模式，还要完善旅游扶贫规划制度。因为编制好旅游扶贫规划，是帮助贫困地区发展旅游、实现脱贫致富的重要前提和基础。对于养生旅游＋政府主导型旅游扶贫模式来说，做好旅游扶贫规划是基本保障。编制旅游扶贫规划应本着"务实、有效"的原则，实现三个方面的目的：一是明确发展定位，体现地方特色；二是明确功能布局，丰富产品业态；三是遵循保护原则，实现可持续发展。完善旅游扶贫规划制度是实施养生旅游＋政府主导型旅游扶贫模式的重要程序。

3. 政府和旅游组织对贫困人口一对一帮扶

政府在养生旅游产业发展中扮演着引导和推动的角色，是保障养生旅游产业稳步发展的重要力量。旅游组织包括旅游企业、行会组织、旅游合作组织等，它们与政府合力对贫困人口进行引导与帮扶，即引导贫困人口参与养生旅游开发，提高旅游扶贫的效益，使贫困人口获得收入，生活得到保证，进而提高生活质量。在贫困人口参与旅游服务的过程中，由于他们对现代旅游服务技能掌握不全面，因此需要政府和旅游组织深入农户，一对一地传授旅游服务知识，培训旅游服务技能，提高贫困人口参与养生旅游扶贫的能力，并最终达到提升养生旅游扶贫效果的目的。

本章小结

本章对Ⅰ——生态优先型＋景区带动型、Ⅱ——特色文化支撑型＋核心企业主导型、Ⅲ——生态与文化复合型＋社区参与型、Ⅳ——乡村旅游＋"农户＋"型、Ⅴ——养生旅游＋政府主导型五个旅游扶贫组合新模式进行了资源条件础和影响因素分析，提出了具体的实施建议和对策。实施和推广旅游扶贫模式的目的十分明确，就是让旅游业获得发展，让地方经济获得发展，最终使贫困人口摆脱贫困。由于滇桂黔石漠化片区需要扶贫的人口数量较多，通过发展旅游业进行扶贫的任务十分艰巨，所以选择合适的旅游扶贫模式予以实施并推广意义重大。

第9章 研究不足与展望

在扶贫攻坚阶段，滇桂黔石漠化集中连片特困区是扶贫的主战场，而旅游扶贫在扶贫实践中已经崭露头角，成为新时期扶贫工作的生力军。旅游扶贫的研究不仅关系着贫困地区居民的生活，更与中国未来的发展紧密相连。下面对照本研究提出的研究目的，从研究区域、研究方法和研究内容三个方面总结滇桂黔石漠化片区旅游扶贫模式研究存在的不足，并对该片区旅游扶贫的发展趋势进行展望。

1. 研究不足

1）研究区域上

在当前扶贫已由原先的县乡级深入到村户级的情况下，旅游扶贫适宜性评价和旅游扶贫绩效评价也应当缩小研究范围，深入到村或景区。此外，本研究没有对石漠化片区所有贫困县的旅游扶贫绩效进行评价，因此无法准确掌握石漠化片区旅游扶贫绩效的整体情况。

2）研究方法上

本研究在开展旅游扶贫适宜性评价时，从旅游扶贫条件、支撑环境、居民参与意识、效益转移机制四个角度选取指标，开展旅游扶贫绩效评价时从经济绩效、社会绩效、生态绩效、居民发展四个维度建立指标体系。然而，随着旅游扶贫的深入开展，人们对旅游扶贫将会有新的认识，因此从发展的角度来看，需要对指标体系进行修订。同时，由于一些指标的数据无法获取，而使用相似的指标进行替换可能会影响评价结果的准确性，所以在今后的研究中要对指标体系进行完善。

3）研究内容上

在对滇桂黔石漠化集中连片特困区旅游扶贫模式进行的研究的过程中发现，区域内的旅游扶贫存在诸多问题，如存在旅游扶贫漏损，贫困居民收入不均，贫困人口缺乏话语权和决策权，政府存在缺位、越位与错位现象，互联网等技术尚未普及等。但是针对各个问题仅是粗略地提出解决方案，未进行深入的瞄准性研究，也未提出更加具体化的可行性建议与意见。

2. 研究展望

今后滇桂黔石漠化集中连片特困区旅游扶贫模式研究的趋势如下。

（1）调整研究区域。在今后的研究中要缩小旅游扶贫适宜性评价和旅游扶贫绩效评价的范围，选择旅游扶贫乡镇或村寨进行评价，并尽最大努力对滇桂黔石漠化片区的所有县域进行评价。

（2）创新研究方法。本研究对旅游扶贫适宜性和绩效进行了评价，分别采用改进的 EW-TOPSIS 模型和灰色关联分析法，而评价的方法还有很多，今后要尝试采用多种评价方法进行对比研究，同时要不断完善评价指标体系，减少研究数据的误差，提升评价结果的准确度和可信度。

（3）具体化、瞄准性解决旅游扶贫问题。在今后的研究中，对于旅游扶贫过程中存在的中观问题、微观问题以及贫困治理问题，要深度挖掘原因，对各个问题进行详细分析，提出更加具体的解决方案。此外，针对不同旅游扶贫阶段的问题，要区别化研究，具体问题具体分析，结合贫困地区的实际情况提出瞄准性强的建议和意见。

参考文献

把多勋，王艳，2012. 我国民族地区旅游经济发展模式的比较 [J]. 安徽农业科学，（2）：857-859.

白凤峥，李江生，2002. 旅游扶贫试验区管理模式研究 [J]. 经济问题，（9）：23-25.

班振，2013. 东兰县旅游扶贫开发研究 [D]. 南宁：广西大学.

包军军，2015. 旅游扶贫效应研究——以黄河石林景区为例 [D]. 兰州：西北师范大学.

包军军，严江平，2015. 基于村民感知的旅游扶贫效应研究——以龙湾村为例 [J]. 中国农学通报，（6）：278-283.

保继刚，孙九霞，2008. 雨崩村社区旅游：社区参与方式及其增权意义 [J]. 旅游论坛，1（4）：58-65.

毕燕，张丽萍，2007. 桂西北旅游扶贫开发研究——以巴马瑶族自治县旅游扶贫为例 [J]. 广西师范学院学报（自然科学版），（3）：72-78.

毕祯，2012. 河北省财政扶贫绩效评价指标体系研究 [D]. 秦皇岛：燕山大学.

卜晓梅，2009. 山西省和顺县旅游扶贫开发研究 [D]. 青岛：中国海洋大学.

蔡雄，程道品，1999. 安顺地区旅游扶贫的功能与模式 [J]. 理论与当代，（7）：34-36.

蔡雄，连漪，程道品，等，1997. 旅游扶贫的乘数效应与对策研究 [J]. 社会科学家，（3）：4-16.

蔡雄，连漪，程道品，等，1999. 旅游扶贫——功能、条件、模式、经验 [M]. 北京：中国旅游出版社.

蔡运龙，蒙吉军，1999. 退化土地的生态重建：社会工程途径 [J]. 地理科学，（3）：3-5.

操建华，2002. 旅游业对中国农村和农民的影响的研究 [D]. 北京：中国社会科学院研究生院.

曹丽莎，2007. 乡村旅游社区居民态度与开发对策研究——以成都市锦江区三圣乡红砂村为例 [D]. 成都：西南财经大学.

曾本祥，2006. 中国旅游扶贫研究综述 [J]. 旅游学刊，（2）：89-94.

曾群，魏雁斌，2004. 失业与社会排斥：一个分析框架 [J]. 社会科学研究，（3）：11-20.

陈晨，2009. 新农村建设过程中的乡村旅游模式研究——以陕西乡村旅游为例 [D]. 兰州：兰州大学.

陈成文，李秋洪，1997. 从可持续发展观看扶贫的机制和效益 [J]. 湖南师范大学（社会科学学报），（6）：26-31.

陈佳娜，李伟，2011. 特色乡村型旅游景区社区参与模式研究——以西双版纳傣族园景区为例 [J]. 西昌学院学报（自然科学版），（4）：66-68.

陈凌建，2009. 中国农村反贫困模式：历史沿革与创新 [J]. 财务与金融，（6）：90-95.

陈通，孙东峰，2009. 实施 PPT 旅游扶贫战略的可行性研究 [J]. 天津师范大学学报（社会科学版），（2）：65-68.

陈小丽，2015. 基于多层次分析法的湖北民族地区扶贫绩效评价 [J]. 中南民族大学学报（人文社会科学版），35（3）：76-80.

代利凤，2006. 社会排斥理论综述 [J]. 当代经理人，（7）：229-231.

邓冰，吴必虎，2006. 国外基于社区的生态旅游研究进展 [J]. 旅游学刊，21（4）：84-88.

邓小海，2015. 旅游精准扶贫研究 [D]. 昆明：云南大学.

邓小海，曾亮，罗明义，等，2015. 云南乌蒙山片区所属县旅游扶贫效应分析 [J]. 生态经济，（2）：134-138.

邸明慧，郑凡，徐宁，等，2015. 河北省环京津贫困县旅游扶贫适宜模式选择 [J]. 地理与地理信息科学，31（3）：123-126.

丁焕峰，2004. 国内旅游扶贫研究述评 [J]. 旅游学刊，19（3）：32-36.

丁建军，2014. 中国 11 个集中连片特困区贫困程度比较研究——基于综合发展指数计算的视角 [J]. 地理科学，（12）：1418-1427.

段建鑫. 2018 年云南机场集团旅客吞吐量达 6758.56 万人次，圆满实现第 14 个安全年 [N]. 云南网讯，2019-01-17.

方兰兰，2015. 民族村寨旅游扶贫效应研究 [D]. 长沙：湖南师范大学.

冯灿飞，马耀峰，2014. 贫困型山地旅游区可持续旅游开发模式研究 [J]. 产业观察，（1）：94-96+100.

冯倩，2010. 社会排斥理论研究综述 [J]. 中共桂林市委党校学报，（1）：52-55.

冯旭芳，徐敏聪，王红，2011. 基于贫困人口发展的旅游扶贫效应分析——以锡崖沟为例 [J]. 生产力研究，（5）：91-92+130.

高帅，2015. 社会地位、收入与多维贫困的动态演变——基于能力剥夺视角的分析 [J]. 上海财经大学学报，（3）：32-40+49.

高舜礼，1997a. 对旅游扶贫的初步探讨 [J]. 中国行政管理，（7）：22-24.

高舜礼，1997b. 旅游开发扶贫的经验、问题及对策 [J]. 旅游学刊，（4）：8-11.

耿文杰，2010. 基于社区参与的旅游扶贫模式研究 [J]. 知识经济，（1）：61.

龚娜，龚晓宽，2010. 中国扶贫模式的特色及其对世界的贡献 [J]. 理论视野，（5）：30-32.

管卫华，李丽，2011. 旅游镇客源市场分析及目标市场选择——以黄山汤口镇为例 [J]. 南

滇桂黔石漠化集中连片特困区旅游扶贫模式研究

京师大学报（自然科学版），34（4）：122-128.

广巨熊，2012. 黔桂湘渝石漠化治理工作的考察报告 [J]. 公共论坛，（12）：101-104.

郭清霞，2003. 旅游扶贫开发中存在的问题及对策 [J]. 经济地理，（4）：558-560.

郭舒，2015. 基于产业链视角的旅游扶贫效应研究方法 [J]. 旅游学刊，（11）：31-39.

郭为，黄卫东，汤斌，2004. 改革开放以来鄂西北旅游发展与扶贫的可行性：一些发现和解释 [J]. 旅游学刊，（3）：27-31.

国务院扶贫办. 关于公布全国连片特困地区分县名单的说明 [EB/OL].[2012-06-12].

韩林，2003. 浅论互联网对乡村旅游发展的促进作用 [J]. 桂林旅游高等专科学校学报，（2）：75-80.

何爱平，2011. 不同时期贫困问题的经济学理论阐释及现代启示 [J]. 福建论坛（人文社会科学版），（7）：15-20.

何红，王淑新，2014. 集中连片特困区域旅游扶贫绩效评价体系的构建 [J]. 湖北文理学院学报，（8）：74-79.

何敏，2015. 基于增权理论的民族旅游地区贫困人口受益机制研究 [D]. 绵阳：西南科技大学.

何喜刚，高亚芳，2006. 甘南藏族自治州旅游扶贫开发研究 [J]. 西北师范大学学报，（4）：97-99.

洪京，2009. 乡村地区旅游扶贫中贫困人口受益机制的实证研究 [D]. 长沙：湖南师范大学.

侯志强，赵黎明，郑向敏，2005. 基于 PPT 旅游战略的旅游扶贫机制研究——以甘肃省临夏回族自治州为例 [J]. 西北农林科技大学学报（社会科学版），（6）：16-20.

胡钧清，2007. 广西旅游扶贫开发及效应分析——以恭城县红岩村为例 [D]. 南宁，广西大学.

胡林林，贾俊松，毛端谦，2013. 基于 FAHP-TOPSIS 法的我国省域低碳发展水平评价 [J]. 生态学报，33（20）：6652-6661.

胡锡茹，2003. 云南旅游扶贫的三种模式 [J]. 经济问题探索，（5）：109-111.

湖南省财政厅办公室，1987. 湖南大庸市广开门路促进民族地区经济发展 [J]. 财会通讯（综合版），（2）：38.

华小义，谭景信，2004. 基于"垂面"距离的 TOPSIS 法——正交投影法 [J]. 系统工程理论与实践，（1）：114-119.

黄保健，张之淦，2000. 来宾县小平阳岩溶生态试验工作取得进展 [J]. 中国岩溶，（4）：314.

黄国庆，2013. 连片特困地区旅游扶贫模式研究 [J]. 求索，（5）：253-255.

黄佳豪，2008. 西方社会排斥理论研究述略 [J]. 理论与现代化，（6）：97-103.

黄梅芳，于春玉，2014. 民族旅游扶贫绩效评价指标体系及其实证研究 [J]. 桂林理工大学学报，（2）：406-410.

黄信，2017. 中国脱贫攻坚中石漠化治理的对策研究 [J]. 改革与战略，（2）：71-75+81.

黄燕玲，2008. 基于旅游感知的西南少数民族地区农业旅游发展模式研究 [D]. 南京：南京师范大学.

黄忠晶，2004. "绝对贫困与相对贫困"辨析 [J]. 天府新论，（2）：76-77.

吉登斯，2003. 社会学 [M]. 赵旭东，齐心，王兵，译. 北京：北京大学出版社.

江四海，2007. 关于在边远落后地区发展扶贫旅游开发的设想 [J]. 商场现代化，（4）：224.

蒋莉，黄静波，2015. 罗霄山区旅游扶贫效应的居民感知与态度研究——以湖南汝城国家森林公园九龙江地区为例 [J]. 地域研究与开发，（4）：99-104.

匡林，1996. 关于旅游乘数理论的几个问题 [J]. 华侨大学学报（社会科学版），（3）：39-43.

况学东，2008. 广西百色旅游扶贫研究 [J]. 重庆工学院学报（社会科学版），（4）：63-65.

雷格纳，1966. 不发达国家的资本形成问题 [M]. 谨斋，译. 北京：商务印书馆.

李柏槐，2007. 四川旅游扶贫开发模式研究 [J]. 成都大学学报（教育科学版），（6）：86-89.

李国平，2004. 基于政策实践的广东立体化旅游扶贫模式探析 [J]. 旅游学刊，19（5）：56-60.

李会琴，2011. 基于社区参与的鄂西旅游扶贫开发模式研究——以湖北省襄樊市襄阳区为例 [J]. 国土资源科技管理，（1）：91-95.

李会琴，侯林春，杨树旺，等，2015. 国外旅游扶贫研究进展 [J]. 人文地理，30（1）：26-32.

李会琴，李晓琴，侯林春，2012. 黄土高原生态环境脆弱区旅游扶贫效应感知研究——以陕西省洛川县谷咀村为例 [J]. 旅游研究，4（3）：1-6.

李佳，钟林生，成升魁，2009b. 中国旅游扶贫研究进展 [J]. 中国人口·资源与环境，19（3）：156-162.

李佳，钟林生，成升魁，2009a. 民族贫困地区居民对旅游扶贫效应的感知和参与行为研究——以青海省三江源地区为例 [J]. 旅游学刊，24（8）：71-76.

李菁，2008. 少数民族社区农户参与旅游发展问题研究 [J]. 昆明大学学报，（2）：28-32.

李瑞，黄慧玲，刘竞，2012. 山岳旅游景区旅游扶贫模式探析——基于对伏牛山重渡沟景区田野调查的思考 [J]. 地域研究与开发，31（2）：94-98.

李淑娟，陈静，2014. 基于生态位理论的山东省区域旅游竞合研究 [J]. 经济地理，34（9）：179-185.

李天元，2014. 旅游学概论 [M]. 7版. 天津：南开大学出版社.

李晓青，2012. 社会排斥理论视野下的城市贫困——基于对四川省南充市的调查 [J]. 思想战线，（6）：141-142.

李兴江，2008. 参与式扶贫模式的运行机制及绩效评价 [J]. 农业与农村问题研究，(2)：94-99.

李兴江，陈怀叶，2008. 参与式扶贫模式的运行机制及绩效评价 [J]. 开发研究，(2)：94-99.

李志萌，张宜红，2016. 革命老区产业扶贫模式、存在问题及破解路径——以赣南老区为例 [J]. 江西社会科学，(7)：61-67.

李志勇，2013. 欠发达地区旅游扶贫战略的双重性与模式创新 [J]. 现代经济探讨，(2)：37-41.

联合国开发计划署，1998. 1997 年人类发展报告 [R]. 北京：中国财政经济出版社.

联合国开发计划署，1999. 1998 年人类发展报告 [R]. 北京：中国财政经济出版社.

联合国开发计划署，2001. 2000 年人类发展报告 [R]. 北京：中国财政经济出版社.

联合国开发计划署，2004. 2003 年人类发展报告 [R]. 北京：中国财政经济出版社.

联合国开发计划署，2005. 2004 年人类发展报告 [R]. 北京：中国财政经济出版社.

林南枝，陶汉军，2009. 旅游经济学 [M]. 3 版. 天津：南开人学出版社.

刘朝明，张衔，1999. 扶贫攻坚与效益衡定分析方法——以四川省阿坝、甘孜、凉山自治州为样本点 [J]. 经济研究，(7)：49-56.

刘丽梅，2012. 旅游扶贫发展的本质及其影响因素 [J]. 内蒙古财经学院学报，(1)：75-79.

刘娜，孙猛，张政，等，2010. 莫莫格自然保护区旅游扶贫可行性分析和对策研究 [J]. 野生动物，(6)：342-346.

刘旺，吴雪，2008. 少数民族地区社区旅游参与的微观机制研究——以丹巴县甲居藏寨为例 [J]. 四川师范大学学报（社会科学版），(2)：140-144.

刘纬华，2000. 关于社区参与旅游发展的若干理论思考 [J]. 旅游学刊，15（1）：47-52.

刘向明，杨智敏，2002. 对我国"旅游扶贫"的几点思考 [J]. 经济地理，(2)：241-244.

刘晓霞，任东冬，周凯，2013. 法律视野下西部农村反贫困模式研究 [J]. 宁夏社会科学，(4)：10-15.

刘益，陈烈，2004. 旅游扶贫及其开发模式研究 [J]. 热带地理，(4)：396-400.

刘有军，2016. 农村整村推进减贫绩效评估中的农民参与问题研究 [J]. 西部经济管理论坛，(3)：27-31.

隆学文，马礼，2004. 坝上旅游扶贫效应分析与对策研究——以丰宁县大滩为例 [J]. 首都师范大学学报（自然科学版），(1)：74-80.

陆秋燕，2010. 少数民族旅游地的旅游利益分配问题初探——以广西民族旅游地为例 [J]. 桂海论丛，(3)：109-112.

罗明义，2005. 旅游经济学 [M]. 天津：南开大学出版社.

罗盛锋，黄燕玲，2015. 滇桂黔石漠化生态旅游景区扶贫绩效评价 [J]. 社会科学家，(9)：97-101.

马良灿，2010. 贫困解释的两个维度：文化与制度 [J]. 教育文化论坛，(4)：97-99.

马梅芳，2009. 三江源地区生态旅游扶贫模式的探讨 [J]. 青海师范大学学报（哲学社会科学版），(5)：18-21.

马歇尔，2005. 经济学原理 [M]. 廉运杰，译. 北京：华夏出版社.

倪茜楠，2012. 旅游扶贫模式研究 [D]. 开封：河南大学.

年四锋，2011. 基于TOPSIS法的区域旅游发展动力机制研究——以安徽省17个地市为例 [D]. 合肥：安徽大学.

漆明亮，2006. 社区参与旅游扶贫及模式研究 [D]. 成都：西南财经大学.

瞿林，2001. 广南县岩溶森林保护及石漠化治理 [J]. 林业调查规划，(4)：70-75.

曲玮，涂勤，牛叔文，2010. 贫困与地理环境关系的相关研究述评 [J]. 甘肃社会科学，(1)：103-106.

萨缪尔森，诺德豪斯，2004. 经济学 [M]. 萧琛，译. 北京：人民邮电出版社.

石彤，2002. 社会排斥：一个研究女性劣势群体的新理论视角和分析框架 [C]// 王思斌. 中国社会工作研究（第一辑）. 北京：社会科学文献出版社.

世界银行，1999. 1998—1999年世界发展报告：知识与发展 [M]. 蔡秋生，等译. 北京：中国财政经济出版社.

世界银行，2003. 全球化、增长与贫困 [R]. 北京：中国财政经济出版社.

世界银行，2004. 2004年世界发展报告：让服务惠及穷人 [M]. 北京：中国财政经济出版社.

世界银行，2007. 2007年世界发展报告：发展与下一代 [M]. 中国科学院，清华大学国情研究院，译. 北京：清华大学出版社.

世界银行，2008. 2008年世界发展报告：以农业促发展 [M]. 清华大学胡光宇，赵冰，译. 北京：清华大学出版社.

舒银燕，2014. 石漠化连片特困地区农业产业扶贫模式可持续性评价指标体系的构建研究 [J]. 广东农业科学，(16)：206-210.

苏醒，冯梅，颜修琴，等，2014. 我国西南地区石漠化治理研究综述 [J]. 贵州师范大学学报（社会科学版），(2)：92-97.

孙竞，张文，2016. 中国古代扶贫实践及其当代价值 [J]. 共产党员（河北），(11)：41.

孙九霞，2008. 赋权理论与旅游发展中的社区能力建设 [J]. 旅游学刊，(9)：22-28.

孙九霞，保继刚，2006. 从缺失到凸显：社区参与旅游发展研究脉络 [J]. 旅游学刊，21（7）：63-68.

孙璐，2015. 扶贫项目绩效评估研究——基于精准扶贫的视角 [D]. 北京：中国农业大学.

孙沁 2008. 基于 SWOT 分析下的湘西州旅游扶贫发展战略思考 [J]. 民族论坛，(6)：36-38.

索洛，1995. 迈向持续发展的现实一步 [J]. 张陆彪，梁艳译. 管理世界，(1)：135-142.

覃峭，2008. 民营旅游经济扶贫效益评价——以广西南宁市郊扬美古镇为例 [D]. 南宁：广西大学.

谭芳，黄林华，2000. 广西百色市的旅游扶贫 [J]. 广西大学学报（哲学社会科学版），(S1)：68-69.

唐钧，2002. 社会政策的基本目标：从克服贫困到消除社会排斥 [J]. 江苏社会科学，(3)：41-47.

唐勇，张命军，秦宏瑶，等，2013. 国家集中连片特困地区旅游扶贫开发模式研究——以四川秦巴山区为例 [J]. 资源开发与市场，(10)：1114-1117.

田翠翠，刘黎黎，田世政，2016. 重庆高山纳凉村旅游精准扶贫效应评价指数模型 [J]. 资源开发与市场，32（12）：1436-1440.

田喜洲，聂蒲生. 三峡库区旅游扶贫初探 [J]. 西部论坛，1999（2）：12-14.

佟玉权，2014. 民俗文化旅游的社区参与评价——以永陵镇满族旅游为例 [J]. 大连民族学院学报，(6)：608-612.

王宝珍，龚新蜀，2013. 边疆少数民族地区扶贫开发绩效评价——以新疆南疆三地州连片特困地区为例 [J]. 广东农业科学，(24)：214-218.

王超，2014. 包容性视角下贵州少数民族地区旅游开发模式研究 [D]. 泉州：华侨大学.

王成武，白明英，赵丽丽，2010. 我国西南地区旅游扶贫实施中应注意的若干问题 [J]. 旅游经济，(7)：151-152.

王丽. 基于系统论的旅游扶贫动力机制分析 [J]. 商业经济，2008（9）：111-112+115.

王晴，2013. 民族地区旅游扶贫机制选择与绩效评价 [D]. 成都：西南财经大学.

王铁，2008. 规划而非开发——对旅游扶贫规划中的几个问题的探讨 [J]. 旅游学刊，23（9）：7-8.

王伟，2014. 公共资源类旅游景区绩效评价指标体系构建 [J]. 企业经济，(6)：136-140.

王艳慧，钱乐毅，段福洲，2013. 县级多维贫困度量及其空间分布格局研究——以连片特困区扶贫重点县为例 [J]. 地理科学，33（12）：1489-1497.

王映叶，2013. 少数民族妇女参与旅游扶贫实践探析 [D]. 上海：华东理工大学.

王永莉，2007. 旅游扶贫中贫困人口的受益机制研究——以四川民族地区为例 [J]. 经济体制改革，(4)：92-96.

王兆峰，2011. 民族地区旅游扶贫研究 [M]. 北京：中国社会科学出版社.

王忠，阎友兵，2009. 基于 TOPSIS 方法的红色旅游绩效评价——以领袖故里红三角为例 [J]. 经济地理，(3)：516-520.

魏小安，李劲松，2009. 试论旅游扶贫 [J]. 当代经济，(1)：98-99.

吴国琴, 2016. 大别山区旅游扶贫生态绩效的实证分析——以豫南4个旅游扶贫村为例 [J]. 信阳师范学院学报（自然科学版），(3): 376-380.

吴胜涛, 2015. 西北民族地区体育旅游产业扶贫路径选择 [J]. 贵州民族研究, 36（2）: 150-153.

吴忠军, 1996. 论旅游扶贫 [J]. 广西师范大学学报（哲学社会科学版），(4): 18-21.

吴忠军, 叶晔, 2005. 民族社区旅游利益分配与居民参与有效性探讨——以桂林龙胜龙脊梯田景区平安寨为例 [J]. 广西经济管理干部学院学报, 17（3）: 51-55.

吴忠民, 2004. 社会公正论 [M]. 济南：山东人民出版社.

席建超, 赵美风, 李连璞, 等, 2013. 旅游诱导下乡村能源消费模式转型与综合效益评估——六盘山旅游扶贫试验区的案例实证 [J]. 自然资源学报,（6）: 898-910.

向延平, 2008. 贫困地区旅游扶贫经济绩效评价研究——以湖南省永顺县为例 [J]. 湖南文理学院学报（社会科学版），(6): 58-60.

向延平, 2009. 湘鄂渝黔边区旅游扶贫绩效评价感知调查研究——以德夯苗寨为例 [J]. 资源开发与市场,（7）: 655-657.

肖建红, 肖江南, 2014. 基于微观经济效应的面向贫困人口旅游扶贫（PPT）模式研究——宁夏六盘山旅游扶贫实验区为例 [J]. 社会科学家,（1）: 76-80.

肖星, 1999. 中西部贫困地区旅游扶贫开发探索 [J]. 开发研究,（2）: 51-52.

邢慧斌, 2015. 国内旅游扶贫绩效评估研究综述 [J]. 商业经济研究,（33）: 127-129.

熊云明, 李松志, 2012. 我国红色旅游研究综述 [J]. 国土与自然资源研究,（2）: 81-82.

徐存东, 翟东辉, 张硕, 等, 2013. 改进的TOPSIS综合评价模型在河道整治方案优选中的应用 [J]. 河海大学学报（自然科学版），41（3）: 222-228.

徐国麒, 2011. 民族村寨旅游开发利益分配机制的社区影响研究 [D]. 昆明：昆明理工大学.

徐翔, 刘尔思, 2011. 产业扶贫融资模式创新研究 [J]. 经济纵横,（7）: 85-88.

徐永祥, 2000. 社区发展概论 [M]. 上海：华南理工大学出版社.

许尔忠, 齐欣, 2015. 金融支持产业扶贫"庆阳模式"研究 [J]. 西北民族大学学报（哲学社会科学版），(4): 109-115.

严春艳, 2005. 广东省东源县旅游扶贫开发的潜力、思路与效益分析 [D]. 广州：华南师范大学.

阎敏, 1999. 旅游业与经济发展水平之间的关系 [J]. 旅游学刊,（5）: 9-15.

杨团, 2002. 社会政策研究范式的演化及其启示 [J]. 中国社会科学,（4）: 127-139.

杨锡涛, 周学红, 张伟, 2012. 基于熵值法的我国野生动物资源可持续发展研究 [J]. 生态学报, 32（22）: 7230-7238.

杨新军, 崔凤军, 李坚诚, 1998. 旅游开发扶贫的实践研究——江西宁冈县旅游开发创意规划 [J]. 热带地理,（4）: 327-332.

叶慧,陈静,向楠,等,2016.多学科视角下民族地区贫困问题研究综述[J].农村经济与科技,27（9）：140-143.

叶俊,2014.大别山试验区旅游扶贫效应评估[J].湖北农业科学,53（13）：3187-3190.

殷红梅,徐燕,2011.贵州省贫困地区乡村旅游产业化扶贫建设模式探讨[J].贵州农业科学,（10）：197-200.

殷洁,张京祥,2008.贫困循环理论与三峡库区经济发展态势[J].经济地理,28（4）：631-635.

于海峰,章牧,2013.基于游客凝视理论的旅游扶贫研究[J].中国商贸,（8）：112-114.

詹兆宗,2016.基于PEST-SWOT的旅游业新常态分析与启示[J].浙江学刊,（1）：192-196.

张帆,王雷震,李春光,等,2003.旅游对区域经济发展贡献度研究——以秦皇岛为例[J].城市,（5）：17-20.

张海霞,2009.非政府组织参与式扶贫的绩效评价研究[D].雅安：四川农业大学.

张林英,徐颂军,2011.基于熵权的珠江三角洲自然保护区综合评价[J].生态学报,31（18）：5341-5350.

张伟,张建春,2005.国外旅游与消除贫困问题研究评述[J].旅游学刊,20（1）：90-96.

张伟,张建春,魏鸿雁,2005.基于贫困人口发展的旅游扶贫效应评估——以安徽省铜锣寨风景区为例[J].旅游学刊（5）：43-49.

张伟,张建春,魏鸿雁,2005.基于贫困人口发展的旅游扶贫效应评估——以安徽省铜锣寨风景区为例[J].旅游学刊,20（5）：43-49.

张文,唐飞,2004.评述Ap和Crompton的旅游影响评估尺度[J].北京第二外国语学院学报,（1）：55-63.

张曦,2013.连片特困地区参与式扶贫绩效评价[D].湘潭：湘潭大学.

张衔,2000.民族地区扶贫绩效分析——以四川省为例[J].西南民族学院学报（哲学社会科学版）,21（3）：18-24+126.

张小利,2007.西部旅游扶贫的乘数效应分析[J].商业时代,（7）：89-91.

张晓静,冯星光,2008.贫困的识别、加总与分解[J].上海经济研究,（10）：3-12.

张晓明,张辉,魏伟新,2010.基于旅游扶贫战略的效应分析及创新对策研究——以星子县为例[J].生态经济,（5）：138-141.

张笑薇,2016.西部地区旅游扶贫机制选择与绩效评价[J].改革与战略,32（11）：101-106.

张秀艳,潘云,2017.贫困理论与反贫困政策研究进展[J].经济问题,（3）：1-5.

张志刚,肖建红,陈宇菲,2016.面向贫困人口旅游扶贫的国外研究述评[J].资源开发与市场,32（4）：484-488.

张祖群, 2012. 扶贫旅游的机理及其研究趋向——兼论对环京津贫困带启示 [J]. 思想战线, 38 (2): 104-108.

赵博, 2015. 资源县旅游扶贫开发研究 [D]. 南宁: 广西大学.

赵荣, 甘萌雨, 2015. 基于居民感知的农村地区旅游扶贫效益研究——以砀山光明村为例 [J]. 福建师大福清分校学报, (3): 34-40.

赵小芸, 2004. 旅游投资在西部旅游扶贫中的效用分析 [J]. 旅游学刊, (1): 16-20.

郑本法, 郑宇新, 1999. 甘肃旅游扶贫开发研究 [J]. 开发研究, (4): 44-47.

中共中央马克思恩格斯列宁斯大林编译局, 1995. 马克思恩格斯选集: 3卷 [M]. 北京: 人民出版社.

周爱萍, 2013. 贫困区域发展中的旅游扶贫研究——以重庆市武隆县为例 [D]. 武汉: 华中师范大学.

周清清, 2015. 安顺市扶贫生态移民工程的社会效益和生态效益评价研究 [D]. 贵阳: 贵州大学.

周伟, 黄祥芳, 2013. 武陵山片区经济贫困调查与扶贫研究 [J]. 贵州社会科学, (3): 118-124.

周歆红, 2002. 关注旅游扶贫的核心问题 [J]. 旅游学刊, 17 (1): 17-21.

朱磊, 胡静, 许贤棠, 等, 2016. 中国旅游扶贫地空间分布格局及成因 [J]. 资源与环境, 26 (11): 130-138.

朱明芳, 1999. 旅游扶贫的可行性研究工作 [J]. 桂林旅游高等学校学报, (3): 65-67.

庄天慧, 陈光燕, 蓝红星, 2014. 民族地区现代文明生活方式视域下的扶贫绩效研究——以小凉山彝区为例 [J]. 贵州社会科学, (11): 158-163.

左冰, 保继刚, 2012. 制度增权: 社区参与旅游发展之土地权利变革 [J]. 旅游学刊, 27 (2): 23-31.

左太安, 2010. 贵州喀斯特石漠化治理模式类型及典型治理模式对比研究 [D]. 重庆: 重庆师范大学.

AB. HADI M Y, RODDIN R, RAZZAQ A R A, et al, 2013. Poverty eradication through vocational education (tourism) among indigenous people communities in Malaysia: pro-poor tourism approach (PPT) [J]. Procedia social and behavioral sciences, (93): 1840-1844.

AKWASI. A O, 2011. Pro-poor tourism: residents' expectations, experiences and perceptions in the Kakum National Park Area of Ghana[J]. Journal of sustainable tourism, 19 (2): 197-213.

AP J, CROMPTON J L, et al, 1998. Developing and testing a tourism impact scale.[J]. Journal of travel research, 37 (2): 120-130.

ASHLEY C, BOYD C, GOODWIN H, 2000. Pro-poor tourism: putting poverty at the heart of the tourism agenda[J]. Significance, 51 (51): 1-6.

ASHLEY C, ROE D, 2002. Making tourism work for the poor: strategies and challenges in southern Africa[J]. Development southern Africa, 19 (1): 61-82.

ASHLEY C, ROE D, GOODWIN H, 2001. Pro-poor tourism strategies: making tourism work for the poor. A review of experience[J]. Overseas development institute, (1): 1-64.

BAH A, GOODWIN H. Improving access for the informal sector to tourism in the Gambia[Z]. PPT Working Paper No.15, 2003.

BLAKE A, ARBACHE J S, SINCLAIR M T, et al, 2008. Tourism and poverty relief[J]. Textos para discusso, 35 (1): 107-126.

BUTLER R W, 2006. The tourism area life cycle: applications and modifications [M]. UK: Cromwell Press.

CAMPBELL L M, 1999. Ecotourism in rural developing communities[J]. Annals of tourism research, 26 (3): 534-553.

COCHRANE J, 1997.Tourism and conservation in Bromo Tengger Semeru national park[Z]. University of Hull, UK.

DELLER S, 2010. Rural poverty, tourism and spatial heterogeneity[J]. Annals of tourism research, 37 (1): 180-205.

FLEISCHER A, Pizam A, 1997. Rural tourism in Israel [J].Tourism management, 18 (6): 367-372.

FORTANIER F, WIJK J V, 2010. Sustainable tourism industry development in Sub-Saharan Africa: consequences of foreign hotels for local employment[J]. International business review, 19 (2): 191-205.

GOODWIN H, 1998. Sustainable tourism and poverty elimination[Z].DFID/DETR Workshop on sustainable tourism and poverty.

GURUNG H, 1991. Environmental management of mountain tourism in Nepal[Z]. Report on study conducted for economic and social commission for the Asia and the Pacific (ESCAP), Bangkok. New York: United Nations (ST/ESCAP/959).

HAMPTON M P, 2005. Heritage, local communities and economic development[J]. Annals of tourism research, 32 (3): 735-759.

HARRISON D, 2008. Pro-poor tourism: a critique [J]. Third world quarterly, 29 (5): 851-868.

HARRISON D, SCHIPANI S, 2007. Lao tourism and poverty alleviation: community-based tourism and the private sector[J]. Current issues in tourism, 10 (2/3): 194-230.

HAWKINS D E, MANN S, 2007. The World Bank's role in tourism development[J]. Annals of tourism research, 2007, 34 (2): 348-363.

HUANG J H, PENG K H, 2012. Fuzzy Rasch model in TOPSIS: a new approach for generating fuzzy numbers to assess the competitiveness of the tourism industries in Asian countries[J]. Tourism management, 33 (2): 456-465.

JOSÉ Z M, MICHAEL H C, PATRICIA L, et al, 2011. Can community-based tourism contribute to development and poverty alleviation? Lessons from Nicaragua[J]. Current issues in tourism, 14 (8): 725-749.

KENNEDY K, DORNAN D, 2009. An overview: tourism non-governmental organizations and poverty reduction in developing countries[J].Asia Pacific journal of tourism research, 14 (2): 183-200.

LANKFORD S, HOWARD D, 1994. Developing a tourism impact attitude scale [J]. Annals of tourism research, 21 (1): 121-139.

LAPEYRE R, 2010. Community-based tourism as a sustainable solution tomaximize impacts locally? The Tsiseb conservancy case, Namibia[J]. Development southern Africa, 27 (5): 757-772.

LEPP A, 2007. Residents' attitudes towards tourism in Bigodi Village, Uganda[J]. Tourism management, 28 (3): 876-885.

LINDBERG K, MOLSTAD A, HAWKINS D, et al, 2001. International development assistance in tourism [J]. Annals of tourism research, 28 (2): 508-511.

MARIZA D, HABYALIMANA S, TUSABE R, et al, 2010. Benefits to the poor from gorilla tourism in Rwanda[J]. Development southern Africa, 27 (5): 647-662.

MASTNY L, 2002. Redirecting international tourism[M]//STARKE L.State of the world..New York: World watch institute: 101-126.

MATHIESON A, WALL G, 1982. Tourism: economy, physical and social impact [M]. Harlow: Longman.

MAYER M, MÜLLER M, WOLTERING M, et al, 2010. The economic impact of tourism in six German national parks[J]. Landscape and urban planning, 97 (2): 73-82.

MEDINA-MUNOZ D R, MEDINA-MUNOZ R D, GUTIERREZ-PEREZ F J, 2016. The impacts of tourism on poverty alleviation: an integrated research framework[J]. Journal of sustainable tourism, 24 (2): 270-298.

MEYER D, 2007. Pro-poor tourism: from leakages to linkages. A conceptu-al framework for creating linkages between the accommodation sector and 'poor' neighboring communities[J]. Current issues in tourism, 10 (6): 558-583.

MOLI G P, 2003. Promotion of peace and sustainability by community based heritage eco-cultural tourism in India [J]. International journal of humanities and peace, 19 (1):

40-45.

MOSLEY P, VERSCHOOR A, 2005. Risk attitudes and the "vicious circle of poverty" [J]. The European journal of development research, 17 (1): 59–88.

MUCHAPONDWA E, STAGE J, 2013. The economic impacts of tourism in Botswana, Namibia and South Africa: is poverty subsiding? [J]. Natural resources forum, 37 (2): 80–89.

NICHOLSON T, 1997. Culture, tourism and local strategies towards development: case studies in the Philippines and Vietnam [Z]. Research report (R6578) submitted to ESCOR. London: DIFD.

PARKER S, KHARE A, 2005. Understanding success factors for ensuring sustainability in ecotourism development in southern Africa [J]. Journal of ecotourism, 4 (1): 32–46.

PARTRIDGE M D, RICKMAN D S, 2007. Persistent pockets of extreme American poverty and job growth: is there a placebased policy role? [J]. Journal of agricultural and resource economics, 32 (1): 210-224.

PERDUE R R, LONG P T, ALLEN L, 1990. Resident support for tourism development [J]. Annals of tourism research, 17 (4): 586–599.

PILLAY M., ROGERSON C M, 2013. Agriculture-tourism linkages and pro-poor impacts: the accommodation sector of urban coastal Kwa Zulu-Natal, South Africa [J]. Applied geography, (36): 49-58.

POULTNEY C, SPENCELEY A, 2001. Practical strategies for pro-poor tourism: wilderness safaris South Africa: Rocktail Bay and Ndumu Lodge [Z]. PPT Working paper, (1): 27-32.

PRATIWI S, 2000. Understanding local community participation in ecotourism development: a critical analysis of select published literature[D]. Indiana: Indiana University Bloomington.

REICHEL A, LOWENGART O, MILMAN A, 2000. Rural tourism in Israel: service quality and orientation[J]. Tourism management, 21 (5): 451-459.

RODGERS G, GORE C, FIGUEIREDO J B, 1995. Social exclusion: rhetoric, reality, responses[M]. Swiss Francs: International institute for labor studies.

ROGERSON C M, 2002. Tourism and local economic development: the case of the highlands meander [J]. Development southern Africa, 19 (1): 143-167.

ROGERSON C M, 2012.Tourism–agriculture linkages in rural South Africa: evidence from the accommodation sector [J]. Journal of sustainable tourism, 20 (3): 477-495.

SCHEYVENS R, RUSSELL M, 2012. Tourism and poverty alleviation in Fiji: comparing the impacts of small- and large-scale tourism enterprises [J]. Journal of sustainable tourism, 20 (3): 417–436.

SHAH K, GUPTA V, 2000. Tourism, the poor and other stakeholders: Asian experience

[R]. ODI fair-trade in tourism paper, London: ODI.

SIMIN T, ALI A, HAMID A, 1991. Tourism planing: an integrated and sustainable development approach[M]. New York: International journal of industrial engineering computations.

SLINGER V, 2000. Ecotourism in the last indigenous caribbean community[J]. Annals of tourism research, 27（2）: 520-523.

SOFIELD T, BAUER J, LACY T D, et al.Sustainable tourism eliminating poverty （ST-EP）: an overview[R/OL]//Cooperative research center for sustainable tourism[2014-09-18].

SPENCELEY A, HABYALIMANA S, TUSABE R.Benefits to the poor from gorilla tourism in Rwanda[J]. Development southern Africa, 2010, 27（5）: 647-662.

WALL G, 1996. Perspectives on tourism in selected balinese villages [J].Annals of tourism research, 23（1）: 123-137.

WANG H, YANG Z P, CHEN L, et al, 2010. Minority community participation tourism: a case of Kanas Tuva Villages in Xinjiang, China[J].Tourism management, 31（6）: 759-764.

WEAVER D B, 2005. Comprehensive and minimalist dimensions of ecotourism [J]. Annals of tourism research, 32（2）: 439-455.

WILKINSON P F, PRATIWI W D, 1995. Gender and tourism in an Indonesian village[J]. Annals of tourism research, 22（2）: 283-299 .

旅游扶贫居民调查问卷

问卷编号：_____　　　　调研地点：_____

尊敬的先生/女士：

　　您好！我们正在对贵区旅游扶贫的情况进行调查。现请您根据自身实际情况，对以下题项进行选择，您的意见对本地区旅游扶贫的发展非常重要。我们保证调查仅作研究使用，您的个人资料将被完全保密。谢谢您对我们工作的支持和帮助！

一、旅游扶贫认知调查

1. 您是否了解旅游扶贫：

A. 非常了解　　B. 了解　　C. 一般　　D. 不了解　　E. 完全不了解

2. 你是否支持旅游扶贫开发：

A. 非常支持　　B. 支持　　C. 无所谓　　D. 不支持　　E. 反对

3.（1）您是否愿意参与旅游经营与服务活动：

A. 愿意　　B. 不愿意　　C. 看情况

（2）如果您愿意，您最想选择哪种参与方式：

A. 提供住宿/餐饮　　　　B. 当导游　　　　C. 经营小商品

D. 提供旅游交通　　　　E. 成为景区员工　　F. 参与景区决策与管理

4. 您认为自己参与旅游的最大障碍是什么：

A. 文化水平不高　　　　　　　　B. 技能不足

C. 没有社会关系，无法参与　　　D. 缺少资金和信贷支持

E. 缺少相关组织的引导　　　　　F. 游客不多，季节性强，旅游业风险大于收益

G. 外来竞争者的强势竞争　　　　H. 其他

5. 您认为参与旅游最需要的支持是什么：

A. 资金、信贷支持　　　　　　　B. 政策支持

C. 旅游技能培训　　　　　　　　D. 土地、资源所有权

6. 您认为自己需要哪方面的旅游技能培训：

A. 文化知识　　　　　　　B. 旅游基础知识　　　　　　C. 互联网技术

D. 旅游服务　　　　　　　E. 旅游经营管理　　　　　　F. 普通话

7. 您认为当前开展的旅游项目是否体现当地的资源优势：

A. 完全体现　　　　　　　B. 在很大程度上体现　　　　C. 一般

D. 基本上没有体现　　　　E. 完全没有体现

如果有体现，请例举有关项目_____

8. 您认为当地的旅游项目是否具有较强的市场竞争能力：

A. 是　　　　　　B. 一般　　　　　　C. 否

9. 您认为当地的旅游项目与周边其他景区是否雷同：

A. 完全雷同　　　B. 大部分雷同　　　C. 小部分雷同　　　D. 各有特色

10. 您认为当地的旅游发展是否给你带来更多的发展机会：

A. 是　　　　　　B. 否

二、居民对旅游扶贫感知调查

编号	经济感知	非常不同意—>非常同意
1	旅游扶贫开发促进了当地经济的发展	1 2 3 4 5 6 7
2	增加了居民的收入，改善了居民生活质量	1 2 3 4 5 6 7
3	增加了就业机会	1 2 3 4 5 6 7
4	为当地吸引了更多的投资	1 2 3 4 5 6 7
5	使得当地物价上涨	1 2 3 4 5 6 7
6	旅游扶贫开发仅使得少数人受益，造成贫富差距增大	1 2 3 4 5 6 7
7	旅游扶贫开发带来的收益主要由外来经营者获取	1 2 3 4 5 6 7
编号	社会感知	非常不同意—>非常同意
8	旅游扶贫开发增强了居民对本地文化的认同感和自豪感	1 2 3 4 5 6 7
9	促进了交流沟通，对外来文化更具有包容性	1 2 3 4 5 6 7
10	女性地位得到提高	1 2 3 4 5 6 7
11	居民文化活动更加多样化，精神生活质量提高	1 2 3 4 5 6 7
12	推动民族（地方）传统文化的保护与发展	1 2 3 4 5 6 7
13	居民过分注重物质利益，金钱在人际关系中的地位上升	1 2 3 4 5 6 7
14	旅游发展使得当地犯罪率上升，破坏了当地的社会和谐	1 2 3 4 5 6 7
15	旅游扶贫开发改变了传统的生活方式和民风民俗	1 2 3 4 5 6 7

编号	环境感知	非常不同意—>非常同意
16	增强了居民的环保意识	1 2 3 4 5 6 7
17	促进了资源与环境的保护	1 2 3 4 5 6 7
18	改善了当地的卫生状况	1 2 3 4 5 6 7
19	改善了村里的基础设施（水、电、通信、医疗、交通等）	1 2 3 4 5 6 7
20	大量游客的涌入导致噪声、大气、垃圾等污染和交通拥挤	1 2 3 4 5 6 7
编号	政治感知	非常不同意—>非常同意
21	政府重视当地的旅游扶贫开发，并且管理到位	1 2 3 4 5 6 7
22	政府对居民进行技能培训，提升了旅游经营能力	1 2 3 4 5 6 7
23	旅游组织代表了社区的需求和利益	1 2 3 4 5 6 7
24	政府越来越重视村民的意见和态度，并鼓励村民参与旅游扶贫开发	1 2 3 4 5 6 7
25	发展旅游增加了居民的发展机会	1 2 3 4 5 6 7
26	旅游管理组织机构中，居民利益代表不足，即使有代表，话语权、决策权也非常有限	1 2 3 4 5 6 7
27	相比于其他扶贫方式，通过发展旅游业来达到脱贫致富的途径更具有优势	1 2 3 4 5 6 7
编号	居民社区参与旅游扶贫感知	非常不同意—>非常同意
28	我喜欢本村落并感到骄傲	1 2 3 4 5 6 7
29	我依赖于本村落，生活离不开本村	1 2 3 4 5 6 7
30	村民关系和睦，具有凝聚力	1 2 3 4 5 6 7
31	如果有机会愿意搬出本村落	1 2 3 4 5 6 7
32	社区居民有参与旅游管理的权利与机会	1 2 3 4 5 6 7
33	我认为旅游开发应以全村和村民的整体利益和长远发展为重	1 2 3 4 5 6 7
34	村子的未来发展应由全体村民共同决定，并拥有主动权	1 2 3 4 5 6 7
35	我具备参与本村旅游发展决策的能力	1 2 3 4 5 6 7
36	我认为村民共同遵守的行为规范很重要	1 2 3 4 5 6 7
37	应形成村民意见的表达通道和遭到侵权的申诉通道	1 2 3 4 5 6 7

再次感谢您的帮助与配合！